Irena Żwak

Lehrbuch
der polnischen Sprache

IRENA ŻWAK

Lehrbuch
der polnischen Sprache

auf der Grundlage literarischer Texte

Herausgegeben vom
Slavischen Seminar der Universität Hamburg

HELMUT BUSKE VERLAG
HAMBURG

Zu allen mit Sternchen *** gekennzeichneten Abschnitten werden unter www.buske.de/
lb-polnisch Sprachaufnahmen zum kostenlosen Download angeboten.

Im Digitaldruck »on demand« hergestelltes, inhaltlich mit der ursprünglichen Ausga-
be identisches Exemplar. Wir bitten um Verständnis für unvermeidliche Abweichun-
gen in der Ausstattung, die der Einzelfertigung geschuldet sind. Weitere Informationen unter: www.buske.de/bod.

Bibliographische Information der Deutschen Nationalbibliothek

Die Deutsche Nationalbibliothek verzeichnet diese Publikation
in der Deutschen Nationalbibliographie; detaillierte bibliographische
Daten sind im Internet über ‹http://portal.dnb.de› abrufbar.
ISBN 978-3-87548-024-5

Einleitung

Polnisch ist eine slavische Sprache und gehört zusammen mit dem Tschechischen, Slovakischen und Sorbischen zur Gruppe der westslavischen Sprachen. Des Polnischen bedienen sich fast 40 Millionen Einwohner Polens und ungefähr 10 Millionen polnischsprachiger Menschen in anderen Ländern (die meisten von ihnen leben in den USA, in Deutschland und Rußland).

Das polnische Alphabet bedient sich lateinischer Buchstaben. Einige Laute werden durch zwei Buchstaben, andere mit Hilfe diakritischer Zeichen dargestellt.

Das Polnische enthält einige Besonderheiten, die dem Deutschen unbekannt sind. Im Vokalsystem sind die alten nasalen Vokale erhalten. Im Konsonantensystem ist die Opposition „Palatalität-Nichtpalatalität" sehr wichtig. Die Betonung hat festen Charakter und fällt auf die vorletzte Silbe. Die Deklination umfaßt sieben Fälle sowie diverse Paradigmen. Die Konjugationsgruppen sind ebenfalls umfangreicher als im Deutschen. Wie bei anderen slavischen Sprachen besitzt das polnische Verb einen sog. Aspekt. In der Lexik sind zahlreiche Entlehnungen aus dem westeuropäischen Sprachgut und hier insbesondere aus dem Deutschen anzutreffen. Die Syntax basiert auf lateinischen Mustern.

Die Polen zitieren gerne die Meinung von Ausländern, daß die Beherrschung ihrer Sprache besonders schwierig ist. Unter dem Gesichtspunkt des Schwierigkeitsgrades ist das Polnische jedoch gewiß nicht schwieriger als das Deutsche.

Das Buch von Irena Żwak will mit Hilfe literarischer Texte in die Geheimnisse des Polnischen einführen. Es enthält grundlegende grammatische Informationen und ist für einen breiten Leserkreis vorgesehen. Phonetische Schwierigkeiten von Lesern ohne Sprachvorkenntnisse können mit Hilfe einer begleitenden Kassette überwunden werden. Den Benutzern mit Vorkenntnissen dient das Buch zur Ordnung und Erweiterung ihrer Kenntnisse - gleichzeitig bietet es das Vergnügen, mit interessanten und wenig bekannten Texten aus der Literatur des Nachbarlandes in Kontakt zu kommen.

Waldemar Klemm

Geleitwort

Das vorliegende Lehrbuch der polnischen Sprache wird vom Slavischen Seminar der Universität Hamburg im Gedenken an seine langjährige Mitarbeiterin Dr. Irena Żwak herausgegeben, die das Erscheinen ihres Buches nicht mehr erleben konnte.

Irena Żwak, geb. 1939 in Teschen (Polen), studierte Slavische Philologie an den Universitäten Krakau und Prag. Nach Assistentenjahren an der Pädagogischen Hochschule in Kattowitz lehrte sie von 1968 bis 1976 die polnische Sprache am Slavischen Seminar der Universität Basel. Von 1978 an war sie Lektorin für Polnisch am Slavischen Seminar der Universität Hamburg. 1981 wurde sie an der Universität Krakau mit einer Arbeit zur „Wortbildung der polnischen Adjektive im elfsprachigen Wörterbuch des Ambrosius Calepino (Basel 1590)" promoviert. Am 24. Mai 1988 verstarb Irena Żwak nach kurzer, schwerer Krankheit.

Die Verfasserin dieses Buches war eine Philologin im Wortsinne. Sie beherrschte mehrere westliche Sprachen und sprach ausgezeichnet Tschechisch und Russisch. Ihre Wertschätzung der Muttersprache wie auch anderer Sprachen als Ausdruck nationaler Identität machte sie zu einer begeisterten und begeisternden Botschafterin polnischer Sprache und Kultur. Mit ihrer Sachkenntnis, ihrer Liebe zu den Sprachen und ihrem persönlichen Einsatz war sie eine hervorragende Lektorin, die große pädagogische Erfolge aufzuweisen hatte.

In ihrer Lektorentätigkeit machte Frau Żwak die Erfahrung, daß die üblichen Lehrwerke der polnischen Sprache wenig für Erwachsene geeignet sind, die das Polnische erst an der Universität lernen und zu dieser Sprache von einem schon entwickelten literarischen oder kulturgeschichtlichen Interesse geführt worden sind. Deshalb verband sie in ihrer Lehre die Vermittlung der grammatischen und lexikalischen Kenntnisse mit der Lektüre von Texten der polnischen Literatur. Die Berücksichtigung der literarischen und kulturgeschichtlichen Motivation der Studenten und die Anreicherung des Sprachlernens durch interessante Texte erwiesen sich in der Praxis der universitären Lehre als so erfolgreich, daß Frau Żwak beschloß, ihre Konzeption des literaturbezogenen Sprachunterrichts einem Lehrwerk zugrundezulegen. Sie hat an diesem Buch viele Jahre gearbeitet und konnte das Manuskript kurz vor ihrem Tode abschließen.

Von ihrem Schüler Roland Stawinoga ging der Gedanke aus, das Manuskript zu veröffentlichen, und er unternahm auch die Verhandlungen mit dem Verlag Helmut Buske, dem für die Aufnahme des Buches in sein Programm gedankt sei. Die Druckvorlage haben auf dem Computer Frau Elvira Bures und Frau Karin Pafort, M.A., erstellt. Der Nachfolger von Irena Żwak im Polnisch-Lektorat, Herr Dr. Waldemar Klemm, hat das Manuskript redigiert und korrigiert. Die Texte auf der beiliegenden Tonkassette haben Frau Barbara Krasiczyńska, Frau Karin Pafort und Herr Waldemar Klemm gesprochen. Die technische Betreuung hatte Herr Detlev Leuschner.

Möge das Lehrbuch die Kenntnis der polnischen Sprache, deren Vermittlung Irena Żwaks unermüdlicher Einsatz galt, weiter fördern.

Prof. Dr. Wolf Schmid
Geschäftsführender Direktor
des Slavischen Seminars
der Universität Hamburg

INHALTSVERZEICHNIS

LEKTION EINS

Julian Tuwim (1894 - 1953)

Lokomotywa ***
(fragment)

Stoi na stacji lokomotywa,
Ciężka, ogromna i pot z niej spływa:
Tłusta oliwa.
Stoi i sapie, dyszy i dmucha,
Żar z rozgrzanego jej brzucha bucha:
Buch jak gorąco!
Uch jak gorąco!
Puff jak gorąco!
Uff jak gorąco!
Już ledwo sapie, już ledwo zipie,
A jeszcze palacz węgiel w nią sypie.

Vokabeln – Słowniczek ***

a *conj*	und (entgegensetzend)
brzuch *m*	Bauch
buchać *impf*	ausströmen
ciężki, -a, -ie *adj*	schwer
dmuchać *impf*	pusten
dyszeć *impf*	schwer Atem holen
gorąco *adv*	heiß
i *conj*	und
jej *poss. pron*	ihr
jak *pron*	wie
jeszcze *adv*	noch
już *adv*	schon
ledwo *adv*	kaum
na *prp*	auf
ogromny, -a, -e *adj*	riesig

oliwa *f*	Öl
palacz *m*	Heizer
pot *m*	Schweiß
rozgrzany, -a, -e *adj*	erhitzt
sapać *impf*	schnaufen
spływać *impf*	herabfließen
stacja *f*	Bahnstation
stać *impf*	stehen
sypać *impf*	(hinein)schütten
tłusty, -a, -e *adj*	fett
węgiel *m*	Kohle
w *prp*	in
w nią	in sie
z *prp*	von, aus
z niej	von ihr
zipać *impf*	Atem schöpfen, keuchen
żar *m*	Hitze, Glut

Grammatik – Gramatyka

Artikulation und Orthographie ***

1. Jedes Wort soll deutlich ausgesprochen werden. Die Endsilben dürfen nicht abgeschwächt oder verschluckt werden.

2. Die polnische Sprache kennt nur offene Vokale.

3. Die Vokale e, a, o werden ähnlich ausgesprochen wie das deutsche e in 'Brett', das a in 'fast' und das o in 'polnisch'.

4. Die Vokale i und y unterscheiden sich in der Aussprache: das i erinnert an das deutsche i in 'Biene' (jedoch kurz ausgesprochen!), das y (mit geringer Zungenhebung und weiter hinten als das i) liegt etwa zwischen dem deutschen i in 'bitte' und dem deutschen e in 'sechs'.

5. Die nasalen Vokale ę, ą werden so ausgesprochen: das ę wie e mit gleichzeitiger nasaler Artikulation (franz. 'bien'), das ą wie o mit gleichzeitiger nasaler Artikulation (franz. 'bon'), wobei das ą in gorąco wie on (so wird das ą vor c, t, d, dz immer ausgesprochen; diese Regel gilt auch für das ę). In *węgiel* ist die Aussprache des ę ähnlich wie in 'Engel'; wenn

das ę vor k steht, ist es zu vergleichen mit en in 'Enkel'. Das gilt auch für das ą.

6. Die Aussprache der Konsonanten: s, z, ż/rz, sz, c, cz:

s	wie in	'Gasse'
z	wie in	'Rose'
ż/rz	wie in	'Journal'
sz	wie in	'Schweiz'
c	wie in	'Platz'
cz	wie in	'Putsch'

Achtung! Nach rz, ż, sz, cz schreibt man immer y und nicht i!

7. Verbindungen mit i: ci, zi, ni, si (nur vor Vokalen möglich) bezeichnen dieselben Laute, die durch ć, ź, ń, ś dargestellt sind. Die Aussprache: wie (ungefähr) in 'Entchen', 'Thereschen', 'Polonia'.

8. Das Polnische hat neben den p, b, f, w, m, k, g, h/ch auch palatalisierte (erweichte) Konsonanten, die graphisch so aussehen: pi, bi, fi, wi, mi, ki, gi, hi/chi (nur vor Vokalen außer i möglich).

Achtung! b, d, g sind stimmhaft: im Polnischen ist eine halbstimmhafte Aussprache nicht möglich!

9. Das ł wird von den meisten Polen wie das u in 'auch', 'Pause' ausgesprochen.

Zur Wortstellung

Im Prinzip gibt es im Polnischen eine freie Wortfolge. Im wesentlichen sollte man doch folgendes beachten:

1. Das Subjekt steht vor dem Prädikat.

2. Das Objekt steht gewöhnlich nach dem Prädikat.

3. Das Attribut (Adjektiv) steht vor dem Substantiv (oft aber auch danach).

4. Die Adverbialbestimmung (Präpositionalobjekt) steht nach dem näher zu bestimmenden Wort; wenn sie durch ein Adverb ausgedrückt ist, steht sie vor dem Wort.

Das Verb ***

Die Konjugation der Verben, die im Lesestück vorhanden sind (in jeder Lektion werden Verben aus dem Lesestück konjugiert).

Der Infinitiv auf **-ać** (1): *buchać, dmuchać, spływać*

Sing.	1.	ja	dmucham
	2.	ty	dmuchasz
	3.	on, ona, ono	dmucha
Plur.	1.	my	dmuchamy
	2.	wy	dmuchacie
	3.	oni, one	dmuchają

Der Infinitiv auf **-ać** (2): *sapać, sypać, zipać*

Sing.	1	sapię
	2.	sapiesz
	3.	sapie
Plur.	1.	sapiemy
	2.	sapiecie
	3.	sapią

Der Infinitiv auf -**ać** (3): *stać*

Sing.	1.	stoję
	2.	stoisz
	3.	stoi
Plur.	1.	stoimy
	2.	stoicie
	3.	stoją

Der Infinitiv auf -eć: *dyszeć*

Sing.	1.	dyszę
	2.	dyszysz
	3.	dyszy
Plur.	1.	dyszymy
	2.	dyszycie
	3.	dyszą

Die Personalpronomina *on, ona, ono*

Die Deklination im Singular: *on, ono*

	m			*n*
Nom.	on			ono
Gen.	jego	go	(mit Präp: niego)	
Dat.	jemu	mu	(mit Präp: niemu)	
Akk.	jego	go	(mit Präp: niego)	je (mit Präp: nie)
Instr.		nim		
Lok.		nim		

Anmerkung: Die Formen *jego* und *jemu* werden dann gebraucht, wenn das Pronomen am Anfang des Satzes steht oder wenn man es besonders unterstreichen will. Die Kurzformen stehen gewöhnlich nach dem ersten betonten Wort und können nur im syntaktischen Zusammenhang mit einem Verb gebraucht werden.

Die Deklination von *ona*

Nom.	ona	
Gen.	jej	(mit Präp: niej)
Dat.	jej	(mit Präp: niej)
Akk.	ją	(mit Präp: nią)
Instr.	nią	
Lok.	niej	

Das Adjektiv und das Adverb

Adverbien sind nichtdeklinierbare Wörter und antworten auf die Frage
jak? 'wie'?, wenn sie die Art und Weise bezeichnen, z.B. *gorąco* 'heiß'.
Die Adjektive werden dekliniert und sind abhängig vom Geschlecht, von
der Zahl und vom Kasus der Substantive, zu denen sie gehören. In unserem Text gibt es Beispiele für das feminine Genus: *cięžka, ogromna* lokomotywa, *tłusta* oliwa.

Und hier die entsprechenden Formen für das maskuline und neutrale
Genus: *cięžki, cięžkie; ogromny, ogromne; tłusty, tłuste.*

Achtung! Nach **k, g** steht vor der Endung -**e** immer ein **i** als graphisches
Zeichen für den erweichten Konsonanten **ki (gi)**.

Das Ableitungssuffix -*acz*

Das Substantiv *palacz* 'Heizer', 'Raucher' wird vom Verb *palić* 'heizen',
'rauchen' mit dem Suffix -**acz** gebildet. Das -**acz** ist ein Ableitungssuffix,
das u.a. viele nomina agentis (Handelnde, Täter) von Verben bildet, wie
z.B. *gracz* 'Spieler' von *grać* 'spielen', *badacz* 'Forscher' von *badać*
'forschen', *porywacz* 'Entführer' von *porywać* 'entführen'.

Übungen – Ćwiczenia

1. *Lesen Sie das Gedicht laut, achten Sie auf die Aussprache und lernen
Sie es auswendig.*

2. *Schreiben Sie aus dem Text die Wörter auf, in denen folgende Laute
sind:* **s, z, ź, ž/rz, sz, c, cz.** *Üben Sie deren Aussprache.*

3. *Schreiben Sie* Lokomotywa *in Prosa, achten Sie dabei auf die Wortfolge* (s. Anmerkungen zur Wortstellung).

LEKTION ZWEI

Lektüre – Lektura

Leopold Staff (1878 - 1957)

Deszcz jesienny ***
(fragment)

O szyby deszcz dzwoni, deszcz dzwoni jesienny
I pluszcze jednaki, miarowy, niezmienny,
Dżdżu krople padają i tłuką w me okno...
Jęk szklany... płacz szklany... a szyby w mgle mokną
I światła szarego blask sączy się senny...
O szyby deszcz dzwoni, deszcz dzwoni jesienny...

Vokabeln – Słowniczek ***

blask *m*	Schimmer
deszcz *m*	Regen
dżdżu = deszczu	des Regens
dzwonić *impf*	läuten, klingeln
	hier: klopfen
jednaki, -**a**, -**ie** *adj*	gleich (*veraltet*)
heute: jednakowy, -**a**, -**e**	
jesienny, -**a**, -**e** *adj*	herbstlich
jęk *m*	Stöhnen
kropla *f*	Tropfen
me = moje *poss. pron*	mein
w me = w moje	in mein
mgła *f*	Nebel
w mgle	im Nebel
miarowy, -**a**, -**e** *adj*	taktmäßig
moknąć *impf*	naß werden
niezmienny, -**a**, -**e** *adj*	unveränderlich
okno *n*	Fenster
padać *impf*	fallen
pluskać *impf*	plantschen
płacz *m*	Weinen

sączyć się *impf*	langsam hinfließen, sickern
senny, -a, -e *adj*	wie im Schlaf, schläfrig
szary, -a, -e *adj*	grau
szklany, -a, -e *adj*	gläsern
szyba *f*	Fensterscheibe
o szyby	auf die Fensterscheiben
światło *n*	Licht
tłuc *impf*	schlagen

Grammatik – Gramatyka

Artikulation und Orthographie ***

1. Den stimmlosen **c**, **cz** entsprechen die stimmhaften Laute **dz**, **dż**. Der **dz**-Laut hat eine Aussprache wie das englische Wort 'edge' 'Ecke' und der **dż**-Laut kommt in den Wörtern 'jazz' und 'jockey' vor. Der entsprechende weiche Konsonant wird graphisch so dargestellt: **dź** (am Wortende und vor Konsonanten) oder **dzi** (vor Vokalen), z.B. *dźwięk* 'Klang', *dzień* 'Tag'.

2. Der weiche Laut ś/si wird ungefähr so ausgesprochen wie das 'ch' in dem französischen Wort 'chiffre' oder im deutschen 'ich' oder 'Milch'.

3. Die phonetisch weichen Konsonanten **ś, ź, ć, dź, ń** in Verbindung mit Vokalen **a, e, o, u, ę, ą** werden so geschrieben: **si, zi, ci, dzi, ni** (**sia, sie, sio, siu, się, sią, zia, zie, zio, ziu, zię, zią, cia, cie, cio, ciu, cię, cią, dzia, dzie, dzio, dziu, dzię, dzię, nia, nie, nio, niu, nię, nią**).

4. Weich ist auch das **l** und der Halbvokal **j**.

5. Neben den phonetisch weichen Konsonanten gibt es die funktional weichen Konsonanten **c, dz, cz, dż, sz, ż/rz**. Das sind phonetisch harte Konsonanten, die vom morphologischen Standpunkt aus gesehen dieselbe Funktion wie die phonetisch weichen haben, was man auch deutlich in der Flexion und Wortbildung sehen kann.

6. Die doppelten Konsonanten wie z.B. **nn** in *jesienny* und *senny* spricht man immer doppelt aus. Also 'Anna' ist nicht 'Ana'!

Das Verb ***

Der Infinitiv auf -ać (4): *pluskać*; *padać* (vgl. mit *dmuchać*, 1. Lektion)

Sing. 1. pluszczę
 2. pluszczesz
 3. pluszcze
Plur. 1. pluszczemy
 2. pluszczecie
 3. pluszczą

Der Infinitiv auf -ić und -yć: *dzwonić, sączyć się*

Sing. 1. dzwonię
 2. dzwonisz
 3. dzwoni
Plur. 1. dzwonimy
 2. dzwonicie
 3. dzwonią

Das Verb *sączyć się* wird nur in der 3. Person Singular und der 3. Person Plural gebraucht, deshalb vgl. die Konjugation von *patrzyć* (3. Lektion).

Der Infinitiv auf -nąć: *moknąć*

Sing. 1. moknę
 2. mokniesz
 3. moknie
Plur. 1. mokniemy
 2. mokniecie
 3. mokną

Der Infinitiv auf -c: *tłuc*

Sing. 1. tłukę
       2. tłuczesz
       3. tłucze
Plur. 1. tłuczemy
       2. tłuczecie
       3. tłuką

Zur Wortbildung der Adjektive
jesienny, senny, szklany

1. Die Adjektive *jesienny* und *senny* sind mit dem Suffix -ny von den Substantiven *jesień* 'Herbst' und *sen* 'Schlaf', 'Traum' gebildet.

Achtung! Das ń wird hier zu n! Mit diesem Suffix werden sehr viele Adjektive gebildet, z.B. *woda* 'Wasser' - *wodny*, *mięso* 'Fleisch' - *mięsny*, *rozum* 'Verstand' - *rozumny*, *moda* 'Mode' - *modny*, *kamień* 'Stein' - *kamienny*.

2. Das Adjektiv *szklany* ist mit dem Suffix -any vom Substantiv *szkło* 'Glas' gebildet, wobei das harte ł zum weichen l wird.

Auf diese Weise werden im Polnischen Adjektive gebildet, die oft die Bedeutung 'gemacht aus' haben, z.B. *róża* 'Rose' - *różany* 'Rosen'-, 'aus Rosen', *miedź* 'Kupfer' - *miedziany* 'Kupfer-', 'aus Kupfer'.

Die Deklination der Substantive ***

Die Substantive haben in der Deklination verschiedene Endungen und gehören mehreren Deklinationstypen an. Das hängt vor allem von ihrem grammatischen Genus sowie von der Form des Nominativs Singular ab. Die Deklination wird an folgenden Paradigmen dargestellt: *ryba* 'Fisch', *łąka* 'Wiese', *róża* 'Rose', *fala* 'Welle', *bogini* 'Göttin', *nowość* 'Neuigkeit', *noc* 'Nacht' - für feminine Substantive; *klomb* 'Blumenbeet', *mak* 'Mohn', *talerz* 'Teller', *lis* 'Fuchs', *łoś* 'Elch' - für maskuline nichtpersonale Substantive; *kolano* 'Knie', *tango* 'Tango', *serce* 'Herz', *wołanie* 'Ruf', 'Rufen' - für neutrale Substantive; *magnat* 'Magnat', *rybak* 'Fischer', *palacz* 'Heizer', 'Raucher', *kowal* 'Schmied', *wuj* 'Onkel' - für maskuline personale Substantive.

Im Polnischen gibt es sieben Kasus:

Nominativ	kto? co?	wer?, was?
Genitiv	kogo? czego?	wessen?
Dativ	komu? czemu?	wem?
Akkusativ	kogo? co?	wen?, was?
Instrumental	kim? czym?	mit wem?, womit?
Lokativ	kim? czym?	über wen?, worüber?
Vokativ	(wird bei der Anrede verwendet)	

Singular
Beispiele für feminine Deklination:

Nom.	ryba	łąka	róża	fala	bogini
Gen.	ryby	łąki	róży	fali	bogini
Dat.	rybie	łące	róży	fali	bogini
Akk.	rybę	łąkę	różę	falę	boginię
Instr.	rybą	łąką	różą	falą	boginią
Lok.	rybie	łące	róży	fali	bogini

Nom.	nowość	noc
Gen.	nowości	nocy
Dat.	nowości	nocy
Akk.	nowość	noc
Instr.	nowością	nocą
Lok.	nowości	nocy

Beispiele für maskuline nichtpersonale Deklination:

Nom.	klomb	mak	talerz	lis	łoś
Gen.	klombu	maku	talerza	lisa	łosia
Dat.	klombowi	makowi	talerzowi	lisowi	łosiowi
Akk.	klomb	mak	talerz	lisa	łosia
Instr.	klombem	makiem	talerzem	lisem	łosiem
Lok.	klombie	maku	talerzu	lisie	łosiu

Beispiele für neutrale Deklination:

Nom.	kolano	tango	serce	wołanie
Gen.	kolana	tanga	serca	wołania
Dat.	kolanu	tangu	sercu	wołaniu
Akk.	kolano	tango	serce	wołanie
Instr.	kolanem	tangiem	sercem	wołaniem
Lok.	kolanie	tangu	sercu	wołaniu

Beispiele für maskuline personale Deklination:

Nom.	magnat	rybak	palacz	kowal	wuj
Gen.	magnata	rybaka	palacza	kowala	wuja
Dat.	magnatowi	rybakowi	palaczowi	kowalowi	wujowi
Akk.	magnata	rybaka	palacza	kowala	wuja
Instr.	magnatem	rybakiem	palaczem	kowalem	wujem
Lok.	magnacie	rybaku	palaczu	kowalu	wuju

Plural
Beispiele für feminine Deklination:

Nom.	ryby	łąki	róże	fale	boginie
Gen.	ryb	łąk	róż	fal	bogiń
Dat.	rybom	łąkom	różom	falom	boginiom
Akk.	ryby	łąki	róże	fale	boginie
Instr.	rybami	łąkami	różami	falami	boginiami
Lok.	rybach	łąkach	różach	falach	boginiach

Nom.	nowości	noce
Gen.	nowości	nocy
Dat.	nowościom	nocom
Akk.	nowości	noce
Instr.	nowościami	nocami
Lok.	nowościach	nocach

Beispiele für maskuline nichtpersonale Deklination:

Nom.	klomby	maki	talerze	lisy	łosie
Gen.	klombów	maków	talerzy	lisów	łosi
Dat.	klombom	makom	talerzom	lisom	łosiom
Akk.	klomby	maki	talerze	lisy	łosie
Instr.	klombami	makami	talerzami	lisami	łosiami
Lok.	klombach	makach	talerzach	lisach	łosiach

Beispiele für neutrale Deklination:

Nom.	kolana	tanga	serca	wołania
Gen.	kolan	tang	serc	wołań
Dat.	kolanom	tangom	sercom	wołaniom
Akk.	kolana	tanga	serca	wołania
Instr.	kolanami	tangami	sercami	wołaniami
Lok.	kolanach	tangach	sercach	wołaniach

Die Deklination maskuliner personaler Substantive im Plural finden Sie in der 8. Lektion.

Übungen – Ćwiczenia

1. *Lesen Sie das Gedicht laut und üben Sie die Aussprache folgender Konsonanten*: **s, ś, sz, cz, dż**.

2. *Üben Sie die Deklination der Substantive und achten Sie dabei auf die Endungen, die sich bei den verschiedenen Beispielen wiederholen sowie auf diejenigen, die sich voneinander unterscheiden. Versuchen Sie eine zusammenfassende Übersicht über die Endungen zu geben.*

3. *Finden Sie im Wörterbuch die polnischen Wörter für* Winter, Frühling *und* Sommer *und auch die von ihnen abgeleiteten Adjektive.*

4. *Übersetzen Sie ins Polnische*: Es regnet und ich werde naß. Es regnet schon. Es regnet noch.

5. *Übersetzen Sie das Gedicht ins Deutsche.*

LEKTION DREI

Czesław Miłosz (*1911)

Przy piwoniach ***

Piwonie kwitną, białe i różowe,
A w środku każdej, jak w pachnącym dzbanie
Gromady żuczków prowadzą rozmowę,
Bo kwiat jest dany żuczkom na mieszkanie.

Matka nad klombem z piwoniami staje,
Sięga po jedną i płatki rozchyla,
I długo patrzy w piwoniowe kraje,
Dla których rokiem bywa jedna chwila.

Potem kwiat puszcza i, co sama myśli,
Głośno i dzieciom, i sobie powtarza.
A wiatr kołysze zielonymi liśćmi
I cętki światła biegają po twarzach.

Vokabeln – Słowniczek ***

biały, -a, -e *adj*	weiß
biegać *impf*	laufen (hin und her)
bo *conj*	weil
bywać *impf*	pflegen zu sein
cętka *f*	Tüpfel
chwila *f*	Augenblick, Weile
co *pron*	was
dany, -a, -e *part*	gegeben
dla *prp*	für
dzban *m*	Krug
dziecko *n*	Kind
długo *adv*	lang
głośno *adv*	laut
gromada *f*	Schar, Haufen

jeden, jedna, jedno *num*	ein, eine, eines
być *impf*	sein
klomb *m*	Blumenbeet
każdy, -a, -e *pron*	jeder
kołysać *impf*	schaukeln, wiegen
kraj *m*	Land
który, -a, -e *pron*	welcher
kwiat *m*	Blume
kwitnąć *impf*	blühen
liść *m*	Blatt
matka *f*	Mutter
mieszkanie *n*	Wohnung
myśleć *impf*	denken
na *prp*	auf; für
nad *prp*	über
pachnąć *impf*	duften
pachnący, -a, -e *part*	duftender
patrzyć *impf*	schauen
piwonia *f*	Pfingstrose
piwoniowy, -a, -e *adj*	Pfingstrosen-
płatek *m*	Blütenblatt
po *prp*	nach; auf
potem *adv*	danach
powtarzać *impf*	wiederholen
przy *prp*	bei
prowadzić *impf*	führen
puszczać *impf*	loslassen
rok *m*	Jahr
rozchylać *impf*	halb öffnen
rozmowa *f*	Gespräch
różowy, -a, -e *adj*	rosafarbig
sam, -a, -o *pron*	selbst
sięgać *impf*	reichen
sięgać po co	reichen nach etwas
sobie *pron, Dat*	sich selbst
stawać *impf*	stehen
środek *m*	Mitte
w środku	in der Mitte
twarz *f*	Gesicht
wiatr *m*	Wind

zielony, -a, -e *adj*	grün
żuczek *m*	kleiner (Mist)käfer
z *prp*	mit

Grammatik – Gramatyka

Artikulation und Orthographie ***

1. Die nasalen Laute ą, ę werden am Ende des Wortes sowie vor s, ś, sz, z, ź, ż, rz, ch, f, w, fi, wi nicht verändert, d.h. als nasales o oder nasales e ausgesprochen. Lediglich in der Umgangssprache sprechen manche Polen das ę am Ende des Wortes als e.

2. Der Vokal u wird ähnlich wie das deutsche u in 'Kupfer' ausgesprochen. Es gibt im Polnischen den Buchstaben ó (o mit Strich; es handelt sich hier nicht um ein Kennzeichen für Betonung!): dieser Buchstabe bezeichnet den Laut u, der mit dem Vokal o wechselt, z.B. *pokój* (gelesen: *pokuj*) 'Zimmer' - *pokoju* 'des Zimmers', *Bóg* 'Gott' - *Boga* 'Gottes'.

Das Verb ***

Der Infinitiv auf -ać (5): *kołysać*

Sing.	1.	kołyszę
	2.	kołyszesz
	3.	kołysze
Plur.	1.	kołyszemy
	2.	kołyszecie
	3.	kołyszą

Der Infinitiv auf -ać (6): *stawać*

Sing. 1.   staję
      2.   stajesz
      3.   staje
Plur. 1.   stajemy
      2.   stajecie
      3.   stają

Die Verben *biegać, bywać, powtarzać, puszczać, rozchylać, sięgać* werden so konjugiert wie das Verb *dmuchać* (s. 1. Lektion).

Der Infinitiv auf -ić (2): *prowadzić*

Sing. 1.   prowadzę
      2.   prowadzisz
      3.   prowadzi
Plur. 1.   prowadzimy
      2.   prowadzicie
      3.   prowadzą

Der Infinitiv auf -yć: *patrzyć*

Sing. 1.   patrzę
      2.   patrzysz
      3.   patrzy
Plur. 1.   patrzymy
      2.   patrzycie
      3.   patrzą

Der Infinitiv auf -eć (2): *myśleć*

Sing. 1.   myślę
      2.   myślisz
      3.   myśli
Plur. 1.   myślimy
      2.   myślicie
      3.   myślą

Die Verben auf -nąć: *kwitnąć* und *pachnąć* (im Text ist nur die von *pachnąć* abgeleitete Form *pachnący* vorhanden) werden so konjugiert wie das Verb *moknąć* (s. 2. Lektion).

Die Deklination der Substantive ***

Zur femininen Deklination:

1. Im Genitiv Singular haben wir die Endung -y nach phonetisch harten Konsonanten, aber nicht nach **k**, **g**; die Endung -i gibt es nach phonetisch weichen Konsonanten und nach **k**, **g**.

2. Im Dativ und Lokativ Singular haben wir die Endung -i nach phonetisch weichen Konsonanten; nach **sz**, **ż**, **rz**, **cz**, **c**, **dz**, **dż** gibt es die Endung -y, und nach allen anderen phonetisch harten Konsonanten die Endung -e.

Achtung! Vor der Endung -e verändern sich die harten Konsonanten!

Hier der Konsonantenwechsel vor der Endung -e:

ba	-	bie	ryba	-	rybie
pa	-	pie	lipa	-	lipie
wa	-	wie	kawa	-	kawie
fa	-	fie	szafa	-	szafie
ma	-	mie	mama	-	mamie
na	-	nie	panna	-	pannie
za	-	zie	koza	-	kozie
sa	-	sie	rosa	-	rosie
ła	-	le	szkoła	-	szkole
ga	-	dze	noga	-	nodze
ka	-	ce	ręka	-	ręce
da	-	dzie	woda	-	wodzie
ta	-	cie	sobota	-	sobocie
cha	-	sze	mucha	-	musze
ra	-	rze	chmura	-	chmurze

3. Im Akkusativ Singular bleiben endungslose Substantive *endungslos*, und alle anderen haben die Endung -ę. Es gibt hier eine einzige Ausnahme: *panią* von *pani* 'Frau'.

4. Im Nominativ Plural haben wir die Endung -y nach phonetisch harten Konsonanten, aber nach **k, g** -i; nach phonetisch weichen Konsonanten und nach **sz, ż, rz, cz, c, dz, dż** gibt es die Endung -e, wobei z.B. alle Substantive auf -**ść** die Endung -i haben; manchmal haben *endungslose* Substantive die Endung -y: *mysz* 'Maus' - *myszy, rzecz* 'Sache' - *rzeczy.*

5. Im Genitiv Plural haben nur die endungslosen Substantive eine Endung: -i oder -y.

Achtung! Bei den anderen ist manchmal doch eine Endung möglich, z.B. *kropla* - *kropli* oder *kropel*; hier, bei der endungslosen Form, haben wir es mit einem e-Einschub zwischen die beiden letzten Konsonanten zu tun. Das kommt häufig in Substantiven vor, deren Stamm auf zwei Konsonanten endet, vor allem dann, wenn der letzte Konsonant **k, ł, r, n** ist: *bajka* 'Märchen' - *bajek, matka - matek.*

6. Fremdwörter wie z.B. *historia, rewia, armia, Maria, komedia, linia, lilia, monarchia, piwonia, lekcja, poezja, misja* haben sowohl im Genitiv Plural als auch im Genitiv Singular die Endung -i: *historii, rewii, armii, Marii, komedii, linii, lilii, monarchii, piwonii, lekcji, poezji, misji.*

7. Maskuline personale Substantive auf -**a**, z.B. *poeta, artysta* 'Künstler', werden im Singular wie feminine Substantive dekliniert!

Zur maskulinen Deklination:

1. Der Genitiv Singular hat die Endung -a oder -u. Das ist eigentlich der schwierigste Fall der ganzen polnischen Deklination! Eine Regel für den Gebrauch dieser Endungen gibt es zwar nicht, aber man kann sich doch einiges merken.

Die Endung -**a** haben: Personen- und Tiernamen (jedoch nicht der 'Ochse' und der 'Büffel': *wół - wołu* und *bawół - bawołu!*)

Einzelne Gegenstände, besonders solche, die Werkzeuge, Geräte, Gefäße bezeichnen sowie Körperteile, Tänze, Geldstücke, Maße.

Monatsnamen (jedoch nicht der 'Februar': *luty - lutego!*)

Ortsnamen auf -ów, -in, -yn, -burg, -bork; auch hier gibt es eine Ausnahme, und zwar *Londyn* 'London' - *Londynu*!

Die Endung -u haben: Stoffbezeichnungen, Sammelnamen, Begriffe,
Wochentage und sehr oft Fremdwörter, die Unbelebtes bezeichnen.

Als Beispiele nennen wir jetzt einige Substantive, die uns schon bekannt
sind: *dzban - dzbana, brzuch - brzucha, węgiel - węgla, kwiat - kwiatu,
deszcz - deszczu, kraj - kraju, płacz - płaczu.*

Achtung! Es gibt auch Substantive, die beide Endungen haben, ohne die
Bedeutung zu ändern! Für den Gebrauch der Endungen gibt es einen Rat:
Lektüre und Übung können helfen und diesbezüglich Sprachsicherheit ge-
ben. Lernen Sie deshalb jedes Wort mit der Genitivform!

2. Der Akkusativ Singular der unbelebten Substantive gleicht dem Nominativ, und der Akkusativ Singular der *belebten* Substantive (Personen und
Tiere) gleicht dem Genitiv.

3. Im Lokativ Singular haben wir die Endung -u nach phonetisch weichen
Konsonanten, nach sz, ż, rz, cz, c, dz, dż und nach k, g, ch! Und nach
allen anderen phonetisch harten Konsonanten kommt die Endung -e, vor
der sich die Konsonanten verändern.

Der Konsonantenwechsel sieht hier so aus, wie bei den femininen Substantiven in diesem Fall (jedoch außer k, g, ch!).

Trotz dieser Regel haben wir hier drei Substantive, die phonetisch hart-
stämmig sind und die Endung -u haben: *dom* 'Haus', *pan* 'Herr', *syn*
'Sohn' - *domu, panu, synu*!

4. Im Nominativ Plural haben *nichtpersonale* Substantive folgende Endungen: -e nach phonetisch weichen Konsonanten und nach sz, ż, rz, cz, c,
dz, dż; -y nach allen anderen phonetisch harten Konsonanten, jedoch nach
k, g: -i.

5. Im Genitiv Plural gibt es die Endung -ów nach phonetisch harten Konsonanten, aber nach **sz**, **ż**, **rz**, **cz**, **dż** kommt in der Regel die Endung -y, wir finden jedoch Beispiele, die auch hier die Endung -ów haben. Und in der Regel gibt es auch nach **c** und **dz** die Endung -ów. Nach phonetisch weichen Konsonanten haben wir die Endung -i, aber nach **j** und **l** kommt in der Regel die Endung -ów.

6. Im Instrumental Plural finden wir bei einigen Substantiven die Endung -mi (und nicht -ami), wie im Text: *liśćmi*. Solche Beispiele gibt es auch bei den femininen Substantiven, z.B. *kość* 'Knochen' - *kośćmi*.

Zur neutralen Deklination:

1. Im Lokativ Singular gelten die Regeln, die wir bereits bei den maskulinen Substantiven besprochen haben (s. oben unter 3.).

2. Der Genitiv Plural ist in der Regel endungslos. Bei den endungslosen Formen haben wir es manchmal mit einem e-Einschub zu tun. Das kommt vor, wenn die Substantive im Stamm auf zwei Konsonanten enden (vor allem, wenn der letzte Konsonant **k**, **ł**, **r** oder **n** ist), z.B. *jajko* 'Ei' - *jajek*, *mydło* 'Seife' - *mydeł* (vgl. die Anmerkung bei den femininen Substantiven im Genitiv Plural, s. oben unter 5.).

3. Den Plural zu *dziecko* bildet das Substantiv *dzieci*; in unserem Text ist der Dativ Plural vorhanden: *dzieciom*. Der Instrumental Plural lautet: *dziećmi*.

Die übrigen Fälle der maskulinen, femininen und neutralen Deklination sind problemlos und wurden deshalb hier nicht erläutert. Die Deklination der personalen maskulinen Substantive im Plural besprechen wir in der 8. Lektion.

Die Deklination der Adjektive ***

Deklinationsbeispiele: für das maskuline Genus - *bogaty* 'reich', *ubogi* 'arm', *ostatni* 'letzter'; für das feminine - *bogata, uboga, ostatnia;* für das neutrale - *bogate, ubogie, ostatnie.*

Singular

m

Nom.	bogaty	ubogi	ostatni
Gen.	bogatego	ubogiego	ostatniego
Dat.	bogatemu	ubogiemu	ostatniemu
Akk.	bogaty	ubogi	ostatni
oder	bogatego	ubogiego	ostatniego
Instr.	bogatym	ubogim	ostatnim
Lok.	bogatym	ubogim	ostatnim

n

Nom.	bogate	ubogie	ostatnie
Gen.	bogatego	ubogiego	ostatniego
Dat.	bogatemu	ubogiemu	ostatniemu
Akk.	bogate	ubogie	ostatnie
Instr.	bogatym	ubogim	ostatnim
Lok.	bogatym	ubogim	ostatnim

f

Nom.	bogata	uboga	ostatnia
Gen.	bogatej	ubogiej	ostatniej
Dat.	bogatej	ubogiej	ostatniej
Akk.	bogatą	ubogą	ostatnią
Instr.	bogatą	ubogą	ostatnią
Lok.	bogatej	ubogiej	ostatniej

Anmerkung: Die Formen *bogatego, ubogiego, ostatniego* werden im Akkusativ für das personale Genus gebraucht und auch dann, wenn das durch das Adjektiv bestimmte Substantiv *belebt* ist. Für die *unbelebten* Substantive sind im Akkusativ die Formen: *bogaty, ubogi, ostatni.*

Plural

m (nichtpers.)	*f*	*n*
Nom.	bogate	ubogie	ostatnie
Gen.	bogatych	ubogich	ostatnich
Dat.	bogatym	ubogim	ostatnim
Akk.	bogate	ubogie	ostatnie
Instr.	bogatymi	ubogimi	ostatnimi
Lok.	bogatych	ubogich	ostatnich

Die Deklination der Adjektive des maskulinen *personalen* Genus besprechen wir im Zusammenhang mit der Deklination maskuliner personaler Substantive im Plural in der 8. Lektion.

Das Ableitungssuffix -*nie*

Das Substantiv *mieszkanie* 'Wohnung' wird vom Verb *mieszkać* 'wohnen' mit dem Suffix -**nie** gebildet. Mit diesem Suffix werden im Polnischen vor allem Verbalsubstantive gebildet: *mieszkanie* kann also auch 'das Wohnen' bedeuten. Verbalsubstantive auf -**nie** können von allen Verben auf -**ać** gebildet werden, z.B. von *badać* 'forschen': *badanie* 'das Forschen', 'die Forschung', von *pytać* 'fragen': *pytanie* 'das Fragen', 'die Frage', von *grać* 'spielen': *granie* 'das Spielen'.

Übungen – Ćwiczenia

1. *Übersetzen Sie das Gedicht ins Deutsche.*

2. *Finden Sie im Wörterbuch die polnischen Wörter für* schwarz, blau *und* orange.

3. *Nennen Sie in Polnisch Ihre Lieblingsblume, verbinden Sie den Namen der Blume mit einem Farbadjektiv und deklinieren Sie dann diese Verbindung im Singular und im Plural.*

4. *Lernen Sie zwei Sätze aus dem Gedicht auswendig.*

LEKTION VIER

Lektüre – Lektura

Maria Dąbrowska   (1889 - 1965)

Dziecko ***
(fragment)

- Wiesz, mama, ten Misiek to nigdzie nie chce chodzić, tylko do kościoła. Do kościółka i do kościółka.
- Co ty mówisz? A cóż ksiądz na to? Pozwala mu być w kościele?
- Nie. Wypędza go.
- Naprawdę. A on co?
- A on nie wychodzi! Tylko ucieka i ucieka. Po kościele. A potem siada pod ławką.
- A cóż ten Misiek robi w kościele? Modli się?
- Nie. On śmieci. On mówi, że w kościele się śmieci, a na śmietnisku się modli. On mówi, że śmiecie się je, a jedzenie się wyrzuca.
- I brzuszek go nie boli?
- Nie. On bardzo lubi śmiecie.
- I nie śpi w nocy?
- Nie. On mówi, że we dnie się śpi, a w nocy się nie śpi. (...)
- Ale ty przecież sypiasz ładnie w nocy?

Vokabeln – Słowniczek

bardzo *adv*	sehr
boleć *impf*	schmerzen
brzuszek *m*	Bäuchlein
chcieć *impf*	wollen
chodzić *impf*	gehen
cóż *fragepron*	was denn?
do *prp*	in, zu, nach
dzień *m*	Tag
we dnie	am Tag
jeść *impf*	essen
jedzenie *n*	Essen
kościół *m*	Kirche

kościółek *m*	Kirchlein
ksiądz *m*	Pfarrer
lubić *impf*	mögen, gern haben
ładnie *adv*	hübsch, schön
ławka *f*	Bank
Misiek *m*	Teddy(bär)
modlić się *impf*	beten
mówić *impf*	sagen, sprechen
naprawdę *adv*	wirklich
na to	dazu
nie	nein, nicht
nigdzie *adv*	nirgends, nirgendshin
pod *prp*	unter
pozwalać *impf*	erlauben
przecież	doch
robić *impf*	machen, tun
siadać *impf*	sich setzen
sypiać *impf*	pflegen zu schlafen
śmiecić *impf*	Unordnung machen, verunreinigen
śmiecie *n*	Mist; Müll
śmietnisko *n*	Müllhaufen
spać *impf*	schlafen
ten, ta, to *pron*	dieser, diese, dieses
tylko	nur
uciekać *impf*	weglaufen
wiedzieć *impf*	wissen
wychodzić *impf*	hinausgehen
wypędzać *impf*	wegjagen
wyrzucać *impf*	wegwerfen
że *conj*	daß

Grammatik – Gramatyka

Der Wechsel von Vokalen im Wortstamm der Substantive (1)

1. **ó : o**: Nominativ: *kościół*, Genitiv: *kościoła* (*do kościoła*). Der Vokal **ó** befindet sich in der endungslosen Form des Nominativ Singular und wechselt zu **o** im Genitiv (auch im Dativ, Instrumental Singular und in allen Pluralformen).

2. **ó : e**: Nominativ: *kościół*, Lokativ: *w (po) kościele*. Hier haben wir den Wechsel von **ó** zu **e**, der nur dann auftreten kann, wenn gleichzeitig ein Wechsel zwischen dem harten **ł** und dem weichen **l** vorkommt, z.B. auch: *popiół* 'Asche' - *w popiele*.

Das Verb ***

Der Infinitiv auf -**ić** (3): *modlić się*

Sing.	1.	modlę	się
	2.	modlisz	się
	3.	modli	się
Plur.	1.	modlimy	się
	2.	modlicie	się
	3.	modlą	się

Die Verben *lubić, mówić, robić* werden so konjugiert wie das Verb *dzwonić* (s. 2. Lektion). Die Verben *chodzić, śmiecić, wychodzić* werden so konjugiert wie das Verb *prowadzić* (s. 3. Lektion).

Die Verben auf -**ać**: *pozwalać, siadać, sypiać, uciekać, wypędzać*, konjugiert man so wie das Verb *dmuchać* in der 1. Lektion.

Das Verb auf -**eć**: *boleć* (vgl. mit *myśleć* in der 3. Lektion) wird nur in der 3. Person Singular und in der 3. Person Plural gebraucht: *boli, bolą*.

Die Verben: *być, chcieć, jeść, spać, wiedzieć* sind unregelmäßige Verben.

Das Verb *być*

			Futur
Sing.	1.	jestem	będę
	2.	jesteś	będziesz
	3.	jest	będzie
Plur.	1.	jesteśmy	będziemy
	2.	jesteście	będziecie
	3.	są	będą

Das Verb *chcieć*

Sing.	1.	chcę
	2.	chcesz
	3.	chce
Plur.	1.	chcemy
	2.	chcecie
	3.	chcą

Das Verb *jeść*

Sing.	1.	jem
	2.	jesz
	3.	je
Plur.	1.	jemy
	2.	jecie
	3.	jedzą

Das Verb *spać*

Sing.	1.	śpię
	2.	śpisz
	3.	śpi
Plur.	1.	śpimy
	2.	śpicie
	3.	śpią

Das Verb *wiedzieć*

Sing. 1. wiem
      2. wiesz
      3. wie
Plur. 1. wiemy
      2. wiecie
      3. wiedzą

Unpersönliche Formen persönlicher Verben

Persönliche Verben können in unpersönlichen Konstruktionen vorkommen. Unpersönliche Formen sind im Polnischen Verbindungen der 3. Person Singular mit *się*, die den deutschen Sätzen mit 'man' entsprechen.

Hier Beispiele aus unserem Text (in der Kinderaussage): (*w kościele*) *się śmieci; (na śmietnisku) się modli; (jedzenie) się wyrzuca; (śmiecie) się je; (we dnie) się śpi; (w nocy) się nie śpi.*

Anmerkung: Das Verb *modlić się* hat eine *reflexive* Form, die sich in der unpersönlichen Konstruktion wiederholt.

Die Präpositionen (1)

Wir haben bis jetzt einige Präpositionen gelernt, die mit verschiedenen Kasus verbunden sind. Hier eine zusammenfassende Übersicht über die präpositionalen Konstruktionen, die in der 1. - 4. Lektion vorkommen.

1. Verbindungen mit dem Genetiv: *dla* 'für', *do* 'in', 'zu', 'nach'. Diese beiden Präpositionen werden nur mit dem Genitiv gebraucht.

2. Verbindungen mit dem Genitiv und mit dem Instrumental: *z* - mit Genitiv 'aus', 'von', *z* - mit Instrumental 'mit'.

3. Verbindung mit dem Akkusativ: *o* - 'auf', 'gegen' mit der Bedeutung 'schlagen', 'werfen', 'klopfen'.

4. Verbindungen mit dem Akkusativ und mit dem Lokativ:

na - mit Akkusativ 'für' bezeichnet den Zweck, das Ziel,
na - mit Lokativ 'auf' in räumlicher Bedeutung,
po - mit Akkusativ 'nach' bezeichnet das Ziel,
po - mit Lokativ 'auf', 'in' mit Verben der Bewegung gebraucht, die
an   der Oberfläche von irgendwas verläuft,
w - mit Akkusativ 'in' bezeichnet die Richtung,
w - mit Lokativ 'in' in räumlicher Bedeutung, antwortet auf die Frage
         'wo'?

5. Verbindungen mit dem Instrumental: *nad* 'über', *pod* 'unter' in räumlicher Bedeutung.

6. Verbindungen mit dem Lokativ: *przy* 'bei' ist die einzige Präposition, die *nur* mit dem Lokativ gebraucht wird; alle anderen Präpositionen, die mit dem Lokativ verbunden sind, werden auch mit dem Akkusativ gebraucht.

Der Gebrauch der verschiedenen Formen von *dzień* und *noc* ***

Die Deklination von *dzień*

	Singular	*Plural*
Nom.	dzień	dnie *oder* dni
Gen.	dnia	dni
Dat.	dniowi	dniom
Akk.	dzień	dni
Instr.	dniem	dniami
Lok.	dniu	dniach

Es gibt auch eine ältere Form im Lokativ Singular *we dnie*, die heute nur noch zusammen mit der Form *w nocy* gebraucht wird: *we dnie i w nocy* 'am Tag und in der Nacht'. Diese ältere Lokativform *we dnie* kommt in unserem Text vor. Heute sagt man: *w dzień* (*Akk.*), aber *w nocy* (*Lok.*).
Die Deklination von *noc* s. Lektion 2.

Und hier einige Formen von *dzień* und *noc* im Gebrauch:

1. *co dzień, co noc* 'jeden Tag', 'jede Nacht'.

2. *dzień i noc, dniem i nocą, dniami i nocami* 'tagelang und nächtelang'.

3. *w dniu* 'am Tag' wird dann gebraucht, wenn man den Tag genau bezeichnet: *w dniu egzaminu, w dniu konfirmacji*.

4. *dzień dobry* 'guten Tag', in dieser Redewendung steht das Adjektiv nach dem Substantiv, aber: *dobranoc* 'gute Nacht', zusammengeschrieben und das a in der Aussprache betont!

Übungen – Ćwiczenia

1. *Ergänzen Sie die Übersicht über die präpositionalen Konstruktionen mit den Beispielen aus der 1. - 4. Lektion.*

2. *Übersetzen Sie*: Ich will schlafen. Das Kind will noch nicht schlafen. Das Kind will essen. Ich schlafe schon. Nein, ich schlafe noch nicht. Ich mag lange schlafen. Das Kind schläft schon. Die Mutter ist in der Kirche. Der Pfarrer geht aus der Kirche hinaus. Ich sage, was ich denke. Sie sagt, daß es regnet. Die Mutter sagt, daß die Blumen schon blühen. Die Blumen blühen doch noch nicht. Rosen duften sehr schön. Im Krug sind Blumen. Ich habe Pfingstrosen sehr gern.

LEKTION FÜNF

Lektüre – Lektura

Julian Kornhauser (*1946)

WIERSZE DLA AGATKI
Gwiazdka ***

Gdy choinka
zagra na szpilkach,
a gwiazdka wystawi różki,
wyjdź zza stołu i spójrz w okno:
Mróz z kieszeni wysypuje same podarki!
Czeka na ciebie kremowa pidżamka we wzorki,
mały, grubiutki kaktusik i czekolada słodka jak miód.
Jeśli nastawisz ucha, usłyszysz chrapanie utrudzonego śniegu.

Vokabeln – Słowniczek

choinka *f*	Tannenbaum, Weihnachtsbaum
chrapać *impf*	schnarchen
chrapanie *n*	Schnarchen
czekać *impf*	warten
grubiutki, -a, -ie *adj dim*	(sehr) dick
gwiazdka *f dim*	Sternchen
gdy *conj (im Temporalsatz)*	wenn, als
jeśli *conj*	wenn
kaktusik *m dim*	kleiner Kaktus
kieszeń *f*	Tasche
kremowy, -a, -e *adj*	kremfarbig
mały, -a, -e *adj*	klein
miód *m*	Honig
mróz *m*	Frost
na *prp*	auf
na ciebie	auf dich
nastawić *pf*	aufstellen
nastawić ucha *(im Gen)*	*hier:* (gut) hinhören
pidżamka *f dim* (auch piżamka)	Pyjama

podarek *m* (= podarunek *m*)	Geschenk
rożek *m*	Hörnchen
sam, sama, samo (*Plur* same) *pron*	lauter, bloß, nur
słodki, -a, -ie *adj*	süß
spojrzeć *pf*	schauen
stół *m*	Tisch
szpilka *f*	Nadel
śnieg *m*	Schnee
ucho *n*	Ohr
usłyszeć *pf*	hören
utrudzony, -a, -e *adj*	erschöpft, ermüdet
wiersz *m*	Gedicht
wyjść *pf*	herauskommen
wystawić *pf*	hervorstrecken
wysypywać *impf*	herausschütten
wzorek *m*	kleines Muster
we wzorki *pl*	mit Muster
zagrać *pf*	(vor)spielen
zza *prp*	von hinten her, hervor

Grammatik – Gramatyka

Der Wechsel von Vokalen im Wortstamm der Substantive (2)

1. Wenn der Wortstamm der *endungslosen* Formen (hier: maskuliner nichtpersonaler Substantive) auf einen stimmhaften Konsonanten und r, ł, j, endet und wenn davor der Vokal ó steht (im *Nom.* und *Akk.*), dann kommt es in den übrigen Deklinationsformen zum Vokalwechsel ó : o. Beispiele aus dem Text: *miód - miodu, mróz - mrozu, stół - stołu.*

2. Es gibt Suffixe, die im Wortstamm Lautveränderungen hervorrufen. Es handelt sich hier um das Suffix **-ek** (in maskulinen nichtpersonalen Substantiven), in dem der Vokal **-e-** im Genitiv, Dativ, Instrumental, Lokativ und in allen Pluralformen verschwindet.

Beispiele aus dem Text: *podarek - podarku - podarki, rożek - rożka - różki, wzorek - wzorku - wzorki.*

Das Verb ***

Der Infinitiv auf - **ywać**: *wysypywać*

Sing. 1 wysypuję
2 wysypujesz
3. wysypuje
Plur. 1. wysypujemy
2. wysypujecie
3. wysypują

Die Verben auf -**ać**: *czekać* und *zagrać* (vollendet) werden nach dem Konjugationsbeispiel *dmuchać* (s. 1. Lektion) konjugiert. Die Verben a u f -**ić**: *nastawić* und *wystawić* (beide vollendet) werden nach dem Konjugationsbeispiel *dzwonić* (s. 2. Lektion) konjugiert. Das Verb *usłyszeć* gleicht dem Beispiel *dyszeć* (s. 1. Lektion); es ist ein vollendetes Verb (ohne das Präfix **u**- wäre es unvollendet).

Die Diminutivformen von Substantiven und Adjektiven ***

1. Diminutivformen werden oft von den maskulinen Substantiven mit dem Suffix -**ek** und von den femininen Substantiven mit dem Suffix -**k a** gebildet.
Beispiele aus dem Gedicht: *wzorek* von *wzór* (mit dem Vokalwechsel **ó** : **o**), *rożek* von *róg* (diese Wortbildung erfolgt mit dem Konsonantenwechsel **g** : **ż**), *gwiazdka* von *gwiazda*, *pidżamka* von *pidżama*.

2. Zahlreiche maskuline Diminutivformen kann man auch mit dem Suffix -**ik** bilden, wie das Beispiel: *kaktusik* von *kaktus*.

3. Sehr viele Diminutivformen werden mit dem Suffix -**utki** von Adjektiven gebildet, wie das Beispiel: *grubiutki* von *gruby* (hier mit dem Konsonantenwechsel **b** : **bi**). Auf diese Weise kann man auch eine Diminutivform vom Adjektiv *mały* bilden: *malutki* (mit dem Konsonantenwechsel **ł** : **l**).

Die Präpositionen (2)

1. Eine weitere Präposition, die nur mit dem Genitiv gebraucht wird, ist *zza*: *zza stołu* 'hinter dem Tisch hervor'.

2. In dem Satz *kremowa pidżamka we wzorki* haben wir eine präpositionale Konstruktion, in der die Präposition *we* (*w*), verbunden mit dem Akkusativ, die Eigenart (Muster, Dessin) bezeichnet. Auf diese Art verbindet sich die Präposition *w* oder *we* (vor *w* in einer Konsonantengruppe) mit Namen von Blumen oder Gegenständen, die ein Muster, Dessin darstellen, z.B. *w róże, w maki, w kwiaty, w gwiazdki*. Die Möglichkeiten sind im Sprachgebrauch unbegrenzt.

Das Personalpronomen *ty*

Die Deklination:

Nom.	ty
Gen.	ciebie
Dat.	tobie, ci
Akk.	ciebie, cię
Instr.	tobą
Lok.	tobie

Die Kurzformen *ci* und *cię* können nur im syntaktischen Zusammenhang mit einem Verb gebraucht werden und stehen im Satz gewöhnlich nach dem ersten betonten Wort.

Die Formen *tobie, ciebie* werden in Verbindung mit Präpositionen gebraucht, z.B. *czeka na ciebie* oder auch ohne Präpositionen, wenn man das Pronomen in der Aussage besonders hervorheben möchte, z.B. *lubię ciebie, a nie ją* 'ich mag dich und nicht sie'.

Das Ableitungssuffix -*owy*

Mit dem Suffix -**owy** werden im Polnischen die meisten Adjektive (über 6000) gebildet. Sie werden vor allem von Substantiven abgeleitet und ihre Bedeutung hängt vom Kontext ab, z.B. *miarowy deszcz, piwoniowe kraje, kremowa pidżamka*.

Übungen – Ćwiczenia

1. *Übersetzen Sie das Gedicht ins Deutsche.*

2. *Finden Sie im Wörterbuch die polnischen Wörter für* Weihnachten, Weihnachtsgeschenk, Weihnachtslied, Weihnachtsabend, Weihnachtsstern und Weihnachtsmann.

3. *Übersetzen Sie:* W zimie, gdy pada śnieg, jest bardzo ładnie. Lubię chodzić po śniegu i patrzyć na białe choinki. Na zieloną choinkę padają białe płatki śniegu.

4. *Antworten Sie in polnisch:* Jaką lubisz zimę?

LEKTION SECHS

Lektüre – Lektura

Miron Białoszewski (1922 - 1988)

DONOSY RZECZYWISTOŚCI
Zagadnienia społeczno-gospodarcze * **

Pan Antoni (wciąż jestem w Garwolinie u Mamy) mówi:
- U nich w Rybniku to tam na święta, to jak kupują ryby, to dwadzieścia kilo
- idź tam
- tak, bo rodzina przyjeżdża; jak kiełbasy, to ileś pęt, szynki dziesięć kilo
- i zjedzą?
- pewnie zjedzą, nie wiem
- i po co tak?
- a bo Marylka mówi, że u nich tak wszyscy
- to jak wszyscy w Rybniku, to i ona musi?
- musi
Przychodzi Marylka z córką.
- Dzień dobry, ciociu
- siadajcie, akurat jemy obiad, zjecie ...
- dziękujemy
- ale tam, zjecie
Jedzą. Jemy. Marylka o mnie w telewizji. A potem, że bierze piętnaście kilo kaszy dla znajomych.
- a po co?
- braknie
- e tam
- braknie, ciociu, w całych Katowicach też braknie
- e
- szukałam, nie ma
- a tu jest
- liści bobkowych też nie ma
- a tu są, tu wszystko jest; mięso na targu, bez ogonka, trochę droższe, ale jakie chcę i nie czekam
- u nas to stoi się od wpół do trzeciej w nocy, ciągle
- i pani też stoi?

- pytam.
- stoję, wszyscy stoją
- no to samiście sobie winni ...
- ano tak, ale co poradzić
- i tak tyle godzin?
- nie, no, przychodzę, zaczekam, aż ktoś stanie za mną, zamówię, idę do
domu, ta za mną czeka, aż ktoś za nią, zamawia, idzie
- i co? to w końcu stoi zawsze tylko jedna osoba?
- no ... - Marylka niezdecydowana - tak się robi. (...)

Vokabeln – Słowniczek

aż *conj*	bis
akurat *adv*	gerade, eben
bez *prp*	ohne
brać *impf*	nehmen
cały, -a, -e *adj*	ganz
ciągle *adv* (= wciąż)	andauernd
ciocia *f*	Tante (liebevoll)
córka *f*	Tochter
dom *m*	Haus
donos *m*	Anzeige, Bericht
droższy, -a, -e *adj* (*comp* von drogi)	teurer (teuer)
dwadzieścia *num*	zwanzig
dziękować *impf*	danke
godzina *f*	Stunde
iść *impf*	gehen
ileś, ile *adv*	viele, wieviel
jak *conj* (*umgangssprachl.*)	wenn
kasza *f*	Grütze
kiełbasa *f*	Wurst
pęto kiełbasy	Wurstring
koniec *m*	Ende
w końcu	schließlich
ktoś *pron*	jemand
kupować *impf*	kaufen
liść bobkowy *m*	Lorbeerblatt
mięso *n*	Fleisch
musieć *impf*	müssen
nie ma	es gibt nicht

niezdecydowany, -a, -e *adj*	unentschlossen
obiad *m*	Mittagessen
od *prp*	von
ogonek *m*, kolejka *f*	lange Reihe wartender Menschen
osoba *f*	Person
pewnie *adv*	wahrscheinlich
piętnaście *num*	fünfzehn
po co?	wozu?
przychodzić *impf*	kommen
przyjeżdżać *impf*	ankommen
poradzić *pf*	(an)raten
ale co poradzić	aber was kann man dagegen tun
rodzina *f*	Familie
rzeczywistość *f*	Wirklichkeit
społeczno-gospodarczy, -a, -e *adj*	volkswirtschaftlich
stanąć *pf*	anhalten, *hier:* sich anstellen
szukać *impf*	suchen
szynka *f*	Schinken
święto *n*	Feiertag
tak *inv*	ja, jawohl
tak *inv*	so
tak się robi	so macht man es
tam	dort
targ *m*	(Wochen)markt
też *adv*	auch
też nie ma	es gibt auch nicht
trochę *adv*	bißchen
tu *adv*	hier
a tu jest, a tu są	und hier gibt es (sie)
tyle *adv*	so viel
u *prp*	bei
wciąż *adv* (s. ciągle)	andauernd
winny, -a, -e *adj*	schuld
wpół *adv*	halb
wpół do trzeciej	halb drei
wszystek, -tka, -tko *adj*	gesamt, alle, alles
wszyscy *pl*	alle, jeder
za *prp*	hinter, nach

zaczekać *pf*	warten
zagadnienie *n*	Problem, Frage
zamawiać *impf*, zamówić *pf*	bestellen
zawsze *adv*	immer
zjeść *pf*	(auf)essen
znajomy *m* / znajoma *f*	Bekannte(r)

Redensarten, die in der Umgangssprache vorkommen:
samiście = sami jesteście:

no to samiście sobie winni	dann seid ihr selber schuld

Einfache Ausdrücke:

ano tak	so ist es
no ...	nun ...
ale tam, e tam	aber was
idź tam	aber geh, das kann nicht sein

Grammatik – Gramatyka

Das Verb ***

Der Infinitiv auf -ać: (7): *brać*

Sing. 1. biorę
2. bierzesz
3. bierze
Plur. 1. bierzemy
2. bierzecie
3. biorą

Die Verben *przyjeżdżać, siadać, szukać, zaczekać* und *zamawiać* werden nach dem Beispiel *dmuchać* (s. 1. Lektion) konjugiert.

Der Infinitiv auf **-ować**: *dziękować, kupować*

Sing. 1. dziękuję
      2. dziękujesz
      3. dziękuje
Plur. 1. dziękujemy
      2. dziękujecie
      3. dziękują

Der Infinitiv auf **-eć** (3): *musieć*

Sing. 1. muszę
      2. musisz
      3. musi
Plur. 1. musimy
      2. musicie
      3. muszą

Die Verben auf **-ić**: *poradzić, przychodzić* und *zamówić* vgl. mit den Verben *dzwonić* (s. 2. Lektion) und *prowadzić* (s. 3. Lektion).

Die Verben auf **-nąć**: *braknąć* (nur in der 3. Pers. Sing.) und *stanąć* vgl. mit dem Verb *moknąć* (s. 2. Lektion).

Das Verb *iść*

Sing. 1. idę
      2. idziesz
      3. idzie
Plur. 1. idziemy
      2. idziecie
      3. idą

Wir haben hier einige Verben, die vollendet (perfektiv) sind. Sie bezeichnen eine Tätigkeit, die in der Zukunft zu Ende geführt wird: das ist das *einfache Futur* im Polnischen! Die Formen dieser Verben entsprechen hinsichtlich der Struktur den Präsensformen *unvollendeter* Verben, z.B. *jedzą - zjedzą, zamawia - zamówi* haben aber die Bedeutung des Futurs!

Die Personalpronomina *ja*, *my*, *wy*

Die Deklination:

Nom.	ja		my	wy
Gen.	mnie		nas	was
Dat.	mnie,	mi	nam	wam
Akk.	mnie,	mię	nas	was
Instr.	mną		nami	wami
Lok.	mnie		nas	was

Die kurze Form *mię* wird in der heutigen Sprache seltener gebraucht. Die Form *mi* ist zu vergleichen mit der Form *ci*, die in der 5. Lektion besprochen worden ist.

Die Präpositionen (3)

1. Verbindungen mit dem Genitiv: *bez* 'ohne', *od* 'von', *u* 'bei'. Diese Präpositionen werden mit keinem anderen Kasus gebraucht.

2. Verbindung mit dem Instrumental: *za* 'hinter', 'nach' in räumlicher Bedeutung.

3. Verbindung mit dem Lokativ: *o* 'von', 'über', z.B. bei Verben mit der Bedeutung 'denken', 'sprechen'.

Zum Gebrauch des Genitivs ohne Präposition (1)

1. Der Genitiv wird in unpersönlichen Sätzen gebraucht, die das Fehlen oder Nichtvorhandensein eines Gegenstandes bezeichnen: *braknie mięsa, szynki, kaszy, ryb; nie ma czekolady, kawy, liści bobkowych.*

2. Der Genitiv steht immer nach Wörtern, die ein Maß oder eine unbestimmte Menge bezeichnen: *dwadzieścia kilo ryb, dziesięć kilo szynki, tyle godzin.*

Der Vokativ und die Koseformen im täglichen Gebrauch

1. Im Gebrauch ist vor allem der Vokativ von Substantiven, die Personen bezeichnen. Sonst hat er metaphorischen Charakter.

2. Der Vokativ Singular der maskulinen Substantive ist in der Regel identisch mit dem Lokativ.

3. Der Vokativ Singular der femininen Substantive hat gewöhnlich die Endung -o.

4. Feminine weichstämmige Kosenamen haben im Vokativ die Endung -u: *Basia* von 'Barbara' - *Basiu, Ania* von 'Anna' - *Aniu, Renia* von 'Renata' - *Reniu, Gabrysia* von 'Gabriela' - *Gabrysiu, Krysia* von 'Krystyna' - *Krysiu, Zosia* von 'Zofia' - *Zosiu, ciocia* von *ciotka - ciociu, mamusia* von *mama - mamusiu*.

5. Kosenamen haben im Polnischen ihre Tradition und eine vielfältige Wortbildung, z.B. von *Maria: Marysia, Maryśka, Marysieńka, Marychna, Maryna, Marynka, Maryla, Marylka, Mania, Mańka;* von *Urszula: Urszulka, Ula, Ulka, Uleczka, Uleńka, Usia, Uśka;* von *Jan: Janek, Janeczek, Jaś, Jasieniek* etc. Viele davon sind stark gefühlsbetont.

6. Gefühlsbetont sind auch manche Diminutivformen von Substantiven und Adjektiven: *kawa - kawka, czekodada - czekoladka, wino - winko, koniak - koniaczek, mięso - mięsko, szynka - szyneczka, brzuch - brzuszek, różowy - różowiutki, zielony - zieloniutki*.

Die Substantive *pan, pani, państwo*

1. Die Substantive *pan, pani, państwo* werden im Polnischen als Formen gebraucht, die der deutschen Form 'Sie' entsprechen.

2. Wenn man sich an einen Mann wendet, sagt man *pan*, wenn man mit einer Frau spricht, sagt man *pani*. Diese Formen sind gewöhnlich mit der 3. Person Singular verbunden, z.B. *I pani też stoi?* 'Und Sie stehen auch'?

3. *Państwo* sagt man dann, wenn man sich an *pan* und *pani* gleichzeitig wendet oder wenn es mehrere Personen (beider Geschlechter) sind. In

diesem Fall steht das Verb in der 3. Person Plural. Ist man aber etwas familiärer, steht es in der 2. Person Plural.

4. Es gibt im Polnischen eine Redewendung, die eine Verbindung des Genitivs von *pan, pani, państwo* mit der 1. Person Singular vom Verb *prosić* 'bitten' ist. Dies ist eine traditionelle Höflichkeitsform, die nur als Anrede zu verstehen ist: *proszę pani*, (...); *proszę pana*, (...); *proszę państwa*, (...).

Achtung! Manche Polen sagen statt *proszę pani - proszę panią*, was natürlich falsch ist! *Proszę panią* (mit *Akk.*) ist keine Höflichkeitsform, sondern bedeutet 'ich bitte Sie' (um etwas).

5. Die Pluralformen von *pan* und *pani* lauten: *panowie, panie.*

Übungen – Ćwiczenia

1. *Übersetzen Sie*: Auf dem Wochenmarkt gibt es keine Grütze. Bei uns gibt es Grütze. Wir essen zu Mittag. Was essen Sie? Was essen Sie gern? Ich kaufe Fleisch fürs Mittagessen. Das Mittagessen ist schon auf dem Tisch.

2. *Finden Sie im Wörterbuch die Wörter, die Sie brauchen, um sagen zu können, was Sie gern zum Abendbrot* na kolację *essen.*

3. *Deklinieren Sie das Wort* święto *im Singular.*

LEKTION SIEBEN

Lektüre – Lektura

Stefania Grodzieńska (*1914)

Z życia towarzyskiego ***
(fragment)

(...)
- Co za gość, prosimy, prosimy!
- Ale co tu, pani w kapeluszu? Pewnie państwo gdzieś idą.
- Ależ to nic pilnego. Niechże się pan rozbierze, prosimy, taki miły gość
(...)
- Nie, nie.(...) to ja już przyjdę kiedy indziej.
- Co takiego? (...) Nigdy na to nie pozwolimy.(...)
- Jeśli tak, no to chwileczkę posiedzę (...) ale proszę się mną nie
krępować, ja naprawdę na chwilkę. Nawet nie usiądę (...) i usiadł.
- Ale herbaty pan się napije (...) .
- Mowy nie ma, państwo się śpieszą!
(...)
- Skądże, niech pan mi wierzy, że zupełnie pan nam nie przeszkodził,
przeciwnie!
- Niepotrzebnie pani sobie tyle kłopotu ze mną robi, nawet nie będę pił
herbaty (...) i zaczął pić.

Vokabeln – Słowniczek

ale, ależ *conj*	aber (doch)
chwilka *f* (chwileczka *dim*)	Weile, Augenblick
co takiego?	wie? wie meinen Sie?
co za	was für
gdzieś *adv*	irgendwohin
gość *m*	Gast
herbata *f*	Tee
jeśli tak	wenn es so ist
jeśli (= jeżeli) *conj*	wenn
kapelusz *m*	Hut
kiedy *pron*	wann

kiedy indziej	ein andermal
kłopot *m*	Mühe
krępować się *impf*	sich genieren
miły, -a, -e *adj*	nett
mowa *f*	Rede, Sprache
napić się *pf*	etwas zu sich nehmen (trinken)
nawet nie	nicht einmal
nic *pron*	nichts
nic pilnego	nichts Eiliges
niech, niechże	Ausdruck des Befehls oder des Wunsches (in Verbindung mit Verben)
niepotrzebnie *adv*	unnötig
nigdy *adv*	niemals
pić *impf*	trinken
posiedzieć *pf*	(sitzen)bleiben (eine Zeitlang)
pozwolić *pf*	erlauben
prosić *impf*	bitten
przeciwnie *adv*	im Gegenteil
przeszkadzać *impf*	stören
przyjść *pf*	kommen (*Futur*)
rozbierać się *impf*	sich ausziehen
skądże *adv*	woher denn
śpieszyć się *impf*	eilig haben
taki, -a, -ie *pron*	so ein
towarzyski, -a, -ie *adj*	gesellschaftlich
usiąść *pf*	sich setzen
wierzyć *impf*	glauben
zacząć *pf*	beginnen
zupełnie *adv*	völlig
zupełnie nie	ganz und gar nicht

Redewendungen:

krępować się: ale proszę się mną nie krępować	aber bitte, lassen Sie sich durch mich nicht abhalten
mowa: mowy nie ma	das kommt nicht in Frage

Grammatik – Gramatyka

Das Verb ***

Der Infinitiv auf -ić (4): *pić, napić się*

Sing. 1. piję
       2. pijesz
       3. pije
Plur. 1. pijemy
       2. pijecie
       3. piją

Das Verb *pozwolić* wird nach dem Beispiel *myśleć* konjugiert (s. 3. Lektion), das Verb *prosić* - nach dem Beispiel *musieć* (s. 6. Lektion), die Verben *wierzyć* und *śpieszyć się* - nach dem Beispiel *patrzyć* (s. 3. Lektion).

Die Konjugation von *przeszkadzać* und *rozbierać się* ist identisch mit der Konjugation von *dmuchać* (s. 1. Lektion).

Die Konjugation von *krępować się* vgl. mit der Konjugation von *dziękować* (s. 6. Lektion). Die Konjugation von *posiedzieć* ist identisch mit der Konjugation von *prowadzić* (s. 3. Lektion).

Der Infinitiv auf -ąć: *zacząć*

Sing. 1. zacznę
       2. zaczniesz
       3. zacznie
Plur. 1. zaczniemy
       2. zaczniecie
       3. zaczną

Die Verben *przyjść* (vgl. mit *iść*) und *usiąść*

Sing.	1.	przyjdę	usiądę
	2.	przyjdziesz	usiądziesz
	3.	przyjdzie	usiądzie
Plur.	1.	przyjdziemy	usiądziemy
	2.	przyjdziecie	usiądziecie
	3.	przyjdą	usiądą

Das Verb *pić* erscheint in unserer Lektüre zusammen mit der Futurform von *być* und bildet mit ihr das zusammengesetzte Futur: *nie będę pić (herbaty)*. Dieses Futur kann nur von unvollendeten (imperfektiven) Verben gebildet werden. Es bezeichnet eine Tätigkeit, die in der Zukunft vor sich gehen soll, wobei jedoch nicht bekannt ist, ob sie vollendet wird.

Die allgemeine Höflichkeitsform des Wunsches, der Aufforderung und des Befehls ***

1. *prosimy, prosimy.* Es ist eine Begrüßungsform, mit der man jemanden auffordert, hereinzukommen. Man kann damit auch viel Freude über einen Besuch zum Ausdruck bringen.

2. *proszę* + Infinitiv. Es ist eine Höflichkeitsform, die im Polnischen sehr lebendig ist. So kann man auch auf eine mildere Art den Wunsch, die Aufforderung oder den Befehl ausdrücken: *proszę się mną nie krępować, proszę nie przeszkadzać, proszę przyjść, proszę wyjść, proszę nie robić sobie kłopotu, proszę usiąść, proszę siadać, proszę zaczekać, proszę spojrzeć, proszę się śpieszyć, proszę mówić.*

Die Imperativpartikel *niech, niechże*

Sie verlangt das Verb in der 3. Person Präsens oder einfaches Futur. *Niech* wird gebraucht in Sätzen, die den Charakter eines Befehls oder einer Einwilligung haben, die an die 3. Person gerichtet sind. *Niech* wird auch in der Form *niechże* gebraucht, die die Aussage verstärken oder Ungeduld zum Ausdruck bringen soll: *niech pan mi nie przeszkadza, niechże mi nie przeszkadzają, niechże pani sobie nie robi tyle kłopotu, niech pani już idzie, niech przyjdzie, niech zaczeka, niechże się pan rozbiera.* Das Beispiel *niech pan mi wierzy, że* (...) ist hier mehr eine Höflichkeitsform = *proszę mi wierzyć* 'glauben Sie mir'. Alle Sätze mit *niech* kann man auch mit dem Wort *proszę* beginnen: so bekommt man eine neue Höflichkeitsform, die persönlicher ist als die Beispiele mit *proszę* + Infinitiv, z.B. *proszę, niech pan siada; proszę, niech pani zaczeka; proszę, niech nie robią sobie kłopotu; proszę, niech przyjdą.*

Zum Gebrauch der Präposition *w* mit dem Lokativ

Die Präposition *w* in Verbindung mit dem Lokativ bezeichnet vor allem Ortsangaben oder die Zeit, in der das im Satz besprochene Ereignis vor sich geht (*w kościele, w nocy*). In seltenen Fällen aber auch eine Eigenschaft oder Bestandteile der Kleidung: *w kapeluszu* (*ale co tu, pani w kapeluszu?*). Auf diese Weise kann man fast alles bezeichnen, was man trägt, z.B. *w okularach* 'mit Brille', *w peruce* 'mit Perücke', *w kożuchu* 'im Schafspelz'.

Zum Gebrauch des Genitivs ohne Präposition (2)

1. Der Genitiv wird nach vielen perfektiven transitiven Verben dazu gebraucht, um auszudrücken, daß sich die Tätigkeit nicht auf das ganze, sondern nur auf einen Teil des Objekts bezieht. Hier handelt sich in der Regel um Substantive, die eine Substanz, einen Stoff bezeichnen. Als Beispiel haben wir hier das Verb *napić się: Ale herbaty pan się napije?*

2. Der Genitiv wird nach verneinten transitiven Verben gebraucht. Er bezeichnet hier das Objekt der Tätigkeit: *nie będę pić herbaty.*

Vergessen Sie also nicht:

lubię czekoladę   nie lubię czekolady
jem kaszę   nie jem kaszy
piję wino   nie piję wina

Die anderen Beispiele (*mowy nie ma, tyle kłopotu*) vgl. mit den in der 6. Lektion besprochenen Beispielen.

Übungen – Ćwiczenia

1. *Deklinieren Sie im Singular*: herbata, gość, kłopot, chwileczka, pani, życie.

2. *Ergänzen Sie*: Dziecko przeszkadza (mir, dir, ihr, ihm, Ihnen). Idziemy do (Kirche, Theater, Kino, Schule, Bibliothek, Park, Garten, Café, Apotheke, Krankenhaus, Kaufhaus, Haus).

3. *Übersetzen Sie*: Bleiben Sie bitte noch ein Weilchen. Bitte noch etwas Tee. Erlauben Sie bitte. Essen Sie bitte. Noch etwas Wein, bitte sehr. Bitte sehr. Danke sehr. Ich danke Ihnen.

LEKTION ACHT

Lektüre – Lektura

Stanisław Dygat (1914 - 1978)

Karnawał ***
(fragment)

(...) Była połowa lutego, miesiąc, w którym odbywa się monachijski karnawał, po niemiecku Fasching. Słowo *Fasching* lepiej oddaje nastrój tego karnawału, twierdzę tak zresztą na wyczucie, ponieważ nie znam niemieckiego. Może sugeruję się też tym, że w Monachium wszyscy Polacy mówili *Fasching*, i tym jeszcze, że istnieje utwór fortepianowy Schumanna *Faschingsschwank aus Wien* (...).
- Czy pani jest z kraju? - zapytałem.
- Nie. Nawet nigdy w kraju nie byłam.
- Jak to? I mówi pani tak świetnie po polsku? Jak rodowita Polka?
- Jestem rodowitą Polką, a polski to mój język ojczysty.
- Może zatańczymy? - zapytałem.
Poszliśmy tańczyć.
(...) Byłem pierwszym pisarzem polskim, pisarzem polskim z kraju, którego poznała. To było dla niej coś takiego, jak dla dziecka spotkanie prawdziwego Czerwonego Kapturka albo Królewny Śnieżki. Szczególnie, że jedyną moją książką, którą przeczytała, była jedna z pierwszych książek, w której pisałem o mitach polskich, (...)
Mnie Danka interesowała jako dziewczyna. Jako bardzo piękna dziewczyna, ale to nie wszystko. W niej zafascynował mnie ten romantyczny płomień, (...) płomień raczej wśród nowoczesnych dziewczyn niemodny i niespotykany.

Vokabeln – Słowniczek

coś *pron*	etwas
coś takiego	so etwas
czy *conj*	ob
dziewczyna *f*	Mädchen
fortepianowy, -a, -e *adj*	Klavier-
interesować *impf*	interessieren

istnieć *impf*	existieren
jako *adv*	als
jak to?	wieso?
jedyny, -a, -e *adj*	einzig
język *m*	Sprache
kapturek *m*	Käppchen
Czerwony Kapturek	Rotkäppchen
królewna *f*	Königstochter
Królewna Śnieżka	Schneewittchen
książka *f*	Buch
lepiej *adv comp*	besser
luty *m*	Februar
mit *m*	Mythus
miesiąc *m*	Monat
Monachium *n*	München
monachijski, -a, -ie *adj*	Münchener
może	vielleicht
nastrój *m*	Stimmung
niemiecki, -a, -ie *adj*	deutsch
po niemiecku *adv*	deutsch
niemodny, -a, -e *adj*	unmodern
niespotykany, -a, -e *adj*	selten, selten zu treffen
nowoczesny, -a, -e *adj*	neuzeitig
odbywać się *impf*	stattfinden
oddawać *impf*	wiedergeben
ojczysty, -a, -e *adj*	heimatlich
ojczysty język	Muttersprache
piękny, -a, -e *adj*	schön
pisać *impf*	schreiben
pisarz *m*	Schriftsteller
płomień *m*	Flamme
Polak *m*	Pole
Polka *f*	Polin
polski, -a, -ie *adj*	polnisch
po polsku *adv*	polnisch
połowa *f*	Hälfte
ponieważ *conj*	weil
pójść *pf*	gehen
prawdziwy, -a, -e *adj*	wahr
poznać *pf*	kennenlernen

przeczytać *pf*	durchlesen
raczej *adv*	eher, mehr
raczej nie	weniger
rodowity, -a, -e *adj*	gebürtig
romantyczny, -a, -e *adj*	romantisch
słowo *n*	Wort
spotkanie *n*	Treffen
sugerować się *impf*	sich beeinflussen lassen
szczególnie *adv*	besonders
świetny, -a, -e *adj*	ausgezeichnet
tańczyć *impf*	tanzen
twierdzić *impf*	behaupten
utwór *m*	Werk
wśród *prp*	inmitten, bei, unter
wyczucie *n*	Herausfühlen
na wyczucie	nach Gefühl
zafascynować *pf*	faszinieren
zapytać *pf*	fragen
zatańczyć *pf*	tanzen
znać *impf*	kennen
zresztą *adv*	übrigens

Grammatik – Gramatyka

Das Verb ***

Der Infinitiv auf **-eć** (4): *istnieć*

Sing.	1.	istnieję
	2.	istniejesz
	3.	istnieje
Plur.	1.	istniejemy
	2.	istniejecie
	3.	istnieją

Die Verben *odbywać się, poznać, znać, zapytać, przeczytać* werden nach dem Beispiel *dmuchać* (s. 1. Lektion) konjugiert. Die Verben *sugerować się, interesować, zafascynować* werden nach dem Beispiel *dziękować* (s. 6. Lektion) konjugiert. Das Verb *pisać* wird nach dem Beispiel *kołysać* dekliniert (s. 3. Lektion). Die Konjugation von *oddawać* ist identisch mit der Konjugation von *stawać* (s. 3. Lektion). Die Konjugation von *twierdzić* ist identisch mit der Konjugation von *prowadzić* (s. 3. Lektion).

Die Verben *tańczyć* und *zatańczyć* werden nach dem Beispiel *patrzyć* konjugiert (s. 3. Lektion). In den Lektürestücken gibt es einige Verben im Präteritum: *mówili, poszliśmy, poznała, przeczytała, pisałem interesowała, zafascynował, była, byłam, byłem, było.*

Das polnische Verb wird im Präteritum nach Person, Numerale und Genus verändert. Im Singular gibt es drei Genera: maskulin, feminin, neutral; im Plural gibt es zwei Genera: das personale und das nichtpersonale Genus. Die Grundformen für die Konjugation der Verben im Präteritum sind die Formen der 3. Person:

Singular			*Plural*		
mask.	-ł	był	pers. Genus	-li	byli
fem.	-ła	była	nichtpers. Genus	-ły	były
neutr.	-ło	było			

Die Formen der 1. und 2. Person werden durch Anfügen der Personalendungen des Präteritums an die Formen der 3. Person Singular oder Plural gebildet (maskulin: e-Einschub im Singular):

Singular

		m	*f*	*n*
1.	-**m**	byłem	byłam	
2.	-**ś**	byłeś	byłaś	
3.	-	był	była	było

Plural

		m	*f*
1.	-**śmy**	byliśmy	byłyśmy
2.	-**ście**	byliście	byłyście
3.	-	byli	były

Das Präteritum wird gewöhnlich vom Infinitivstamm gebildet. So wurden auch die obengenannten Verben gebildet, mit der Ausnahme von *poszliśmy* (*pójść*):

		m	*f*
Sing.	1.	poszedłem	poszłam
	2.	poszedłeś	poszłaś
	3.	poszedł	poszła
Plur.	1.	poszliśmy	poszłyśmy
	2.	poszliście	poszłyście
	3.	poszli	poszły

Die Deklination der maskulinen personalen Substantive und der Adjektive des personalen Genus im Plural ***

Nom.	magnaci	rybacy	palacze	kowale	wujowie
Gen.	magnatów	rybaków	palaczy	kowali	wujów
Dat.	magnatom	rybakom	palaczom	kowalom	wujom
Akk.	magnatów	rybaków	palaczy	kowali	wujów
Instr.	magnatami	rybakami	palaczami	kowalami	wujami
Lok.	magnatach	rybakach	palaczach	kowalach	wujach

1. Der Nominativ Plural hat die Endung -owie, -i/-y oder -e. Die Endung -owie haben in der Regel Bezeichnungen von Verwandten, Familiennamen, Titel, Bezeichnungen einer Würde, einige Bezeichnungen von Nationalitäten, einige Substantive auf -ek und noch einige andere. Es gibt Substantive, die sowohl auf -owie als auch auf -i/-y oder -e enden.

Die Endung -i/-y haben hartstämmige Substantive, die in der Regel nicht zu den obengenannten gehören. Es kommt hier zu einem Konsonantenwechsel: p - pi, b - bi, m - mi, t - ci, d - dzi, s - si, z - zi, n - ni, ł - li, ch - si; k - c/y, g - dz/y, r - rz/y. Die Endung der Substantive auf -ec ist immer -y.

Die Endung -e haben weichstämmige Substantive und die auf cz, rz, sz, die in der Regel nicht zu der obengenannten Gruppe gehören.

Die Endung -e haben ebenfalls *Cygan* 'Zigeuner' und *Hiszpan* 'Spanier': *Cyganie, Hiszpanie* (das n wird zu ń).

2. Der Genitiv Plural hat die Endung -ów oder -i/-y. Die Endung -ów haben hartstämmige Substantive und die, die im Nominativ auf -owie enden.

Die Endung -i haben weichstämmige Substantive (außer denjenigen, die im Nom. auf -owie enden). Die Endung -y steht nach cz, rz, sz.

3. Im Instrumental Plural haben einige Substantive die Endung -mi (und nicht -ami), z.B. *goście* - *gośćmi*. Die Adjektive des personalen Genus haben im Nominativ Plural die Endung -i/-y, die im Stamm Lautwechsel hervorruft: **by - bi, ny - ni, my - mi, wy - wi, ty - ci, dy - dzi, ły - li, sy - si, chy - si, szy - si; ry - rzy, ki - cy, gi - dzy** und **ży - zi** (nur in *duży* 'groß' - *duzi*).

Nom.	bogaci	ubodzy	ostatni
Gen.	bogatych	ubogich	ostatnich
Dat.	bogatym	ubogim	ostatnim
Akk.	bogatych	ubogich	ostatnich
Instr.	bogatymi	ubogimi	ostatnimi
Lok.	bogatych	ubogich	ostatnich

Die anderen Endungen vgl. mit der Deklination der Adjektive in der 3. Lektion.

Die Possessivpronomina *mój, twój* ***

Die Deklination von *mój, moja, moje* 'mein', 'meine', 'mein'

Singular

	m	*kurzf.*
Nom.	mój	me
Gen.	mojego	mego
Dat.	mojemu	memu
Akk.	mojego, mój	mego
Instr.	moim	mym
Lok.	moim	mym

	n	*kurzf.*
Nom.	moje	me
Gen.	mojego	mego
Dat.	mojemu	memu
Akk.	moje	me
Instr.	moim	mym
Lok.	moim	mym

	f	*kurzf.*
Nom.	moja	ma
Gen.	mojej	mej
Dat.	mojej	mej
Akk.	moją	mą
Instr.	moją	mą
Lok.	mojej	mej

Plural

	pers.	*kurzf.*	*nichtpers.*	*kurzf.*
Nom.	moi		moje	me
Gen.	moich	mych	moich	
Dat.	moim	mym	moim	
Akk.	moich	mych	moje	me
Instr.	moimi	mymi	moimi	
Lok.	moich	mych	moich	

Im Plural hat das Possessivpronomen nur zwei Genera: das personale Genus und das nichtpersonale Genus (vgl. mit den Adjektiven).

In analoger Weise wird *twój, twoja, twoje* 'dein', 'deine', 'dein' dekliniert. Die Kurzformen werden selten gebraucht (sie kommen nur in der Schriftsprache vor), z.B. *w me okno = w moje okno* (s. das Gedicht von L. Staff, 2. Lektion).

Zum Gebrauch des Instrumentals ohne Präposition (1)

Nach dem kopulativen Hilfsverb *być* ist das Substantiv im Instrumental Bestandteil des nominalen Prädikats (Prädikatsnomen): *jestem (rodowitą) Polką; byłem (pierwszym) pisarzem (polskim); (jedyną moją) książką była* (...). Im Satz *polski to mój język ojczysty* steht statt *jest* die Prädikativpartikel *to*, darum steht das substantivische Prädikatsnomen im Nominativ. Im Gedicht *Przy piwoniach* haben wir auch ein interessantes Beispiel für den Instrumental als Bestandteil des nominalen Prädikats: *I długo patrzy w piwoniowe kraje, Dla których rokiem bywa jedna chwila.*

Die Pronomina *ten, taki, który, jaki*

Die Deklination von *ten, ta, to*

Singular

	m	*n*	*f*
Nom.	ten	to	ta
Gen.	tego	tego	tej
Dat.	temu	temu	tej
Akk.	tego *oder* ten	to	tę
Instr.	tym	tym	tą
Lok.	tym	tym	tej

Plural

	pers.	*nichtpers.*
Nom.	ci	te
Gen.	tych	tych
Dat.	tym	tym
Akk.	tych	te
Instr.	tymi	tymi
Lok.	tych	tych

Die Pronomina *taki, taka, takie* werden wie Adjektive dekliniert und kommen nur in adjektivischer Funktion vor. In Verbindung mit einem Adjektiv zeigen sie ein hohes Maß einer Eigenschaft, z.B. *taki miły gość!*

Und hier die Pluralformen: *tacy, takie, takich, takim, takich, takie, takimi, takich.*

Die Interrogativ (Relativ)pronomina *który, która, które* und *jaki, jaka, jakie* werden auch wie Adjektive dekliniert.

Als Relativpronomen entspricht *który* im Deutschen dem Pronomen 'welcher' oder 'der'. Und als Interrogativpronomen fragt *który* 'welcher' nach einem Gegenstand aus einer Vielzahl von Gegenständen.

Die Pluralformen lauten:

	pers.	*nichtpers.*
Nom.	którzy	które
Gen.	których	których
Dat.	którym	którym
Akk.	których	które
Instr.	którymi	którymi
Lok.	których	których

Jaki 'was für ein', 'welcher', 'wie' bezieht sich auf die Eigenschaft (Beschaffenheit) des Gegenstandes.

Die Pluralformen von *jaki, jaka, jakie*

	pers.	*nichtpers.*
Nom.	jacy	jakie
Gen.	jakich	jakich
Dat.	jakim	jakim
Akk.	jakich	jakie
Instr.	jakimi	jakimi
Lok.	jakich	jakich

Achten Sie auf die Veränderungen: *ten - ci, taki - tacy, który - którzy, jaki - jacy*!

Von Adjektiven auf -ski, -cki abgeleitete Adverbien

Von Adjektiven auf **-ski, -cki** werden Adverbien mit der Präposition *po* und dem Suffix **-u** gebildet (**-u** wird an den Adjektivstamm angefügt): *polski - po polsku, niemiecki - po niemiecku.* Diese Adverbformen werden u.a. zur Bezeichnung von Sprachen verwendet, z.B. *mówić po rosyjsku, pisać po francusku.*

Das Ableitungssuffix -*arz*

Das Substantiv *pisarz* wird vom Verb *pisać* mit dem Suffix -**arz** gebildet. Das -**arz** wie auch das -**acz**, (vgl. 1. Lektion) gehört zu den Ableitungssuffixen, die von Verben (oder auch von Substantiven) Nomina agentis (z.B. Berufsnamen) bilden: *malarz* 'Maler' von *malować* 'malen', *murarz* 'Maurer' von *murować* 'mauern', *młynarz* 'Müller' von *młyn* 'Mühle', *dorożkarz* 'Droschkenkutscher' von *dorożka* 'Droschke'.

Übungen – Ćwiczenia

1. *Schreiben Sie alle polnischen Monatsnamen auf und lernen Sie sie.*

2. *Finden Sie die polnischen Namen für die deutschen Städte*: Aachen, Braunschweig, Bremen, Dresden, Frankfurt am Main, Frankfurt an der Oder, Göttingen, Kiel, Köln, Koblenz, Konstanz, Leipzig, Lübeck, Mainz, Nürnberg, Regensburg, Trier, Tübingen, Worms.

3. *Antworten Sie in der polnischen Sprache*: Czy była pani (był pan) już w Polsce? Jeśli tak, to gdzie? Jaki język pani (pan) zna?

4. *Bilden Sie einfache Sätze mit den Wörtern* niemiecki pisarz *und* polska książka.

LEKTION NEUN

Lektüre – Lektura

Konstanty Ildefons Gałczyński (1905 - 1953)

Pozwoli Pan, że ...

Szanowny Panie Redaktorze!

Pozwoli Pan, że wszystkim Osobom, Firmom i Instytucjom, a to: Aleksandrowi Ildefonsowi Watowi w Warszawie; Trzem Podlotkom z czwartej klasy Gimnazjum w Łodzi; Alojzemu Gżegżółce, Hermenegildzie Kociubińskiej i Psu Fafikowi; przyjaciółkom Zielonej Gęsi i Niedźwiadka Puchatka; Natalii Brzozowskiej w *Filmie Polskim*; L'attache de Presse de la Mission Politique Polonaise a Vienne; Franciszkowi Józefowi Haydnowi, autorowi *Stworzenia Świata*, w Niebie; Julianowi Krogulskiemu, Katowice (BGK); Dyrekcji Teatru Miejskiego w Bydgoszczy oraz Teatru Ziemi Pomorskiej w Toruniu; Poecie Ernestowi Degrange, 246 rue de Montigny, Charleroi (Belgique); Redakcji dodatku literackiego *New York Times;* Redakcji *Litieraturnoj Gaziety* (Moskwa); Klubowi Sportowemu Krakowskiego Związku Pocztowców; Napoleonowi Piorunkiewiczowi w Balabechnie (Ziemie Odzyskane); Pallas Atenie (Olimp); Wszystkim Postaciom Biblijnym (Biblia); Mikołajowi Gogolowi, autorowi *Rewizora*, Kraków; Radzie Załogowej Obserwatorium Astronomicznego w Milanówku; Jerzemu Zarubie (Galeria Tretiakowska); Dzwonnikowi z Notre-Dame; Pani Twardowskiej (Ballady i romanse); Czcigodnemu, Wielce Dostojnemu, Zasłużonemu, Bezkompromisowemu, Jedynemu w Swoim Rodzaju, Kochanemu Prof. Bączyńskiemu (Kraków, Salwator); Panu Ali-Babie i Czterdziestu Rozbójnikom; Siedmiu Braciom Śpiącym w Łóżku; Spółdzielni *Woda Sodowa*; Muzie Euterpe (Helikon); Zygmuntowi Mycielskiemu, autorowi *Portretu Muzy;* Krzysztofowi Gruszczyńskiemu, autorowi poematu *Głosma agitator-gołębiarz* (*Po prostu*, studenckie czasopismo społeczno-literackie nr 28), za przekazane mi życzenia Gwiazdkowe prześlę moje spóźnione, ale serdeczne, z głębi mojej bezdennej głowy wypływające staropolskie *Bóg zapłać*!

Karakuliambro 1948

Vokabeln – Słowniczek

bezdenny, -a, -e *adj*	bodenlos
bezkompromisowy, -a, -e *adj*	kompromißlos
Biblia *f*	Bibel
biblijny, -a, -e *adj*	biblisch
brat *m*	Bruder
Bydgoszcz *f*	Bromberg
czasopismo *n*	Zeitschrift
czcigodny, -a, -e *adj*	ehrwürdig
dodatek *m*	Beilage, Zugabe
dostojny, -a, -e *adj*	ehrwürdig
dzwonnik *m*	Glöckner
gęś *f*	Gans
głębia *f*	Tiefe
hier: z głębi	*hier*: aus der Tiefe
głos *m*	Stimme
głowa *f*	Kopf
gołębiarz *m*	Taubenzüchter
jedyny, -a, -e *adj*	einzig
jedyny w swoim rodzaju	einzigartig
kochany, -a, -e *adj*	lieb
literacki, -a, -ie *adj*	literarisch
łóżko *n*	Bett
miejski, -a, -ie *adj*	städtisch
niebo *n*	Himmel
niedźwiadek *m dim*	Bär (kleiner)
niedźwiedź *m*	Bär
odzyskany, -a, -e *part passiv*	wiedergewonnen
pies *m*	Hund
pocztowiec *m*	Postbeamter
poemat *m*	Poem, Gedicht
podlotek *m*	Backfisch
pomorski -a, -ie *adj*	pommerisch
po prostu *adv*	einfach, schlechthin
postać *f*	Gestalt

przekazany, -a, -e *part passiv*	übermittelt
przesłać *pf*	übersenden
przyjaciółka *f*	Freundin
rada *f*	Rat
rozbójnik *m*	Räuber
serdeczny, -a, -e *adj*	herzlich
sodowy, -a, -e *adj*	Soda-
woda sodowa	Sodawasser
sportowy, -a, -e *adj*	sportlich
spółdzielnia *f*	Genossenschaft
spóźniony, -a, -e *part passiv*	verspätet
staropolski, -a, -ie *adj*	altpolnisch
studencki, -a, -ie *adj*	studentisch
stworzenie *n*	Erschaffung, Schöpfung
szanowny, -a, -e *adj*	geehrt
śpiący, -a, -e *part aktiv*	schlafend
świat *m*	Welt
Toruń *m*	Thorn
wielce *adv* = bardzo	sehr
wypływający, -a, -e *part aktiv*	herausfließend
załogowy, -a, -e *adj*	Belegschafts-, Besatzungs-
zapłacić *pf*	bezahlen
zasłużony, -a, -e *part passiv*	verdient
ziemia *f*	Land, Erde
związek *m*	Verein, Bund, Verband
życzenie *n*	Wunsch

Redewendungen:

Bóg zapłać	Gott vergelts

Grammatik – Gramatyka

Das Verb***

Der Infinitiv auf -ać (8): *przesłać*

Sing. 1. prześlę
      2. prześlesz
      3. prześle
Plur. 1. prześlemy
      2. prześlecie
      3. prześlą

Vgl. die Konjugationsbeispiele mit dem Infinitiv auf -ać, die in Lektion 1 des Lehrbuches dargestellt sind.

Zum Dativ

Die maskulinen Substantive, die im Nominativ Singular einen Konsonanten am Ende haben, bekommen in der Regel im Dativ Singular die Endung -owi. Es gibt aber einige, und zwar *belebte*, Substantive, die die Endung -u haben: *Bóg* 'Gott' - *Bogu*, *brat* 'Bruder' - *bratu*, *chłop* 'Bauer' - *chłopu*, *chłopiec* 'Junge' - *chłopcu*, *diabeł* 'Teufel' - *diabłu*, *kat* 'Henker' - *katu*, *kot* 'Katze' - *kotu*, *ksiądz* 'Pfarrer' - *księdzu*, *lew* 'Löwe' - *lwu*, *ojciec* 'Vater' - *ojcu*, *orzeł* 'Adler' - *orłu*, *osioł* 'Esel' - *osłu*, *pan* 'Herr' - *panu*, *pies* 'Hund' - *psu*; dazu gehört auch ein *unbelebtes* Substantiv: *świat* 'Welt' - *światu*.

Die Substantive auf -*um*

Substantive auf -**um**, z.B. *muzeum, gimnazjum, liceum, prezydium, planetarium, obserwatorium* werden nur im Plural dekliniert:

Nom.	muzea
Gen.	muzeów
Dat.	muzeom
Akk.	muzea
Instr.	muzeami
Lok.	muzeach

Substantive mit unregelmäßigen Pluralformen (1)***

Zu den Substantiven mit unregelmäßigen Formen im Plural gehören: *brat*
und *ksiądz*. Und so sieht ihre Deklination aus:

	Singular		*Plural*	
Nom.	brat	ksiądz	bracia	księża
Gen.	brata	księdza	braci	księży
Dat.	bratu	księdzu	braciom	księżom
Akk.	brata	księdza	braci	księży
Instr.	bratem	księdzem	braćmi	księżmi
Lok.	bracie	księdzu	braciach	księżach

Zur Wortbildung der Adjektive mit *bez-*

Die Adjektive mit dem Präfix **bez-** entsprechen in der Bedeutung den
deutschen Adjektiven mit dem Suffix **-los** und werden auf diese Weise
gebildet:

bez- + Substantiv + Suffix + Endung

In den meisten Fällen werden hier die Suffixe **-ny** und **-owy** gebraucht:
bezdomny 'obdachlos', *bezradny* 'ratlos', 'hilflos', *bezrobotny* 'arbeitslos',
bezkompromisowy 'kompromißlos', *bezcelowy* 'zwecklos'.

Und hier das Beispiel aus unserem Lesestück: *bezdenna* (*głowa*). Hier
kann das Wort *dno* 'Boden' wegen der zwei nacheinander folgenden Konsonanten in dieser Form in der Wortbildung nicht verwendet werden: hier
muß ein **e** zwischen die beiden Konsonanten eingeschoben werden!

Die Kardinalia ***
Grundzahlwörter von 1 - 40

0	zero
1	jeden *m*, jedna *f*, jedno *n*
2	dwa *m*, *n*, dwie *f*
3	trzy
4	cztery
5	pięć
6	sześć
7	siedem

8	osiem
9	dziewięć
10	dziesięć
11	jedenaście
12	dwanaście
13	trzynaście
14	czternaście
15	piętnaście
16	szesnaście
17	siedemnaście
18	osiemnaście
19	dziewietnaście
20	dwadzieścia
30	trzydzieści
40	czterdzieści

Die Grundzahlen werden nach Genus und Kasus dekliniert. Die Kardinalia in Verbindung mit maskulinen Personen sowie in Verbindung mit Verben besprechen wir in der Lektion 10.

Die Zahlen *jeden, jedna, jedno* werden wie Adjektive dekliniert: Genitiv: *jednego, jednej, jednego*; Dativ: *jednemu, jednej, jednemu* usw.

Die Deklination der Kardinalia von *dwa* bis *pięć*

	m, n		*f*
Nom.	dwa		dwie
Gen.		dwóch (seltener: dwu)	
Dat.		dwom, dwu	
Akk.	dwa		dwie
Instr.	dwoma		dwiema, dwoma
Lok.		dwóch, dwu	

Nom.	trzy	cztery	pięć
Gen.	trzech	czterech	pięciu
Dat.	trzem	czterem	pięciu
Akk.	trzy	cztery	pięć
Instr.	trzema	czterema	pięcioma, pięciu
Lok.	trzech	czterech	pięciu

In analoger Weise werden die Kardinalia *sześć* (6), *dziewięć* (9), *dziesięć* (10) dekliniert; *siedem* (7) und *osiem* (8) haben vor den Endungen -**u**, -**oma** ein palatalisiertes -**mi**: *siedmiu, ośmiu, siedmioma, ośmioma* (ohne **e** vor **m**!)

Die Kardinalia *jedenaście* (11), *trzynaście* (13), *czternaście* (14), *piętnaście* (15), *szesnaście* (16), *siedemnaście* (17), *osiemnaście* (18), *dziewiętnaście* (19), *trzydzieści* (30), *czterdzieści* (40) haben dieselben Endungen wie *pięć*, ihr Stamm verändert sich jedoch vor den Endungen -**u**, -**oma**: **ść** wird zu **st** - *jedenastu, jedenastoma, trzynastu, trzynastoma, czternastu, czternastoma* etc.

Anmerkung: dwanaście (12) und *dwadzieścia* (20) haben vor diesen Endungen den Stamm *dwu: dwunastu, dwunastoma, dwudziestu, dwudziestoma.*

Übungen – Ćwiczenia

1. *Bilden Sie zu den im Lesestück gebrauchten Dativformen die entsprechenden Formen im Nominativ.*

2. *Übersetzen Sie:* Ich habe zwei Wünsche, zwei Freundinnen, drei Hunde, vier Katzen, ein Bett, einen Kopf.

LEKTION ZEHN

Lektüre – Lektura

Roman Brandstaetter (1906 - 1988)

KRAJOBRAZY WŁOSKIE
Na Piazza della Signoria we Florencji ***

Jest wieczór. Przez długich czternaście lat marzyliśmy o tym, aby siedzieć znowu podczas pełni księżyca w kawiarni na Piazza della Signoria - gdzie właśnie siedzimy - i patrzeć na Pałac Signorii i na studnię Neptuna, na pomnik Kosmy Medyceusza i na Loggia dei Lanzi. Lubię powtarzający się czas. Ponieważ taka romantyczna powtórka rzadko się zdarza, pogrążyliśmy się w nastroju nieco sentymentalnym. Obok nas siedzą bez ruchu dziewczyna i chłopiec, przekornie odwróceni plecami do Piazza della Signoria. Ona znudzonym wzrokiem wpatruje się w pustą filiżankę, on pali fajkę i bawi się pustym pudełkiem po zapałkach.

Vokabeln – Słowniczek

aby *conj*	um
bawić się *impf*	spielen
czas *m*	Zeit
chłopiec *m*	Junge
czternaście *num*	vierzehn
fajka *f*	Pfeife
filiżanka *f*	Tasse
krajobraz *m*	Landschaft
księżyc *m*	Mond
lata (=*plur* von *rok, m*)	Jahre
marzyć *impf*	träumen
nieco *adv* = trochę	etwas
obok *prp* (+*Gen*)	neben
odwrócony, -a, -e *adj*	abgewandt
odwróceni plecami	mit dem Rücken
pałac *m*	Palast

pełnia *f*	Fülle
pełnia księżyca	Vollmond
plecy *plur*	Rücken
podczas *prp* (+*Gen*)	während
pogrążyć się *pf*	versinken, sich vertiefen
pomnik *m*	Denkmal
powtarzający, -a, -e się *part aktiv*	sich wiederholender
powtórka *f*	Wiederholung
przekornie *adv*	trotzig
przez *prp* (+*Akk*)	durch
pudełko *n*	Schachtel
pusty, -a, -e *adj*	leer
ruch *m*	Bewegung
rzadko *adv*	selten
siedzieć *impf*	sitzen
studnia *f*	Brunnen
wieczór *m*	Abend
właśnie *adv*	eben
włoski, -a, -ie *adj*	italienisch
wpatrywać się *impf*	anstarren
wzrok *m*	Blick
zapałka *f*	Streichholz
zdarzać się *impf*	vorkommen
znowu, znów *adv*	wieder
znudzony, -a, -e *part passiv*	gelangweilt

Grammatik – Gramatyka

Przez *długich* czternaście *lat*

1. Ein Substantiv, das mit dem Nominativ oder Akkusativ der Zahlen von *pięć* an verbunden ist, steht im *Genitiv Plural*!

2. Nach den Zahlen *dwa*, *trzy*, *cztery* steht das abhängige Substantiv im *Nominativ Plural*.

3. Bei den zusammengesetzten Zahlen richtet sich das Substantiv nach der letzten Zahl.

Anmerkung: Nach 21, 31, 41 und dergleichen kommt auch der *Genitiv Plural*, die Zahl *jeden* bleibt jedoch unverändert.

Vergleichen Sie jetzt: przez *długich* czternaście *lat*
przez *długie* dwadzieścia dwa *lata*
przez *długich* dwadzieścia jeden *lat*

Vergessen Sie also nicht: *przez dwa, trzy, cztery lata*, aber *przez pięć, sześć, siedem ... lat*!

Und noch etwas: *przez* ist die einzige Präposition, die nur mit dem Akkusativ gebraucht wird.

Zum Gebrauch der Präposition *po* mit dem Lokativ

Bis jetzt lernten wir die Verbindungen der Präposition *po* mit dem Lokativ in der Bedeutung 'auf', 'in', die räumliche Verhältnisse zum Ausdruck bringen: *po kościele, po pokoju, po twarzach*.

Außerdem gibt *po*, in Verbindung mit dem Lokativ, noch folgendes an:

1. 'die Zeit nach': *po lekcji, po kolacji, po latach*.

2. die Art und Weise: *po znajomości* 'auf Grund einer Bekanntschaft'.

3. das Ziel: *po kolędzie chodzić* 'zum Weihnachtsliedersingen gehen'.

4. die Herkunft: *po matce* 'von der Mutter geerbt'; dazu gehört auch das Beispiel im Lesestück: *po zapałkach*, vgl. *bawi się pustym pudełkiem po zapałkach* 'er spielt mit einer leeren Schachtel, in der Streichhölzer waren'.

Das Ableitungssuffix -arnia

Mit diesem Suffix werden über 200 Substantive gebildet. Sie bezeichnen einen Ort, eine Stelle und werden zu 50% von Substantiven abgeleitet:

herbata	herbaciarnia
wino	winiarnia
kawa	kawiarnia
palma	palmiarnia
księga	księgarnia

Achtung! In der Wortbildung werden harte Konsonanten vor dem Suffix **-arnia** meistens palatalisiert (außer **k, g, ch**).

Übungen – Ćwiczenia

1. *Übersetzen Sie das Lesestück und lernen Sie die Erzählung auswendig.*

2. *Beschreiben Sie die Funktion des Nomens im Satz.*

LEKTION ELF

Jan Parandowski (1895 - 1978)

ZEGAR SŁONECZNY
Dziadek malowany ***
(fragment)

Coś mnie na strychu przestraszyło i zamiast schodzić ostrożnie i cichaczem, pędzę na łeb na szyję po stromych schodach.
(...) dziad uśmiecha się i mówi: - Kto ty jesteś, mały?
Trudne pytanie, ale po namyśle podaję jedno z imion, którym mnie wołają. Nie sprawia to na nim żadnego wrażenia. Pyta dalej:
- Ale tu, w domu, kto jesteś?
- Syn.
- No, to zanieś mamci ten talerz. Możesz także powiedzieć, że coś za często jest u was barszcz.
(...) biorę talerz. Za chwilę wracam z mięsem. Dziadek wyciąga z torby własny chleb i zajmuje się już tylko jedzeniem.
- Siekane - powiada - dobre na moje stare zęby. A o barszczu powiedziałeś?
- Powiedziałem.
- A mamcia co?
- Nic.
Ma piękną siwą brodę, jak święty Mikołaj, i dziwny płaszcz piaskowego koloru, trochę dla niego za obszerny. Zjadł ze smakiem, wymuskał talerz do czysta.
- Odnieś to, synu, podziękuj mamci, a swoją drogą powiedz, że barszcz jest za często.
Jak się ma siedem lat, jest w ciągu dnia tyle zajęć, że człowiek nie miał dotąd czasu zauważyć dziada, przychodzącego na obiad parę razy w tygodniu.
Gdy się dłużej nie pokazuje, matka mówi:
- Znowu się gdzieś zawieruszył nasz dziadek malowany. (...)

Vokabeln – Słowniczek

barszcz *m*	Rübensuppe
broda *f*	Bart
cicho *adv*	still
cichaczem *adv*	stillschweigend, im Stillen
często *adv*	oft
za często	zu oft
człowiek *m*	Mensch; man
czysto *adv*	sauber
do czysta (wymuskać)	sauber (auslecken)
dalej *adv comp*	weiter
dłużej *adv comp*	länger
dotąd *adv*	bis jetzt
dziad *m*	Großvater
dziadek *dim*	*hier.* alter Mann, Greis
dziwny, -a, -e *adj*	sonderbar
gdzieś *adv*	irgendwo
imię *n*	Name, Vorname
kolor *m*	Farbe
malowany, -a, -e *adj*	gemalt
mamcia *f dim*	Mütterchen
móc *impf*	können
namysł *m*	Bedenkzeit, Überlegung
obszerny, -a, -e *adj*	sehr breit
za obszerny	zu breit
odnieść *pf*	zurücktragen, zurückbringen
ostrożnie *adv*	vorsichtig
parę razy *adv*	ein paarmal
raz *m*	Mal
pędzić *impf*	dahinrasen
piaskowy, -a, -e *adj*	Sand-
piaskowy kolor	Sandfarbe
płaszcz *m*	Mantel
podawać *impf*	reichen, geben
podziękować *pf*	sich bedanken
pokazywać się *impf*	sich blicken, sehen lassen
powiadać *impf*	sagen
powiedzieć *pf*	sagen

przestraszyć *pf*	erschrecken
przychodzący, -a, -e *part aktiv*	kommender, der gerade kommt
schodzić *impf*	heruntergehen
schody *plur*	Treppe
siekane *n* (dekl. = *adj* -**ego**)	Hackfleisch
siwy, -a, -e *adj*	grau, weiß
słoneczny, -a, -e *adj*	sonnig
sprawiać *impf*	bewirken, bereiten
stary, -a, -e *adj*	alt
stromy, -a, -e *adj*	steil
strych *m*	Dachboden
także *adv* = też	auch
torba *f*	Tasche, Sack, Reisetasche
trudny, -a, -e *adj*	schwierig
tydzień *m* (*Gen* tygodnia)	Woche
uśmiechać się *impf*	lächeln
w ciągu = podczas *prp* (+*Gen*)	im Verlauf
wołać *impf*	rufen
wracać *impf*	zurückkommen
wrażenie *n*	Eindruck
wyciągać *impf*	herausnehmen, -ziehen
za *prp* (+*Akk, zeitl.*)	in, nach
za *adv*	zu
zajęcie *n*	Beschäftigung
zajmować się *impf*	sich beschäftigen
zamiast *prp* (+*Gen*)	anstatt
zanieść *pf*	hintragen, -bringen
zauważyć *pf*	bemerken
zawieruszyć się *pf*	sich herumtreiben, abhanden kommen
ząb *m*	Zahn
zjeść *pf*	aufessen
zegar *m*	Uhr
żaden, żadna, żadne *pron*	kein, keine, kein

Redewendungen:

na łeb na szyję	Hals über Kopf
sprawiać wrażenie	beeindrucken
swoją drogą	trotz allem

Grammatik – Gramatyka

Das Verb***

Der Infinitiv auf -ść (2) : (od-, za-)nieść

Sing. 1. niosę
      2. niesiesz
      3. niesie
Plur. 1. niesiemy
      2. niesiecie
      3. niosą

Der Infinitiv auf -ć (2): móc

Sing. 1. mogę
      2. możesz
      3. może
Plur. 1. możemy
      2. możecie
      3. mogą

Das Verb mieć (gehört zu den unregelmäßigen Verben)

Sing. 1. mam
      2. masz
      3. ma
Plur. 1. mamy
      2. macie
      3. mają

Das Verb powiedzieć wird wie das Verb wiedzieć konjugiert.

Der Imperativ
(Allgemeines)

Der Imperativ hat nur drei Flexionsformen: die 2. Person Singular, die 1. Person Plural und die 2. Person Plural. Die 2. Person Singular hat keine Endung, die 1. und die 2. Person Plural haben die Endungen -my und -cie.

In der 5. Lektion kommen zwei Imperativformen vor: *wyjdź (wyjść)*, *spójrz (spojrzeć)*. Diese Formen werden vom Präsensstamm der 3. Person Singular gebildet (es kommt hier auch zu einem Wechsel von o zu ó, der in der Regel dann möglich ist, wenn der Präsensstamm auf einen stimmhaften Konsonanten oder auf l und j endet). Auf diese Weise entstehen Imperativformen bei den Verben mit der Konjugation -ę, -esz und -ę, -isz (-ysz), z.B. *pisz, bierz, dzwoń, patrz, pozwól, mów.*

Im Lesestück finden wir vier Imperativformen: *zanieś (zanieść), odnieś (odnieść), podziękuj (podziękować), powiedz (powiedzieć).* Verben mit dem Infinitiv auf -ać, die wir nach dem Konjugationsbeispiel *dmuchać* konjugieren, bilden die Imperativfomen vom Stamm der 3. Person Plural, z.B. *dmuchaj, kochaj, powtarzaj.*

Und hier die Imperativformen einiger unregelmäßiger Verben: *bądź (być), jedz (jeść), wiedz (wiedzieć), miej (mieć), chciej (chcieć), idź (iść), śpij (spać), usiądź (usiąść), stój (stać).*

Der Wechsel ą : ę (ę : ą) im Wortstamm der Substantive

Dieser Wechsel betrifft nur eine kleine Anzahl von Substantiven. Der Vokal ą tritt an die Stelle von ę in einigen Flexionsformen, die auf einen Konsonanten enden: *ząb - zęba, zęby, ksiądz - księdza*, vgl. auch: *ręka - ręce - rąk.*

Die Sonderformen des Substantivs *imię*

Alle Substantive auf -mię werden nach diesem Muster dekliniert:

	Singular	*Plural*
Nom.	imię	imiona
Gen.	imienia	imion
Dat.	imieniu	imionom
Akk.	imię	imiona
Instr.	imieniem	imionami
Lok.	imieniu	imionach

Achtung! Im Genitiv, Dativ, Instrumental und Lokativ Singular endet der Stamm auf -mień-, im Plural endet der Stamm auf -mion!

Die Possessivpronomina *nasz, wasz*

Die Deklination von *nasz, nasza, nasze* 'unser', 'unsere', 'unser'

Singular

	m	n	f
Nom.	nasz	nasze	nasza
Gen.		naszego	naszej
Dat.		naszemu	naszej
Akk.	naszego, nasz	nasze (naszą)	naszą
Instr.		naszym	naszą
Lok.		naszym	naszej

Plural

	pers.	nichtpers.
Nom.	nasi	nasze
Gen.		naszych
Dat.		naszym
Akk.	naszych	nasze
Instr.		naszymi
Lok.		naszych

Im Plural hat das Possessivpronomen nur zwei Genera: das personale Genus und das nichtpersonale Genus. Im Nominativ Plural hat das Possessivpronomen des personalen Genus die Endung -i, die im Stamm einen Lautwechsel hervorruft: sz - ś (si), vgl. mit den Adjektiven. In analoger Weise wird das Possessivpronomen *wasz* dekliniert.

Człowiek als Pronomen

Im Polnischen wird das Wort *człowiek* 'Mensch' oft in der Funktion des Pronomens gebraucht, und zwar in der Funktion des Personalpronomens *ja* oder in der Funktion der Indefinitpronomen *ktoś* 'jemand', *każdy* 'jeder' und dergleichen. Es ist ein beliebtes Wort vor allem in der Umgangssprache. Dieses Wort in den erwähnten Funktionen kann man ins Deutsche mit dem Wort 'man' übersetzen, z.B. *człowiek nigdy nie wie* - 'man weiß nie' ('you never know').

Übungen – Ćwiczenia

1. *Setzen Sie die eingeklammerten Substantive in den entsprechenden Kasus*: Chłopiec biega po (strych). Spotykam na (schody) matkę. Nie znam (imię) tego chłopca. To nie robi na mnie (wrażenie). On nie ma (syn). Biorę talerz i wracam do (pokój). Człowiek nigdy nie ma (czas). Na (talerz) jest barszcz. Dziadek nie lubi (barszcz). Nie zauważyłam (chłopiec), który rozmawiał z (dziadek) przed (dom). Dziadek nie ma w (torba) (chleb) i musi jeść mięso bez (chleb). Babunia nie może jeść (mięso), bo nie ma (zęby). Czy bez (jedzenie) człowiek może żyć?

2. *Bilden Sie von 20 beliebigen Verben den Imperativ.*

3. *Erklären Sie die Bildung der Imperativformen, die im Gebet „Vater unser" gebraucht werden*:

Ojcze Nasz***

Ojcze nasz, któryś jest w niebiesiech, święć się imię Twoje. Przyjdź Królestwo Twoje. Bądź wola Twoja, jako w niebie, tak i na ziemi. Chleba naszego powszedniego daj nam dzisiaj. I odpuść nam nasze winy, jako i my odpuszczamy naszym winowajcom. I nie wódź nas na pokuszenie, ale nas zbaw ode złego. (Albowiem Twoje jest Królestwo, Moc i Chwała na wieki wieków.) Amen.

LEKTION ZWÖLF

Aleksander Fredro (1793 - 1876)

Paweł i Gaweł ***

Paweł i Gaweł w jednym stali domu,
Paweł na górze, a Gaweł na dole;
Paweł spokojny, nie wadził nikomu,
Gaweł najdziksze wymyślał swawole.
Ciągle polował po swoim pokoju:
To pies, to zając - między stoły, stołki,
Gonił, uciekał, wywracał koziołki,
Strzelał, i trąbił, i krzyczał do znoju.
Znosił to Paweł, nareszcie nie może;
Schodzi do Gawła i prosi w pokorze:
„Zmiłuj się waćpan, poluj ciszej nieco,
Bo mi na górze szyby z okien lecą!"
A na to Gaweł: „Wolnoć Tomku
W swoim domku".
Cóż było mówić? Paweł ani pisnął,
Wrócił do siebie i czapkę nacisnął.
Nazajutrz Gaweł jeszcze smacznie chrapie,
A tu z powały coś mu na nos kapie.
Zerwał się z łóżka i pędzi na górę.
Stuk, puk! - Zamknięto.
Spogląda przez dziurę
I widzi... Cóż tam? Cały pokój w wodzie,
A Paweł z wędką siedzi na komodzie.
- „Co waćpan robisz?" - „Rybki sobie łowię".
- „Ależ mospanie, mnie kapie po głowie!"

A Paweł na to: „Wolnoć Tomku
W swoim domku".

Z tej to powiastki morał w tym sposobie:
Jak ty komu, tak on tobie.

Vokabeln – Słowniczek

czapka *f*	Mütze
dół *m*	Grube, Loch
na dole	unten
gonić *impf*	laufen (nach-, verfolgen)
góra *f*	Berg
na górze	oben
kapać *impf*	tropfen
komoda *f*	Kommode
lecieć *impf*	fliegen
łowić *impf*	fangen, fischen
między *prp*	zwischen
morał *m*	Moral(lehre)
nacisnąć *pf*	drücken (tief in die Stirn)
najdzikszy, -a, -e *adj, superl.*	der Wildeste
nareszcie *adv*	endlich
nazajutrz *adv*	am folgenden Tag
nikt *pron*	niemand
pisnąć *pf*	mucksen, Piep sagen
pokora *f*	Demut
polować *impf*	jagen
powała *f*	Zimmerdecke
powiastka *f*	(kurze) Erzählung
smacznie *adv*	schmackhaft
	hier: sehr gut
spoglądać *impf*	blicken
spokojny, -a, -e *adj*	ruhig
sposób *m*	Art und Weise
stołek *m*	Schemel, Hocker
strzelać *imp*	schießen
swawola *f*	Ausgelassenheit
trąbić *impf*	blasen, trompeten
waćpan *m*	Herr
ältere Form von *pan*	(*in direkter Rede*)
wadzić *impf*	im Wege sein

widzieć *impf*	sehen
wędka *f*	Angel
wolno *adv*	langsam
wolno *unpers.*	man darf
wrócić *pf*	zurückkommen
wymyślać *impf*	ausdenken
zając *m*	Hase
zamknąć *pf*	schließen
zamknięto	geschlossen
zerwać się *pf*	auffahren, hochfahren; zerreißen
zmiłować się *pf*	sich erbarmen
znosić *impf*	ertragen
znój *m*	Mühsahl
do znoju	*hier.* bis zum Schweiß

Redewendungen:

cóż było mówić?	was war zu sagen?
wywracać koziołki *koziołek*	Purzelbäume machen
mospan: *mospanie*	Herr, ältere Höflichkeitsform, vertraulich (direkte Rede)

Grammatik – Gramatyka

Das Verb***

Der Infinitiv auf -ać (9): *zerwać się*

Sing.	1.	zerwę	się
	2.	zerwiesz	się
	3.	zerwie	się
Plur.	1.	zerwiemy	się
	2.	zerwiecie	się
	3.	zerwą	się

Der Infinitiv auf -eć (5): *lecieć* (bzw. auf -ić: *wrócić*)

Sing. 1. lecę
     2. lecisz
     3. leci
Plur. 1. lecimy
     2. lecicie
     3. lecą

Das Präteritum***
(Allgemeines)

1. Das Präteritum wird gewöhnlich vom Infinitivstamm gebildet (s. Lektion 8): *był (być), mówił (mówić), pisał (pisać), poznał (poznać), przeczytał (przeczytać), interesował (interesować), zafascynował (zafascynować)*.

2. Der Präsensstamm der 3. Person Plural ist die Grundlage für die Bildung des Präteritums von Verben auf -ść (-źć), -c:

tłuc	tłuką	tłukł	tłukła
móc	mogą	mógł	mogła

Bei den Verben wie *zanieść* haben wir mit dem Vokalwechsel o : ó und o : e zu tun, vgl.

		m	*f*
Sing.	1.	zaniosłem	zaniosłam
	2.	zaniosłeś	zaniosłaś
	3.	zaniósł	zaniosła
Plur.	1.	zanieśliśmy	zaniosłyśmy
	2.	zanieśliście	zaniosłyście
	3.	zanieśli	zaniosły

3. Bei Verben, deren Infinitiv auf -eć endet, haben wir es mit dem Vokalwechsel **a** : **e** zu tun, z.B. *myśleć*

		m	*f*
Sing.	1.	myślałem	myślałam
	2.	myślałeś	myślałaś
	3.	myślał	myślała
Plur.	1.	myśleliśmy	myślałyśmy
	2.	myśleliście	myślałyście
	3.	myśleli	myślały

4. Bei Verben auf -**ąć**, -**nąć** wie z.B. *zacząć* kommt es zum Vokalwechsel **a** : **ę**:

		m	*f*
Sing.	1.	zacząłem	zaczęłam
	2.	zacząłeś	zaczęłaś
	3.	zaczął	zaczęła
Plur.	1.	zaczęliśmy	zaczęłyśmy
	2.	zaczęliście	zaczęłyście
	3.	zaczęli	zaczęły

5. Das Präteritum von einigen unregelmäßigen Verben:

jeść	jadł	jedli
usiąść	usiadł	usiedli
znaleźć	znalazł	znaleźli
iść	szedł	szli

Das Reflexivpronomen

Die Deklination:

Nom.	-	(Das Reflexivpronomen hat keinen Nominativ)
Gen.	siebie	
Dat.	sobie	
Akk.	siebie, się	
Instr.	sobą	
Lok.	sobie	

1. Im Polnischen ist der Anwendungsbereich des Reflexivpronomens größer als der des deutschen Reflexivpronomens 'sich': es bezieht sich nicht nur auf die 3. Person, sondern auch auf die 1. und die 2. Person, vgl.

kupuję sobie kapelusz	ich kaufe mir einen Hut
kupujesz sobie kapelusz	du kaufst dir einen Hut
mówimy mało o sobie	wir sprechen wenig über uns
mówicie mało o sobie	ihr sprecht wenig über euch

2. Der Dativ des Reflexivpronomens *sobie* kann neben der Hauptfunktion auch eine emotionale Bedeutung haben: *rybki sobie łowię* 'ich bin dabei, *seelenruhig* zu fischen'. Diese emotionale Bedeutung wird im Sprachgebrauch oft benutzt.

Das Possessivpronomen *swój*

Das reflexive Possessivpronomen *swój, swoja, swoje* wird dann gebraucht, wenn der Besitzer mit dem Subjekt des Satzes identisch ist:

	kocham swoje dziecko	ich liebe mein Kind
	kochasz swoje dziecko	du liebst dein Kind
	kochamy swoje dziecko	wir lieben unser Kind
	gdzie masz swoją książkę?	wo hast du dein Buch?
aber:	*gdzie jest twoja książka?*	wo ist dein Buch?

Das reflexive Pronomen *swój* drückt die possessive Zugehörigkeit eines Objekts zum Subjekt aus. *Swój, swoja, swoje* wird genau so dekliniert wie *mój, moja, moje.*

Übungen – Ćwiczenia

1. *Setzen Sie die eingeklammerten Verben in die entsprechenden Formen des Präteritums:* Chłopiec (pójść) na strych. Długo (rozmawiać, *1. Pers. Plur.*) z matką. Pan Hilary (znaleźć) swoje okulary. Gość (usiąść) i (zacząć) pić herbatę. Dziecko nie (chcieć) jeść obiadu. W Hiszpanii (jeść, *1. Pers. Plur.*) bardzo smaczne ryby i (pić) dobre czerwone wino. (Siedzieć, *1. Pers. Plur.*) na ławce i (czekać) na profesora. Paweł (prosić) Gawła w

pokorze: *zmiłuj się*, ale Gaweł (powiedzieć): „wolnoć Tomku w swoim domku". A potem Paweł (siedzieć) na komodzie i (łowić) sobie ryby, a Gawłowi, który jeszcze smacznie (spać), woda (kapać) na nos.

2. *Ersetzen Sie die Verben im Präsens aus dem Gedicht* Lokomotywa *von* Tuwim *sowie* Deszcz jesienny *von Staff (Lektion 1 u. 2) durch die entsprechenden Formen des Präteritums.*

3. *Erzählen Sie die Geschichte von* Paweł *und* Gaweł.

LEKTION DREIZEHN

Lektüre – Lektura

Janusz Korczak (1878 - 1942)

Król Maciuś Pierwszy ***
(fragment)
Część pierwsza

- Teraz będziemy radzić, co robić. Bo król jest chory i nie może rządzić.
- Ja myślę - powiedział minister wojny - że trzeba zawołać doktora. Niech powie wyraźnie, czy może króla wyleczyć, czy nie. (...)
- Ja wiem - powiedział minister sprawiedliwości. - Według prawa, po śmierci króla wstępuje na tron i rządzi najstarszy syn królewski. Dlatego też nazywają go następcą tronu. Jeżeli król umrze, na tronie zasiądzie jego najstarszy syn.
- Kiedy król ma tylko jednego syna.
- Więcej nie potrzeba.
- No tak, ale syn królewski to mały Maciuś - jakże on może być królem? Maciuś nawet pisać jeszcze nie umie.
- To trudno - odpowiedział minister sprawiedliwości. - W naszym państwie jeszcze takiego wypadku nie było, ale w Hiszpanii, w Belgii i w innych jeszcze państwach zdarzało się, że król umierał i zostawiał małego syna. I to małe dziecko musiało być królem. (...)
- Najgorsze, moi panowie - powiedział minister wojny - że takiego małego króla nikt się nie będzie bał. Jak on sobie poradzi z żołnierzami i generałami?
- Ja myślę - powiedział minister spraw wewnętrznych - że takiego małego króla nie tylko żołnierze, ale nikt nie będzie się bał. Będziemy mieli ciągłe strajki i bunty. Za nic nie mogę ręczyć, jeżeli Maciusia zrobicie królem.
- Ja nic nie wiem, co będzie - powiedział cały czerwony ze złości minister sprawiedliwości.
- Ależ Maciuś jest za mały! - krzyknęli wszyscy ministrowie. (...)

Vokabeln – Słowniczek

bać się *impf*	sich fürchten
bunt *m*	Aufruhr
chory, -a, -e *adj*	krank
ciągły, -a, -e *adj*	ununterbrochen
czy *conj*	oder
dlatego *adv*	darum
jeżeli *conj* (= jeśli)	wenn
kiedy *conj*	doch, aber
król *m*	König
królewski, -a, -ie *adj*	königlich
krzyknąć *pf*	aufschreien
najgorszy, -a, -e *adj superl.*	der, die, das Schlimmste
najstarszy, -a, -e *adj superl.*	der, die, das Älteste
następca *f*	Nachfolger
nazywać *impf*	nennen
odpowiedzieć *pf*	antworten
państwo *n*	Staat
poradzić (sobie) *pf*	(sich) helfen
potrzeba *unpers.*	man braucht
prawo *n*	Recht
radzić *impf*	sich beraten
ręczyć *impf*	einstehen
rządzić *impf*	regieren
sprawiedliwość *f*	Gerechtigkeit
sprawy wewnętrzne	innere Angelegenheiten
śmierć *f*	Tod
trudno *adv*	leider
to trudno	es ist mal so
trzeba *unpers.*	man soll
umieć *impf*	können
umierać *impf*	sterben
umrzeć *pf*	sterben
według *prp* (+*Gen*)	nach, laut
więcej *adv, comp*	mehr
wojna *f*	Krieg
wstępować *impf*	besteigen; eintreten
wyleczyć *pf*	heilen, auskurieren
wypadek *m*	Fall

wyraźnie *adv*	deutlich
zasiąść *pf*	sich setzen
zawołać *pf*	herbeirufen
złość *f*	Ärger, Zorn
zostawiać *impf*	hinterlassen
zrobić *pf*	tun, machen
żołnierz *m*	Soldat

Grammatik – Gramatyka

Das Verb

Der Infinitiv auf -eć (6): *umrzeć*

Sing. 1. umrę
     2. umrzesz
     3. umrze
Plur. 1. umrzemy
     2. umrzecie
     3. umrą

Der Infinitiv auf -eć (7): *umieć*

Sing. 1. umiem
     2. umiesz
     3. umie
Plur. 1. umiemy
     2. umiecie
     3. umieją

Das Verb *bać się* wird wie das Verb *stać* konjugiert.

Zum Futur

1. Das *einfache* Futur haben *vollendete* Verben. Die Formen dieses Futurs haben dieselben Personalendungen wie die Präsensformen unvollendeter Verben. Hier einige bekannte Beispiele: *zjecie, zjedzą, zamówię, zamówi, usłyszysz, napije się, przyjdę, posiedzę, nie pozwolimy, nie usiądę, zatańczymy.*

Es handelt sich hier um eine Tätigkeit, die in der Zukunft *zu Ende* geführt wird.

2. Das *zusammengesetzte* Futur haben *unvolledete* Verben. Hier wird diese Tätigkeit *in der Zukunft dauern*, aber ob sie beendet wird, ist nicht bekannt.

Dieses Futur wird auf zwei Arten zusammengesetzt:

a) die Futurform von *być* + der Infinitiv des *unvollendeten* Verbs: *będę czytać książkę, będziemy pić herbatę.*

b) die Futurform von *być* + die Form der 3. Person Präteritum des *unvollendeten* Verbs: *nikt nie będzie się bał, będziemy mieli ciągłe strajki.*

Die Konjugation der Futurformen mit der 3. Person Präteritum: ('ich werde mich nicht gefürchtet haben')

Sing.	1.	nie będę	się	bał	bała
	2.	nie będziesz	się	bał	bała
	3.	nie będzie	się	bał	bała	bało
Plur.	1.	nie będziemy	się	bali	bały
	2.	nie będziecie	się	bali	bały
	3.	nie będą	się	bali	bały

('ich werde gehabt haben')

Sing.	1.	będę	miał	miała
	2.	będziesz	miał	miała
	3.	będzie	miał	miała	miało
Plur.	1.	będziemy	mieli	miały
	2.	będziecie	mieli	miały
	3.	będą	mieli	miały

Die Formen mit der 3. Person Präteritum haben mehr umgangssprachlichen Charakter.

Der Gebrauch von *móc* und *umieć*

móc

1. 'können' *jeśli chcesz możesz iść ze mną na targ*

2. 'imstande sein', 'in der Lage sein' *nie mogę ci powiedzieć, bo nie wiem*

3. 'vermögen' *zrobię, co mogę*

4. 'dürfen' *czy mogę tu palić?*

umieć

1. 'können' (z. B. spielen, polnisch sprechen, schwimmen, tanzen): *umiem grać, umiem po polsku, nie umiem pływać, umiem tańczyć*

2. 'wissen' *umiem sobie poradzić*

3. 'verstehen' *umiem rozmawiać z dziećmi*

Zum Gebrauch des Instrumentals ohne Präposition (2)

Ähnlich wie das kopulative Hilfsverb *być* (vgl. 8. Lektion) werden auch die Verben *nazywać* 'nennen' und *zrobić* 'zu etwas machen' mit dem Instrumental gebraucht:

nazywać kogo kim / czym   *nazywają go następcą tronu*
zrobić   kogo kim / czym   *jeżeli Maciusia zrobicie królem*

Dazu gehört auch das Verb *mianowdc* 'ernennen', z.B. *mianowali go profesorem*.

Übungen – Ćwiczenia

1. *Übersetzen Sie ins Polnische*: Ich kann auf die Frage nicht antworten. Was kann ich sagen? Er kann nicht König werden. Sie nennen ihn König, aber er kann nicht regieren. Kannst du die Lektion? Ich kann jetzt nicht sprechen. Wer kann mir sagen, wer er ist. Sie kann nicht leben. Ich kann ohne ihn nicht leben. Ich konnte nichts sagen. Maciuś konnte nicht schrei-

ben und deshalb konnte er noch nicht König werden. Der König konnte
nicht regieren, weil er krank war, und der Doktor konnte ihn nicht heilen.

2. *Antworten Sie*: Co mówi minister wojny? A co mówi minister sprawiedliwości? Co myśli minister spraw wewnętrznych? Ilu synów ma król?
Jak nazywa się najstarszy syn królewski? Kim jest Maciuś? Dlaczego Maciuś nie może być królem?

3. *Setzen Sie die eingeklammerten Verben in den Imperativ*: (Radzić,
2. Pers. Plur.), co robić. (Zawołać, *2. Pers. Plur.*) doktora. (Zasiąść,
2. Per Sing.) na tronie. (Nie bać się, *2. Pers. Plur.*) króla. (Nie zostawiać,
2. Pers. Plur.) króla na tronie. (Zrobić, *2. Pers. Plur.*) Maciusia królem.
(Powiedzieć, *2. Pers. Plur.*) im, że król jest chory.

4. *Suchen Sie im Wörterbuch die Wortfamilie von* król.

LEKTION VIERZEHN

Lektüre – Lektura

Janusz Korczak (1878 - 1942)

Król Maciuś Pierwszy ***
(fragment)
Część druga

Już było późno i ministrom bardzo się spać chciało, ale musieli czekać na to, co powiedzą doktorzy. I taki był hałas w całym królewskim pałacu, że mały następca tronu, Maciuś, syn królewski, dwa razy się już obudził.
- „Trzeba zobaczyć, co się tam dzieje" - pomyślał Maciuś. Wstał z łóżka, prędko się ubrał i wyszedł na korytarz.
Stanął przed drzwiami stołowego pokoju, nie żeby podsłuchiwać, ale w królewskim pałacu klamki były tak wysoko, że mały Maciuś nie mógł sam drzwi otworzyć.
- Dobre wino ma król! - krzyczał minister finansów. - Napijmy się jeszcze, moi panowie. Jeżeli Maciuś zostanie królem, i tak wino mu nie będzie potrzebne, bo dzieciom nie wolno pić wina.
- Ani cygar nie wolno palić dzieciom. Więc można sobie wziąć trochę cygar do domu! - głośno wołał minister handlu.
- A jak będzie wojna, moi kochani, ręczę wam, że z tego pałacu nic nie zostanie, bo Maciuś przecież nas nie obroni.
Wszyscy zaczęli się śmiać i wołali:
- Pijmy zdrowie naszego obrońcy, wielkiego króla Maciusia Pierwszego!
Maciuś nie bardzo rozumiał, co oni mówili, wiedział, że tatuś jest chory i że ministrowie często się zbierali na narady. Ale dlaczego śmieją się z niego, Maciusia, i dlaczego nazywają go królem, co to ma być za wojna - wcale nie rozumiał. (...)
I straszny smutek zwalił mu się na piersi i wielki gniew, i żal do ministrów, którzy tam się śmieją z niego, Maciusia, i ze śmierci jego ojczulka.
- „Już ja im odpłacę, jak będę królem" - pomyślał Maciuś.

Vokabeln – Słowniczek

cygaro *n*	Zigarre
dlaczego *adv*	warum
drzwi *plur tant*	Tür
dziać się *impf*	geschehen
hałas *m*	Lärm
gniew *m*	Zorn
klamka *f*	Klinke
korytarz *m*	Gang, Korridor
narada *f*	Beratung
obronić *pf*	verteidigen
obrońca *m*	Verteidiger
obudzić się *pf*	aufwachen
odpłacić *pf*	vergelten
ojczulek *m*	Väterchen
otworzyć *pf*	aufmachen
pierś *f*	Brust
podsłuchiwać *impf*	lauschen
pomyśleć *pf*	nachdenken, denken
potrzebny, -a, -e *adj*	nötig
późno *adv*	spät
prędko *adv*	schnell
przed *prp* (+*Instr*; +*Akk*)	vor
rozumieć *impf*	verstehen
smutek *m*	Traurigkeit
stanąć *pf*	anhalten, stehen bleiben
stołowy, -a, -e *adj*	Tisch-
stołowy pokój	Speisezimmer
straszny, -a, -e *adj*	schrecklich
śmiać się *impf*	lachen
tatuś *m*	Papi
ubrać się *pf*	sich anziehen
wcale *adv*	durchaus
wcale nie	durchaus nicht
wielki, -a, -ie *adj*	groß, riesig
wstać *pf*	aufstehen
wyjść *pf*	hinausgehen
wysoko *adv*	hoch
zbierać się *impf*	sich versammeln

zobaczyć *pf*   sehen
zostać *pf*   werden
zwalić się *pf*   herfallen über jdn.
żal *m*   Bedauern
żeby *conj* = aby   um

Grammatik – Gramatyka

Das Verb

Der Infinitiv auf -ać (10): *wstać, zostać*

Sing. 1. wstanę
      2. wstaniesz
      3. wstanie
Plur. 1. wstaniemy
      2. wstaniecie
      3. wstaną

Der Infinitiv auf -ać (11): *śmiać się, dziać się*

Sing. 1. śmieję   się
      2. śmiejesz   się
      3. śmieje   się
Plur. 1. śmiejemy   się
      2. śmiejecie   się
      3. śmieją   się

Das Verb *wziąć* (gehört zu den unregelmäßigen Verben)

Sing. 1. wezmę
      2. weźmiesz
      3. weźmie
Plur. 1. weźmiemy
      2. weźmiecie
      3. wezmą

Das Verb *ubrać się* wird nach dem Konjugationsbeispiel *brać* und das Verb *rozumieć* nach dem Konjugationsbeispiel *umieć* konjugiert.

Zu den Modalverben und Modalwörtern

Modalverben können eine Möglichkeit, eine Notwendigkeit, einen Wunsch ausdrücken, und das Verb, auf das sich der modale Ausdruck bezieht, steht gewöhnlich im Infinitiv, z.B. *muszę studiować, chcę jeść, mogę przyjść, pozwalam palić.*

Die Funktion der Modalverben können auch einige nichtmodale Verben erfüllen, z.B. *lubię tańczyć, co to ma być* 'was soll das sein'? Modalwörter sind z.B. folgende Adverbien: *trzeba, wolno, można, nie trzeba, nie wolno, nie można.*

Und hier die Beispiele, die in unserem Text vorkommen:

> *trzeba zobaczyć*, co się tam dzieje
> dzieciom *nie wolno pić* wina
> ani cygar *nie wolno palić* dzieciom
> *można* sobie *wziąć* trochę cygar

Zur Bildung des Präteritums und des Futurs werden die Modalwörter mit unpersönlichen Formen von *być* verbunden:

> trzeba *było*, nie wolno *było*, można *było*
> trzeba *będzie*, nie wolno *będzie*, można *będzie*

Der Dativ mit den unpersönlichen Formen

1. In unpersönlichen Sätzen, die einen Zustand ausdrücken, bezeichnet der Dativ den Träger des Zustandes: *ministrom bardzo się spać chciało = ministrowie bardzo chcieli spać.*

2. In der Funktion unpersönlicher Formen persönlicher Verben werden Formen der 3. Person Singular (neutrum) mit dem Morphem *się* gebraucht, z.B.

Nie *chce* mi się jeszcze spać
Dobrze mi się tu *śpi*
Nie *chciało* mi się jeszcze spać
Dobrze mi się tu *spało*
Nie *będzie* mi się jeszcze *chciało* spać
oder: Nie *będzie* mi się jeszcze chcieć spać
Dobrze mi się tu *będzie spało*
oder: Dobrze mi się tu *będzie* spać

Die Präposition *z (ze)* mit dem Genitiv

Die Verbindungen von *z* (*ze*) mit dem Genitiv bezeichnen:

1. den Ausgangspunkt eines Vorgangs: *Maciuś wstał z łóżka.*

2. den Ursprung einer Sache (*hier*: das, was sich verändert): *z tego pałacu nic nie zostanie.*

3. die Ursache (seltener): *śmieją się z Maciusia i ze śmierci jego ojczulka* (...) *powiedział cały czerwony ze złości* (...).

4. das Material, aus dem etwas gemacht ist: z.B. *figurka z porcelany.*

Die Personalpronomina *oni, one*

Hier unterscheiden sich die Formen des personalen und des nichtpersonalen Genus im Nominativ und im Akkusativ:

	pers. Genus		*nichtpers. Genus*
Nom.	oni		one
Gen.		ich (mit Präp.: nich)	
Dat.		im (mit Präp.: nim)	
Akk.	ich (mit Präp.: nich)		je (mit Präp.: nie)
Instr.		nimi	
Lok.		nich	

Vgl. auch die Deklination der Personalpronomina *on, ona, ono* (1.Lektion).

Die Possessivpronomina *jego, jej, ich*

Das sind die Possessivpronomina der 3. Person Singular (*jego, jej*) und der 3. Person Plural *ich*. Sie sind *indeklinabel*! Sie werden dann gebraucht, wenn der Besitzer *nicht identisch* ist mit dem Subjekt des Satzes:

on bierze *jego* książkę	er nimmt sein Buch,
	d.h. das Buch eines anderen
ona spotyka się z nią	sie trifft sich mit ihr in ihrer
w *jej* mieszkaniu	Wohnung,
	d.h. in der Wohnung der anderen
oni znają wszystkie	sie kennen alle ihre Pläne,
ich plany	d.h. die Pläne anderer

Das polnische *żal* und seine Entsprechungen im Deutschen

Das polnische *żal* hat folgende Bedeutungen:

1. Bedauern: *Z żalem to mówię*	Mit Bedauern sage ich das
2. Mitleid: *Żal mi ciebie*	Du tust mir leid
3. Reue: *Żal za grzechy: żałuję za grzechy*	Ich bereue meine Sünden
4. Groll: *Mam żal do ciebie*	Ich verüble es dir
5. Klage: *Wylewam swoje żale*	Ich breche in Klagen aus
6. Klagelieder: *gorzkie żale*	(gesungen in der Passionszeit)

7. In der altpolnischen Literatur wird das Wort *żale* (nur im Plural) für die Bezeichnung eines lyrischen Werkes, das Schmerz und Leid zum Ausdruck bringt, gebraucht.

Übungen – Ćwiczenia

1. Co zrobił Maciuś, kiedy się obudził? Co robili ministrowie? Dlaczego Maciuś miał żal do ministrów? I co sobie Maciuś pomyślał?

2. *Setzen Sie die eingeklammerten Verben in den Imperativ und die Substantive in den entsprechenden Kasus:* (Nie śmiać się, *2. Pers. Plur.*) z (Maciuś). (Nie pić, *2. Pers. Sing.*) (wino). (Nie robić, *2. Pers. Plur.*) (hałas), bo obudzicie (król). (Zobaczyć, *1. Pers. Plur.*), co się dzieje w (stołowy pokój). (Nie mieć, *2. Pers. Plur.*) (żal) do (minister) (obrona). (Nie nazywać, *1. Pers. Plur.*) go (król). (Nie krzyczeć, *2. Pers. Sing.*), bo w (dom) już wszyscy śpią.

3. *Bilden Sie einfache Sätze mit folgenden Modalverben und Modalwörtern:* chcieć, móc, umieć, musieć, trzeba, wolno, można.

LEKTION FÜNFZEHN

Lektüre – Lektura

Leopold Staff (1878 - 1957)
Julian Tuwim   (1895 - 1953)

Z tysiącem serdeczności
Korespondencja z lat 1911 - 1953
(fragment)

25 VII 1951 r.

Mój Najukochańszy!

Ty jeden wiesz - i wiesz najlepiej - jaką olbrzymią radością jest przyznanie Ci nagrody państwowej. I nikt nie uwierzy - ale Ty uwierzysz - że większym szczęściem jest dla mnie Twoja nagroda niż moja własna. Dlaczego, wytłumaczę Ci to kiedyś na cztery oczy. Teraz nie mogę - b o swoim obyczajem choruję. Miałem zapalenie miedniczek nerkowych i jestem po tej cholerze w stanie nieludzkiego wycieńczenia.
Posyłam Ci, najdroższy Poldziu, trochę anińskiego miodu - lipcowego, nawet „22-lipcowego". Moje „własne" pszczoły zbierały go dla Ciebie z „własnych" moich kwiatów i drzew.
Ciebie i kochaną Panią Helenę najczulej i najserdeczniej pozdrawiamy, cała nasza trójka. „Ta trzecia" jest urocza - musicie ją zobaczyć: duża, śliczna, mądra dziewczyna.

Całuję Cię

Twój J. T.

26 VII 1951 r.

Julianissime Najdroższy!

Winszuję Ci stokrotnie nagrody. Ale nie mogę Ci posłać miodu, bo nie mam pszczół, nie mogę Ci posłać róż, bo nie mam ogrodu.
Więc zanućmy zgodny wtór.
Gaudeamus igitur.

Jedno tylko dziwne: że gdy się radujemy, chorujemy. Mnie wolno, bo to już ósmy krzyżyk, ale Tobie nie, boś młokos. Chorujemy razem z żoną, dlatego nie ruszamy się z Warszawy, by nie być daleko od lekarza. Dlatego też nie wybrałem się do Ciebie. Jak wrócisz, przyjadę na Wiejską, może nie przedzieli nas pięcioma piętrami zepsuta winda. A jestem bardzo spragniony rozmowy z Tobą. Jest moc do obgadania.
Ściskam Cię najserdeczniej. Ślicznym Twym Paniom ręce całuję.

Twój Leopold S.

Vokabeln – Słowniczek

boś = bo jesteś	denn du bist
całować *impf*	küssen
cholera *f*	Cholera
chorować *impf*	krank sein
czule *adv*	zärtlich
daleko *adv*	weit
drzewo *n*	Baum
dziwny, -a, -e *adj*	eigenartig
kiedyś *adv*	irgendwann
krzyżyk *m dim*	Kreuz (*hier:* Altar)
lipcowy, -a, -e *adj*	Juli-
mądry, -a, -e *adj*	klug
młokos *m*	Grünschnabel
moc *adv* = dużo	viel
nagroda *f*	Preis, Belohnung
najukochańszy, -a, -e *adj, superl.*	geliebt (heiß)
nieludzki, -a, -ie *adj*	unmenschlich
obgadanie *n*	Besprechen, Besprechung
obyczaj *m*	Sitte, Brauch
olbrzymi, -a, -ie *adj*	riesig
oko *n*	Auge
na cztery oczy	unter vier Augen
państwowy, -a, -e *adj*	staatlich
posłać *pf*	senden, schicken
posyłać *impf*	senden, schicken
piętro *n*	Stockwerk

pozdrawiać *impf*	grüßen
przedzielić *pf*	trennen
przyjechać *pf*	kommen
przyznanie *n*	Zuerkennung
pszczoła *f*	Biene
radość *f*	Freude
radować się *impf*	sich freuen
razem *adv*	zusammen
ręka *f*	Hand
ruszać się *impf*	sich bewegen
serdeczność *f*	Herzlichkeit
spragniony, -a, -e *part passiv*	begierig
stan *m*	Lage
stokrotnie *adv*	hundertmal
szczęście *n*	Glück
ściskać *impf*	ans Herz drücken
śliczny, -a, -e *adj*	bildschön
trójka *f*	Drei
tysiąc *num*	tausend
uroczy, -a, -e *adj*	bezaubernd
uwierzyć *pf*	glauben
więc *conj*	also
większy, -a, -e *adj comp*	größer
winda *f*	Aufzug
winszować *impf*	gratulieren
wtór *m*	Begleitung, zweite Stimme
wybrać się *pf*	sich begeben
wycieńczenie *n*	Entkräftung
wytłumaczyć *pf*	erklären
zanucić *pf*	anstimmen
zapalenie miedniczek nerkowych	Nierenbeckenentzündung
zbierać *impf*	sammeln
zepsuty, -a, -e *adj*	kaputt
zgodny, -a, -e *adj*	einstimmig
żona *f*	Ehefrau

Grammatik – Gramatyka

Der Wechsel *o* : *ó* im Wortstamm der Substantive (3)

Der Vokal ó tritt an die Stelle von o in endungslosen Formen, deren Stamm auf einen stimmhaften Konsonanten oder auf **r, l, ł, j** endet: *pszczoła* : (*Gen. Plur.*) *pszczół, pole* : (*Gen. Plur.*) *pól* (vgl. auch Lektion 4 u. 5).

Die Substantive mit unregelmäßigen Pluralformen (2)***

Die Substantive *oko* 'Auge', *ucho* 'Ohr', *ręka* 'Hand' werden im Plural folgendermaßen dekliniert:

Nom.	oczy	uszy	ręce
Gen.	oczu	uszu	rąk
Dat.	oczom	uszom	rękom
Akk.	oczy	uszy	ręce
Instr.	oczami, oczyma	uszami	rękami, rękoma
Lok.	oczach	uszach	rękach

Anmerkung: Oko in der Bedeutung von 'Fettauge' oder 'Masche' (im Netz) sowie *ucho* in der Bedeutung von 'Henkel' (z.B. am Topf) oder 'Nadelöhr' werden im Plural *regelmäßig* dekliniert:

Nom.	oka	ucha
Gen.	ok	uch
Dat.	okom	uchom
Akk.	oka	ucha
Instr.	okami	uchami
Lok.	okach	uchach

Die Steigerung der Adjektive und Adverbien

Die Steigerung der Adjektive

1. Von Adjektiven, deren Stamm auf *einen* Konsonanten endet, wird der Komparativ mit dem Suffix -szy gebildet: *gruby* 'dick' - *grubszy, ciekawy* 'interessant' - *ciekawszy*.

2. Von Adjektiven auf -**ki**, -**eki**, -**oki** wird der Komparativ ebenfalls mit dem Suffix -**szy** gebildet, wobei der Stamm verkürzt wird: *gładki* 'glatt' - *gładszy, daleki* 'weit' - *dalszy, szeroki* 'breit' - *szerszy*.

3. Im Komparativ kommt es zum Lautwechsel vor dem -**szy**: g : ż, s : ż, **n** : **ń**, **ł** : **l** z.B. *drogi* 'teuer', 'lieb' - *droższy, wysoki* 'hoch' - *wyższy, cienki* 'dünn' - *cieńszy, miły* 'nett', 'lieb'- *milszy*.

Achtung! Bei *gorący* lautet der Komparativ *gorętszy*!

4. Von Adjektiven, deren Stamm auf *zwei oder mehr* Konsonanten endet, wird der Komparativ mit dem Suffix -**ejszy** gebildet. Dabei kommt es zu einer Erweichung des Konsonanten vor dem -**ejszy**: *czarny* - *czarniejszy, serdeczny* - *serdeczniejszy*.

5. Einige Adjektive bilden den Komparativ ganz anders: z.B. *dobry* - *lepszy, zły* 'schlecht', 'böse' - *gorszy, mały* - *mniejszy*.

6. Die Komparativformen werden wie Adjektive der Grundstufe dekliniert. Im Nominativ Plural des personalen Genus haben wir den Lautwechsel **sz** : **si**: *grubszy* - *grubsi, serdeczniejszy* - *serdeczniejsi, lepszy* - *lepsi, gorszy* - *gorsi*.

Der Superlativ wird mit dem Präfix **naj**- (vor der Komparativform) gebildet: *najgrubszy, najserdeczniejszy, najlepszy, najmniejszy*.

Die Steigerung der Adverbien

1. Die Komparativformen werden mit dem Suffix -**ej** gebildet. Bei Adverbien auf -**o** kommt es zum Wechsel der Konsonanten (Erweichung): *grubo* - *grubiej, zdrowo* - *zdrowiej, drogo* - *drożej*.

2. Adverbien auf -**ko**, -**eko**, -**oko** haben im Komparativ einen verkürzten Stamm: *gładko* - *gładziej, daleko* - *dalej, szeroko* - *szerzej* (achten Sie hier auf den Konsonantenwechsel!).

Achtung! Bei *krótko* 'kurz' lautet der Komparativ *krócej*!

3. Einige Adverbien bilden den Komparativ ganz anders (vgl. oben), z.B. *dobrze - lepiej, źle - gorzej, mało - mniej.*

4. Der Superlativ wird wie bei den Adjektiven mit dem Präfix **naj-** gebildet: *najgrubiej, najserdeczniej, najlepiej, najmniej.*

Zum Gebrauch des Komparativs und Superlativs der Adjektive sowie Adverbien

Zum Gebrauch dieser Formen ist vorläufig soviel zu sagen:

1. Der Komparativ wird vor allem bei Vergleichen gebraucht; der deutschen Konjunktion 'als' entspricht im Polnischen die Konjunktion *niż*: *większym szczęściem jest dla mnie Twoja nagroda niż moja własna.*

2. In der Umgangssprache wird anstatt der Konjunktion *niż* sehr oft die Präposition *od*, verbunden natürlich mit dem Genitiv, gebraucht: z.B. *Jan jest lepszy od Karola; Jan robi to lepiej od Karola.*

3. Der Superlativ wird bei Vergleichen mit der Präposition *z (ze)*, verbunden mit dem Genitiv Plural, gebraucht: *Barbara jest najładniejsza z dziewczyn; Krystyna zna niemiecki najlepiej ze wszystkich studentek.*

Übungen – Ćwiczenia
---

1. *Bilden Sie von den bis jetzt gelernten Adjektiven und Adverbien den Komparativ sowie Superlativ.*

2. *Bilden Sie den Genitiv Plural von folgenden Substantiven:* nagroda, ogród, żona, rozmowa, pani, wojna, łóżko, woda, głowa.

3. *Schreiben Sie den Text der beiden Briefe von Tuwim und Staff in der indirekten Rede.*

4. *Lektura domowa*:

> Mistrza widziałem w Krakowie, gdy się zmierzchały gołębie,
> dzwony, chmury i szyldy, lekki był krok Leopolda,
> który jak zwykły śmiertelnik, niosąc gałązkę jaśminu,
> wracał znad Wisły do domu, Apollo polskiej poezji.
>
> Konstanty Ildefons Gałczyński, *Leopold Staff* (1948)

LEKTION SECHZEHN

Lektüre – Lektura

Ignacy Krasicki (1735 - 1801)

BAJKI I PRZYPOWIEŚCI
Słowik i szczygieł

Rzekł szczygieł do słowika, który cicho siedział:
„Szkoda, że krótko śpiewasz". Słowik odpowiedział:
„Co mi dała natura, wypełniam to wiernie.
Lepiej krótko, a dobrze, niż długo, a miernie".

Malarze

Dwaj portretów malarze słynęli przed laty:
Piotr dobry, a ubogi, Jan zły, a bogaty.
Piotr malował wybornie, a głód go uciskał,
Jan mało i źle, więcej jednak zyskał.
Dlaczegoż los tak różny mieli ci malarze?
Piotr malował podobne, Jan piękniejsze twarze.

Ptaszki w klatce

„Czegóż płaczesz? - staremu mówił czyżyk młody -
Masz teraz lepsze w klatce niż w polu wygody".
„Tyś w niej zrodzon - rzekł stary - przeto ci wybaczę;
Jam był wolny, dziś w klatce - i dlatego płaczę".

Vokabeln – Słowniczek

czyżyk *m*	Zeisig
dać *pf*	geben
głód *m*	Hunger
jednak *conj*	jedoch
klatka *f*	Käfig
los *m*	Schicksal, Los
mało *adv*	wenig

miernie *adv*	mäßig
młody, -a, -e,*adj*	jung
natura *f*	Natur
płakać *impf*	weinen
podobny, -a, -e *adj*	ähnlich
pole *n*	Feld
przeto *conj*	deshalb
przypowieść *f*	Parabel
ptak *m*	Vogel
ptaszek *m dim*	Vöglein
różny, -a, -e *adj*	verschieden
rzec *pf*	sagen
słowik *m*	Nachtigall
słynąć *impf*	berühmt sein
szczygieł *m*	Stieglitz
szkoda *adv*	schade
śpiewać *impf*	singen
uciskać *impf*	drücken, unterdrücken
wiernie *adv*	treu
wolny, -a, -e *adj*	frei
wybaczyć *pf*	verzeihen
wybornie *adv*	ausgezeichnet
wypełniać *impf*	erfüllen
wygoda *f*	Komfort
zły, -a, -e *adj*	schlecht, böse
zrodzony, -a, -e *part passiv*	geboren
zyskać *pf*	gewinnen, bekommen
źle *adv*	schlecht

Redensarten:

jam był = *ja byłem*

zrodzon = *zrodzony* (nur der Nom. Sing. des maskulinen Genus kann hier endungslos sein)

przed laty = *przed latami*

(die Pluralform *laty* war in der älteren Sprache oft gebraucht, heute jedoch kommt sie nur in den stehenden Redewendungen vor: *przed* (*dwoma, trzema*) *laty* 'in den alten Jahren', 'Zeiten'

Grammatik – Gramatyka

Das Verb

Der Infinitiv auf -ać (12): *płakać*

Sing. 1. płaczę
2. płaczesz
3. płacze
Plur. 1. płaczemy
2. płaczecie
3. płaczą

Der Infinitiv auf -c (3): *rzec* (gebraucht in der gehobenen Sprache)

Sing. 1. rzeknę
2. rzekniesz
3. rzeknie
Plur. 1. rzekniemy
2. rzekniecie
3. rzekną

Die Kardinalzahlen in Verbindung mit maskulinen personalen Substantiven***

Die Deklination der Kardinalia des *maskulinen personalen* Genus: 2 bis 5:

Nom.	dwaj	trzej	czterej	pięciu
Gen.	dwóch, dwu	trzech	czterech	pięciu
Dat.	dwom, dwu	trzem	czterem	pięciu
Akk.	dwóch, dwu	trzech	czterech	pięciu
Instr.	dwoma	trzema	czterema	pięciu
Lok.	dwóch, dwu	trzech	czterech	pięciu

In analoger Weise wie *pięć* werden hier die anderen Zahlen dekliniert; über die Veränderungen im Stamm, vgl. Lektion 9.

Die Zahlen 2, 3 und 4 bilden mit maskulinen personalen Substantiven folgende Wortgruppen:

1. *dwaj, trzej, czterej* + Nominativ - in diesem Fall steht das Prädikat im Plural, z.B. *czterej ministrowie idą na naradę*;

2. die Formen *dwaj, trzej* und *czterej* kann man durch *dwóch, trzech* und *czterech* ersetzen, wobei das Substantiv nicht mehr im Nominativ steht, sondern im Genitiv und das Prädikat nur im Singular gebraucht wird: *czterech ministrów idzie na naradę.*

Wenn eine Zahl ab 5 in der Wortgruppe ist, steht das Prädikat ebenso im Singular: *pięciu, sześciu, dwudziestu ministrów idzie na naradę.*

Achtung! In der Funktion des Nominativs steht hier immer die Kardinalzahl auf -u. Bei Wortgruppen, die aus einer Zahl ab 5 und einem nicht maskulinen personalen Substantiv bestehen, steht das Prädikat genauso im Singular, z.B. *pięć róż jest w wazonie, sześć zapałek jest w pudełku, dziesięć dziewczyn chodzi na lektorat języka polskiego.*

Zum Gebrauch des Genitivs mit Verben und anderen Wortarten

Wir haben bis jetzt gelernt, daß der Genitiv ohne Präposition nach verneinten transitiven Verben (*nie lubię kawy*) oder verneinten unpersönlichen Formen (*nie ma mięsa*), nach Verben wie *braknąć* (*braknie kaszy*) sowie nach vielen vollendeten transitiven Verben, die das Partitivum ausdrücken (*napiję się herbaty*), gebraucht wird.

Und hier noch einige weitere Verben mit dieser syntaktischen Eigenschaft:

1. Verben mit der Bedeutung 'verlangen', 'benötigen', 'erwarten', 'suchen', z.B. *chcemy pokoju; potrzebuję czasu; oczekuję gości; szukam okularów.*

2. Verben, die Gefühle bezeichnen wie z.B. *bać się, żałować, winszować, życzyć: boję się wojny, żałuję tego; winszuję (gratuluję) ci nagrody; życzę zdrowia i szczęścia.*

3. Verben wie z.B. *uczyć się* 'lernen' oder *słuchać* 'hören', 'zuhören': *uczę się języka polskiego; słucham muzyki.*

Außerdem steht das Substantiv im Genitiv nach anderen Wortarten: *jestem bardzo spragniony rozmowy z Tobą* (vgl. 7. Lektion); *żal mi tego dziecka* 'dieses Kind tut mir leid'; *człowiekowi trzeba chleba i pracy* 'der Mensch braucht Brot und Arbeit'; *szkoda czasu* 'schade um die Zeit'.

Übungen – Ćwiczenia

1. *Antworten Sie in der polnischen Sprache*: Jaki jest sens bajek Krasickiego? Co pisze Tuwim w liście do Staffa? Co pisze Staff w liście do Tuwima? Kto był starszy, Tuwim czy Staff? Kto żył dłużej, Tuwim czy Staff? Dlaczego ministrowie mówili, że Maciuś nie może być królem? Co to znaczy „wolnoć Tomku w swoim domku"? Który z tekstów literackich jest najładniejszy lub najciekawszy i dlaczego?

2. *Bilden Sie den Genitiv Plural von folgenden Substantiven*: nauczyciel, ojciec, dziecko, gość, król, koń, osioł, orzeł, pokój, kraj, morze, tydzień, plac, taniec, kuchnia, książka, forma, zima, wiosna, lekcja, szkoła, korona, marka.

3. *Bilden Sie den Komparativ von folgenden Adverbien*: cicho, długo, pięknie, staro, młodo, bardzo, ciekawie, wolno.

4. *Üben Sie die Personalformen der Kardinalia nach dem Muster*: jeden student uczy się języka polskiego *und so weiter von 2 bis 29*.

5. *Setzen Sie die eingeklammerten Wörter in den entsprechenden Kasus*: Ta nagroda jest dla (ty) (szczęście). Nie sprawiam (ty) (radość)? Wiem, że twoja córka jest (urocza i mądra dziewczyna). Czy widzisz (ten mały ptaszek) na (drzewo)? Jesteś (kochany człowiek). Lubimy chodzić do (ta kawiarnia), bo tu możemy napić się (dobra kawa). O (co) oni rozmawiają? Nie lubię jeść (barszcz). Oni mieszkają w (ładny dom). Maciuś był (mały chłopiec), ale po (śmierć) ojca musiał zostać (król), ponieważ był (jedyny syn królewski). Szkoda (ten chłopiec), który siedzi bez (ruch) i patrzy na (ta ładna dziewczyna). Ta dziewczyna ma (22 Jahre), a jej chłopiec (25 Jahre). Chcę przesłać (twój ojciec i twoja matka) dużo (serdeczne życzenia). Czy byłaś już w (ten nowy klub sportowy)? Nie znam (to studenckie czasopismo). Czy chodzisz często do (teatr)? Lubię słuchać (muzyka barokowa). Ja nie lubię słuchać (ta muzyka). Nie znam (ten utwór fortepianowy). Jestem w (dobry nastrój). Dlaczego nie czytasz (ta książka)? Marzę o (to), aby pojechać do (Florencja). Dziadek usiadł obok

(dziewczyna i chłopiec) i zaczął palić (fajka). Nie baw się (ta pusta filiżanka), bo możesz (ona) (stłuc). Nie rozumiem (to pytanie). Nie czytałam (żadna książka) (Czesław Miłosz). Co ty masz na (talerz)? Przyjdziemy do (wy) na (kolacja) w (ten tydzień). Paweł i Gaweł mieszkali w (jeden dom). Cały pokój był w (woda), a on z (wędka) siedział na (komoda). Muszę iść do (lekarz). Dziecko boi się (lekarz). Nie wolno (ja) chorować, bo muszę się uczyć (gramatyka polska). Staff przesyłał (Tuwim) tysiące (serdeczność). Natura dała (słowik) piękny głos. Ten ptaszek nie musi siedzieć w (klatka), on przecież może żyć w (pole). Nie mogę żyć bez (ty) i ty o (to) wiesz. Nie możemy żyć bez (słońce), bez (chleb) i bez (wolność). Język polski jest (język trudny). Te ćwiczenia gramatyczne są dla (my) (najlepsza powtórka) (lekcje) języka polskiego. Bez (ćwiczenia gramatyczne) nie można się uczyć (żaden język), ale są ludzie, którzy znają dobrze język, a nie uczyli się (gramatyka).

LEKTION SIEBZEHN

Tadeusz Różewicz (*1921)

List do ludożerców

Kochani ludożercy
nie patrzcie wilkiem
na człowieka
który pyta o wolne miejsce
'w przedziale kolejowym

zrozumcie
inni ludzie też mają
dwie nogi i siedzenie

Kochani ludożercy
poczekajcie chwilę
nie depczcie słabszych
nie zgrzytajcie zębami

zrozumcie
ludzi jest dużo będzie jeszcze
więcej więc posuńcie się trochę
ustąpcie

Kochani ludożercy
nie wykupujcie wszystkich
świec sznurowadeł i makaronu
Nie mówcie odwróceni tyłem:
ja mnie mój moje
mój żołądek mój włos
mój odcisk moje spodnie
moja żona moje dzieci
moje zdanie

Kochani ludożercy
nie zjadajmy się Dobrze
bo nie zmartwychwstaniemy
Naprawdę

Vokabeln – Słowniczek

ludożerca *m*	Menschenfresser
miejsce *n*	Platz
nagniotek *m*	Hühnerauge
odcisk *m*	Hühnerauge, Schwiele
przedział *m*	Abteil
kolejowy przedział	Zugabteil
siedzenie *n*	Sitzen, Sitz
	hier: Gesäß
sznurowadło *n*	Schnürband
świeca *f*	Kerze
włos *m*	Haar
zdanie *n*	*gramm.*: Satz, Ausspruch
	hier: Meinung
żołądek *m*	Magen

Grammatik – Gramatyka

Besonderheiten 1

1. *ludożerca*: Das ist ein aus zwei Morphemen mit Fugenelement -o-zusammengesetztes Wort; das zweite Morphem -żerca kann nicht allein als Wort erscheinen; *lud* 'Volk', 'Menschen' bildet noch andere (aber nicht viele) Komposita in Verbindung mit anderen Morphemen, z.B. mit -bójca (isoliert nur: *zabójca* 'Töter'): *ludobójca* oder mit -znawca 'Kenner' *ludoznawca*; das freie Morphem -znawca kommt noch in anderen zusammengesetzten Substantiven vor, z.B. *językoznawca* 'Sprachwissenschaftler', *literaturoznawca* 'Literaturwissenschaftler'.

2. *sznurowadło*: Mit dem Ableitungssuffix -**dło** werden von Verben Nomina instrumenti (Mittel einer Tätigkeit) gebildet, z.B. *bielidło* 'Weissud' (von *bielić*), *czernidło* 'Schwärze' (von *czernić*), *mydło* 'Seife' (von *myć*). Dieses Suffix ist heute nicht mehr produktiv.

3. *patrzeć wilkiem*: In dieser Redewendung hat die instrumentale Form *wilkiem* (von *wilk* 'Wolf') eine vergleichende Funktion: *jak wilk*, d.h. *ponuro* 'finster', *wrogo* 'feindlich', *nieufnie* 'mißtrauisch' (Das Buch *Polnische und deutsche Redewendungen* von Janina Wójtowicz und Mieczysław Wójcicki notiert diese Redensart nicht; wahrscheinlich deswegen nicht, weil sie in der deutschen Sprache keine ähnliche Struktur hat).

Einteilung der Verben

I. Verben auf -ać
Präsens oder vollendetes Futur: -**am**, -**a**, -**ają**
Imperativ: -**aj**, -**ajmy**, -**ajcie**

Diese Verbgruppe umfaßt sehr viele Verben. Die Konjugation dieser Verben ist sehr leicht. Charakteristisch ist hier die Endung -**m** (und nicht -**ę**!) in der 1. Person Singular. In der 3. Person Plural wird der Infinitivstamm durch -**j**- erweitert.

Beispiele (als Beispiele dienen hier sowie in den folgenden Verbgruppen Verben, die in den Lektürestücken der Teile I u. II vorkommen): *dmuchać, buchać, spływać, padać, sięgać, rozchylać, bywać, puszczać, mieszkać, powtarzać, biegać, pozwalać, wypędzać, uciekać, siadać, wyrzucać, sypiać, zagrać, czekać, przyjeżdżać, szukać, zaczekać, zamawiać, rozbierać się, przeszkadzać, odbywać się, znać, poznać, czytać, przeczytac', spotkać, spotykać, pytać, zapytać, zdarzać się, powiadać, sprawiać, uśmiechać się, wołać, wracać, wyciągać, spoglądać, strzelać, wymyślać, nazywać, umierać, zawołać, zostawiać, zbierać się, posyłać, pozdrawiać, ruszać się, ściskać, zbierać, śpiewać, uciskać, wypełniać, zyskać.*

II. Verben auf -ać
Präsens oder vollendetes Futur: -**ę**, -**e**, -**ą**

Diese Verbgruppe ist zwar zahlreich vertreten, aber nicht produktiv. Die Konjugation dieser Verben ist nicht so leicht, weil sich der vor dem -**ać** stehende Konsonant im Präsens (bzw. vollendeten Futur) verändert:

s	:	sz
z	:	ż
r	:	rz
k	:	cz
sk	:	szcz
st	:	szcz
t	:	cz
zd	:	żdż
sł	:	śl
w	:	j
p, b, m	:	pi, bi, mi (+Vokal)

Zu dieser Gruppe gehören Verben auf -bać, -pać (aber nicht *podobać się* 'gefallen', *dbać* 'sorgen' und *stąpać* 'schreiten', die nach dem Konjugationsbeispiel *dmuchać* konjugiert werden!). Hier gehören auch Verben auf **-awać, -otać, -ptać.**

Beispiele: *sapać, sypać, zipać, pluskać, kołysać, stawać, przesłać, kapać, posłać, podawać, płakać, pisać, oddawać.*

Anmerkung: Die Verben *stawać, podawać* und *oddawać* bilden den *Imperativ* mit Hilfe des Suffixes **-j-**, das an den Infinitivstamm angefügt wird: *stawaj, podawaj, oddawaj.* Die Verben *przesłać* und *posłać* haben das Stammerweiterungsmorphem **-ij-**: *prześlij, poślij.*

III. Verben auf **-ać**
Präsens oder vollendetes Futur: **-eję, -eje, -eją**

Es sind einsilbige Verben und sie haben den Lautwechsel **a : ej**. Dazu gehören auch die von ihnen durch Präfigierung gebildeten Verben.

Beispiele: *dziać się* (und auch z.B. *zaśmiać się* 'auflachen' oder *uśmiać się* 'herzlich lachen').

Als besondere Verben auf **-ać** gelten *brać (biorę, bierze, biorą), zerwać się (zerwę się, zerwie się, zerwą się), wstać (wstanę, wstanie, wstaną), zostać (zostanę, zostanie, zostaną).* Der Imperativ von *zerwać się* lautet: *zerwij się.*

IV. Verben auf -**ować**
Präsens oder vollendetes Futur: -**uję**, -**uje**, -**ują**

Das ist eine sehr produktive Verbgruppe. Mit dem Suffix -**ować** werden viele Verben von Substantiven gebildet. Auf diese Weise werden oft fremdsprachige Verben ins Polnische übertragen.

Beispiele: *dziękować, kupować, krępować, sugerować się, interesować, fascynować, zafascynować, podziękować, zajmować się, polować, zmiłować się, wstępować, całować, chorować, radować się, winszować.*

V. Verben auf -**ywać** oder -**iwać**
Präsens oder vollendetes Futur: -**uję**, -**uje**, -**ują**

Diese Verbgruppe ist auch produktiv. Das Suffix -**iwać** kommt nach **k, g, ch, l.**

Beispiele: *wysypywać, wpatrywać się, pokazywać się, podsłuchiwać.*

Anmerkung: zweisilbige Verben auf -**ywać** (-**iwać**) und die von ihnen gebildeten präfigierten Verben gehören zur I. Verbgruppe, wie z.B. *bywać* oder *spływać.*

VI. Verben auf -**ić** oder -**yć**
Präsens oder vollendetes Futur: -**ę**, -**i**, -**ą** oder -**ę**, -**y**, -**ą**

Das ist eine sehr produktive Verbgruppe. Sie wird in zwei Untergruppen geteilt:

a) Verben auf -**ić**: Viele Verben haben in der 1. Person Singular sowie in der 3. Person Plural eine Konsonantenveränderung:

ć (ci)	:	**c**
dź (dzi)	:	**dz**
ś (si)	:	**sz**
ź (zi)	:	**ż**
ść (ści)	:	**szcz**
źdź (ździ)	:	**żdż**

Beispiele: *dzwonić, prowadzić, modlić się, nastawić, wystawić, poradzić, przychodzić, zamówić, prosić, pozwolić, twierdzić, mówić, zapłacić, bawić się, pędzić, schodzić, gonić, łowić, trąbić, wadzić, znosić, radzić, robić, zrobić, wrócić, obronić, obudzić się, odpłacić, zwalić się, przedzielić, zanucić.*

b) Verben auf -**yć**: Nicht vergessen: nach **sz, ż, rz, cz, żdż** kommt immer -**yć** (und nicht -**ić**!). ˙,

Beispiele: *sączyć się, patrzyć, tańczyć, zatańczyć, marzyć, pogrążyć się, przestraszyć, zauważyć, zawieruszyć się, ręczyć, wyleczyć, leczyć, otworzyć, zobaczyć, wierzyć, uwierzyć, wytłumaczyć, wybaczyć.*

VII.   Verben auf -**ić**, -**yć** und -**uć**
Präsens oder vollendetes Futur: -**ję**, -**je**, -**ją**

Es handelt sich hier um einsilbige Verben. Dazu gehören natürlich auch die von ihnen durch Präfigierung gebildeten Verben. Diese Verbgruppe ist klein.

Unsere Beispiele: *pić, napić się, żyć;* dazu noch einige andere: *myć* 'waschen', *myć się* 'sich waschen', *bić* 'schlagen', *zabić* 'erschlagen', *tyć* 'dick werden', *kuć* 'schmieden', *żuć* 'kauen'.

VIII.   Verben auf -**eć**
Präsens oder vollendetes Futur: -**ę**, -**i**, -**ą** oder -**ę**, -**y**, -**ą**

a) -**ę**, -**i**, -**ą**: Einige Verben haben in der 1. Person Singular und in der 3. Person Plural eine Konsonantenveränderung:

ć (cie) : **c**
dź (dzie) : **dz**
ś (sie) : **sz**

Beispiele: *myśleć, boleć, musieć, posiedzieć, siedzieć, lecieć, wiedzieć.*

b) **-ę, -y, -ą**: *dyszeć, słyszeć, usłyszeć, krzyczeć*. Die Verben auf **-eć** wechseln im Präteritum das **e** zu **a**, nur im Plural in den Formen des maskulinen personalen Genus bleibt das **e** erhalten.

Diese Verben auf **-eć** bilden eine unproduktive Verbgruppe.

IX. Verben auf **-eć**
Präsens oder vollendetes Futur: **-em, -e, -eją**

Diese Verben kann man mit den Verben der I. Gruppe vergleichen. Auch hier hat die 1. Person Singular die Endung **-m** (und nicht **-ę**) und in der 3. Person Plural wird der Infinitivstamm durch **-j-** erweitert.

Beispiele: *umieć, rozumieć, zrozumieć*.

Diese Verben wechseln auch im Präteritum das **e** zu **a**; im Plural in den Formen des maskulinen personalen Genus bleibt das **e** erhalten. Die Imperativformen lauten: *umiej*, **-ejmy, -ejcie**, *rozumiej*, **-ejmy, -ejcie**, aber: *zrozum*, **-my, -cie**.

X. Verben auf **-eć**
Präsens oder vollendetes Futur: **-eję, -eje, -eją**

Zu dieser Gruppe gehören zahlreiche Verben, die von Adjektiven gebildet werden und in der Regel das Werden einer Eigenschaft, das Eintreten in einen anderen Zustand bezeichnen.

Unser Beispiel: *istnieć*. Andere Verben: *starzeć się* 'alt werden', *siwieć* 'grau werden', *łysieć* 'kahl werden', *bieleć* 'weiß werden'. Im Präteritum wird das **e** zu **a**, im Plural in den maskulinen personalen Formen bleibt das **e** erhalten.

Von den Verben auf **-eć** unterscheidet sich das Verb *umrzeć (umrę, umrze, umrą)*; Imperativ: *umrzyj*; Präteritum: *umarł*.

XI. Verben auf **-nąć, -ąć**
Präsens oder vollendetes Futur: **-nę, -nie, -ną**
Imperativ: **-nij, -nijmy, -nijcie**

Vollendete Verben mit dem Suffix **-ną-** im Infinitivstamm bilden eine produktive Gruppe. Eine unproduktive Gruppe bilden einsilbige Verben (und die von ihnen durch Präfigierung entstandenen Verben), deren Infinitivstamm auf **-ą-** endet. Es gibt Verben, die nicht immer den Nasallaut **-n-** im Präsensstamm haben.

Beispiele: *moknąć, zacząć, kwitnąć, pachnąć, nacisnąć, pisnąć, zamknąć, krzyknąć, stanąć, słynąć.*

Anmerkung: Die Imperativformen von *stanąć* und *słynąć* lauten: *stań*, **-my, -cie**; *słyń*, **-my, -cie**. Verben auf **-nąć** und **-ąć** haben im Präteritum den Vokalwechsel **ą : ę**, im maskulinen Genus des Singulars bleibt jedoch das **ą** unverändert. Nicht alle Verben auf **-nąć** bilden das Präteritum von diesem Infinitivstamm. Es gibt einige, die das Präteritum von einem Stamm ohne **-ną-** bilden. Aus diesem Grunde werden wir uns mit allen Verben auf **-nąć** im Anhang des Lehrbuches noch mal genau befassen. Dabei werden wir auch über die Verben auf **-ąć** ausführlicher sprechen.

XII.   Verben auf **-c, -ść, -źć**
Präsens oder unvollendetes Futur: **-ę, -e, -ą**

Diese Verbgruppe ist unproduktiv und nicht zahlreich. Verben auf **-c** haben einen auf **-k-** oder **-g-** endenden Präsensstamm in der 1. Person Singular und in der 3. Person Plural. In den übrigen Personen wird **k** zu **cz** und **g** zu **ż**.

Unsere Beispiele: *tłuc, móc*. Von einigen Verben, wie z.B. *rzec* 'sagen' oder *biec* 'laufen', endet der Präsensstamm auf **-kn-** oder **-gn-**; im Präteritum ist das **-n-** nicht mehr vorhanden.

Verben auf **-ść, -źć** haben einen Präsensstamm, der auf einen dentalen Konsonanten endet. Der Präsensstamm von Verben auf **-ść** endet auf **-s-**, **-t-** oder **-d-**; *nieść (niosę, niesie, niosą); pleść* 'flechten' *(plotę, plecie, plotą); siąść (siądę, siądzie, siądą)*. Verben auf **-źć** haben einen auf **-z-** endenden Präsensstamm, z.B. *wieźć* 'fahren' *(wiozę, wiezie, wiozą)*. Diese Verben (außer *siąść*, dazu siehe: unregelmäßige Verben) haben im Präteritum in Formen des maskulinen personalen Genus den Vokal **-e-** und in den Formen der übrigen Genera **-o- (-ó-)**.

Übungen – Ćwiczenia

1. *Bilden Sie zu den im Text vorhandenen Verben die Infinitivform.*

2. *Ergänzen Sie die Sätze im Text durch die Interpunktion.*

3. *Setzen Sie die eingeklammerten Wörter in die entsprechende Form:* Nie wchodźcie do (ten przedział), bo tu nie ma już (wolne miejsca). Ten człowiek nie jest (ludożerca). W (ten przedział) jest pięć (wolne miejsce). Posuńmy się trochę, bo ta pani szuka (wolne miejsce). Ile (noga) ma stonoga? Bez (ząb) nie można jeść. Kupiłam ci cztery (świeca), dwa (sznurowadło) i trochę (makaron). Usiądź na (siedzenie). Ta dziewczyna ma piękne (włos). Nie znam (ci ludzie). Dlaczego tak zgrzytasz (ząb)? Ona nie jest (słaby człowiek). Dlaczego tak patrzysz na (ten człowiek)?

4. *Suchen Sie aus dem Wörterbuch Redewendungen mit dem Wort* tył *heraus, die Sie in Ihrem Sprachgebrauch verwenden könnten.*

LEKTION ACHTZEHN

Sławomir Mrożek (*1930)

Leśna przechadzka

Wybrał się cesarz na przechadzkę.

Szedł przez las sam jeden, co rzadko się zdarza cesarzowi, ale zdarzyło mu się.

Idzie i nieswojo się czuje. Nieswojo - to znaczy inaczej niż zwykle się czuje on - cesarz. Zwykle otaczają go dworzanie albo i dworzanie, i wierny lud. Wszystkie twarze zwrócone są ku niemu, a on nie musi zwracać twarzy donikąd, to znaczy zwraca ją dokąd mu przyjdzie ochota. Dla wszystkich jest wtedy bardzo ważne, w którą stronę cesarz twarz swoją zwrócił.

Tu natomiast, w lesie, nie ma żadnych twarzy poza jego własną, cesarską. Zwraca ją to tu, to tam, to na drzewo, to na krzak. Natomiast ani drzewo, ani krzak nie zwracają ku niemu twarzy, ponieważ twarzy nie posiadają. Wiewiórka wprawdzie ma rodzaj twarzy, ale też nie zwraca jej ku cesarzowi, co jest pierwszym zdziwieniem cesarza i powodem jego rosnącego niepokoju. Siedzi tylko na drzewie i gryzie orzeszek.

Zwrócił zatem cesarz swoją twarz ku wiewiórce, naumyślnie. Przypatruje się jej po cesarsku. Patrzy na nią i patrzy, oczu z niej nie spuszcza, ale i to na nic. Wiewiórka nie tylko nie zwróciła twarzy ku cesarzowi, ale nawet i to, że on ku niej swoją twarz zwrócił, wydaje się jej zupełnie obojętne.

Więc cesarz pyta się siebie: cesarz jam czy nie cesarz?

Chyba nie cesarz, skoro nikt na mnie nie patrzy, a nawet i to, że ja na coś patrzę, też nie ma żadnego znaczenia.

Jeślim nie cesarz, to kto w takim razie?

Zamyślił się cesarz, myśli, myśli, ale nie umie znaleźć odpowiedzi. Niepokój jego rośnie i całkiem mu już nieswojo. Aż wreszcie, nic wymyślić nie mogąc, jak nie tupnie nogą, jak nie gwizdnie.

Wiewiórka przestraszona wypuściła orzeszek i uciekła.

Zaś cesarz poszedł dalej, nieco już pocieszony.

Możem ja nie cesarz - myśli sobie - ale jestem ten, co tupie i gwiżdże. Dobre i to.

I żeby się utrzymać w tym nieco już lepszym samopoczuciu, wprawdzie nie tak dobrym jak samopoczucie cesarza, ale i nie tak złym jak samopoczucie nikogo - odtąd już nie przestawał pogwizdywać i pohukiwać idąc przez las. A nawet zaśpiewał piosenkę: *Nie chodź Marysiu do lasa.*

Vokabeln – Słowniczek

cesarz *m*	Kaiser
drzewo *n*	Baum
dworzanin *m*	Hofmann
krzak *m*	Strauch
las *m*	Wald
niepokój *m*	Unruhe
ochota *f*	Lust
orzech *m*	Nuß
orzeszek *m*	kleine Nuß
piosenka *f*	Lied
powód *m*	Grund
przechadzka *f* (= spacer *m*)	Spaziergang
rodzaj *m*	Art
samopoczucie *n*	Selbstbefinden
strona *f*	Seite
wiewiórka *f*	Eichhörnchen
zdziwienie *n*	Verwunderung
znaczenie *n*	Bedeutung

Grammatik – Gramatyka

Besonderheiten 2

1. *las - w lesie - leśny*: Wenn der Vokal **a** nach einem weichen Konsonanten steht und der ihm folgende harte Konsonant (dental oder **r, ł**) zu einem weichen wechselt, dann tritt an die Stelle von **a** (obwohl nicht regelmäßig) der Vokal **e**. Dieser Wechsel bleibt auch in der vom Substantiv abgeleiteten Adjektivform erhalten.

2. *jak nie tupnie, jak nie gwizdnie*: Die Partikel *jak* in Verbindung mit *nie* und den vollendeten Verben hebt die Lebhaftigkeit der Handlung hervor. Diese syntaktische Besonderheit, in der das *nie* keine Verneinung der Aus-

sage bedeutet, wird vor allem in der Umgangssprache gebraucht. Manchmal treten solche Konstruktionen auch ohne *nie* auf.

Unregelmäßige Verben

być

Charakteristisch ist hier das Präsens: *jestem, jesteś, jest, jesteśmy, jesteście, są.* Die anderen Formen sind regelmäßig: das Futur: *będę, będziesz,* der Imperativ: *bądź,* das Präteritum: *był, byli.*

dać

Dieses Verb gehört zu der I. Verbgruppe, außer der 3. Person Plural: *dadzą.* Der Imperativ: *daj.*

jeść

Auch hier lautet die 3. Person Plural: *jedzą.* Der Imperativ: *jedz, jedzmy, jedzcie.* Die übrigen Personen des Präsens haben die gleichen Endungen wie die Verben in der IX. Gruppe: *jem, jesz, je, jemy, jecie.* Das Präteritum: *jadł - jedli.*

wiedzieć

Charakteristisch ist hier der Präsensstamm, den man mit dem Präsensstamm von *jeść* vergleichen kann: *wiem, wiesz, wie, wiemy, wiecie* und *wiedzą.* Der Imperativ: *wiedz, wiedzmy, wiedzcie.* Das Präteritum ist regelmäßig gebildet: *wiedział - wiedzieli.*

mieć

Dieses Verb mit dem Präsensstamm *ma-* wird so konjugiert wie die Verben in der I. Gruppe: *mam, ma, mają;* aber der Imperativ: *miej, miejmy, miejcie.* Das Präteritum: *miał - mieli.*

chcieć

Im Präsens haben wir nicht die Endungen -*ę*, -*i*, -*ą* (wie in der VIII. Verbgruppe), sondern -*ę*, -*e*, -*ą*: *chcę, chce, chcą.* Die Formen im Präteritum entsprechen der Regel: *chciał - chcieli.* Der Imperativ: *chciej, chciejmy, chciejcie.*

wziąć
Die Präsensformen: *wezmę, weźmie, wezmą*. Das Präteritum: *wziął - wzięła - wzięli*. Unregelmäßig ist hier der Imperativ: *weź, weźmy, weźcie*.

iść
Hier haben wir mit Suppletivformen zu tun: *idę, idzie, idą (Präs.) - szedł, szła, szli (Prät.)*. Der Imperativ: *idź, idźmy, idźcie*.

jechać
Dieses Verb hat verschiedene Stämme: *jadę, jedzie, jadą (Präs.), jedź (Imp.)*, aber: *jechał - jechali (Prät.)*.

siąść
Das Verb gehört zu der XII. Gruppe. Unregelmäßig wird das Präteritum gebildet: *siadł - siedli*.

znaleźć
Dieses Verb unterscheidet sich von den anderen Verben auf -*źć*: *znajdę, znajdzie, znajdą; znajdź, znajdźmy, znajdźcie; znalazł - znaleźli*.

stać, bać się
Diese Verben finden auch keinen Platz in den Verbgruppen: *stoję stoi, stoją stój, stójmy, stójcie; stał - stali; boję się, boi się boją się bój się, bójmy się, bójcie się; bał się - bali się*.

spać
Der Präsensstamm auf -i- steht hier im Gegensatz zum Infinitivstamm auf -a-: *śpię, śpi, śpią; śpij; spał, spali*.

Anmerkung:
1) Zu den Präsensformen von *być* ist noch folgendes zu sagen: wir bilden sie (außer der 3. Pers. Plur.) mit den Endungen -(e)m, -(e)ś, -(e)śmy, -(e)ście, die wir an den Stamm *jest* anfügen. Diese Endungen sind beweglich und können sich mit anderen Worten, die vor dem *jest* stehen, verbinden: *Ty jesteś matką = Tyś jest matką* (oder *Tyś matką*). Erinnern wir uns an den Satz: *no to samiście sobie winni* (s. Lektion 6). Man kann auch sagen: *samaś sobie winna; samiśmy sobie winni*. Und wenn wir schon bei dem Wort *winni* sind, dann können wir noch zwei Verben erwähnen: *winien* und *powinien*. Diese Verben werden immer in Verbindung mit dem Infinitiv eines anderen Verbs gebraucht ('ich soll das verstehen'):

winnam	winienem	powinnam	powinienem	to zrozumieć
winnaś	winieneś	powinnaś	powinieneś	to zrozumieć
winna	winien	powinna	powinien	to zrozumieć
winnyśmy	winniśmy	powinnyśmy	powinniśmy	to zrozumieć
winnyście	winniście	powinnyście	powinniście	to zrozumieć
winny	winni	powinny	powinni	to zrozumieć

Die Formen ohne *po-* werden seltener gebraucht. Im Singular gibt es noch eine Form für Neutrum: *powinno* (bzw. *winno*). Im Präteritum werden alle Formen mit der entsprechenden Form der 3. Person Singular und Plural verbunden: *był, była, było; były, byli*.

2) Das Polnische hat auch zwei Verben, die nur in der Infinitivform gebraucht werden: *widać* und *słychać*. *Widać* wird im Deutschen mit 'man sieht', 'es ist zu sehen', *słychać* mit 'man hört', 'es ist zu hören' wiedergegeben.

Übungen – Ćwiczenia

1. *Bilden Sie zu den im Text vorhandenen Verbformen die Infinitivform.*

2. *Beschreiben Sie die präpositionalen Konstruktionen in diesem Text.*

3. *Bilden Sie einfache Fragen zum Text und beantworten Sie sie.*

4. *Setzen Sie die eingeklammerten Wörter in die entsprechende Form:* Cesarz jest na (przechadzka). W (las) jest dużo (drzewo i krzak). Pod (drzewo) siedzi mała wiewiórka i patrzy na (cesarz). Cesarz wyjmuje z (kieszeń) dwa (orzeszek) i podaje je (wiewiórka). Wiewiórka boi się (cesarz) i ucieka na (drzewo). W (pałac cesarski) nie ma ani (dworzanie), ani (cesarz), wszyscy poszli na (przechadzka) do (las). Kto tu jest (cesarz), a kto (król)? Wiewiórka jest (zwierzę) i dlatego nie ma (twarz), tylko pyszczek.

Dziecko nie boi się (mała wiewiórka). Dlaczego w (ten park) jest tak mało (wiewiórka)? Wiewiórka siedzi na (drzewo) i nie spuszcza (oczy) z (cesarz). Jaką (piosenka) zaśpiewał cesarz idąc przez (las)? Wiewiórka uciekając nie wypuściła (orzeszek).

5. *Suchen Sie aus dem Wörterbuch Redewendungen mit dem Wort* twarz *heraus, die Sie in Ihrem Sprachgebrauch verwenden könnten.*

LEKTION NEUNZEHN

Lektüre – Lektura

Stanisław Lem (*1921)

WIERNY ROBOT
Widowisko telewizyjne
(fragment)

Osoby: Mr. T. Clempner
Graumer, robot
Posłaniec

(...) *Pokój około roku 2000, ale bez rzeczy wstrząsających. Opływowe meble, pracownia-gabinet autora powieści kryminalnych. Lampy, maszyna do pisania, magnetofon, radio, spory bar. Clempner siedzi przy maszynie i stuka z widocznym wysiłkiem umysłowym. Dzwoni telefon. Clempner podnosi słuchawkę.*
CLEMPNER: Tu, Clempner. A, to pan! Chyba do tygodnia. Jestem tego pewien. Pisze mi się coraz lepiej. Oddam panu wszystko we czwartek. Bez jednego maszynowego błędu. Co? A, żona panu mówiła? Tak, chciałem prosić oboje państwa na przyszły piątek. Przyjdą także Donnelowie. Ależ zna go pan, poznał go pan u mnie, to ten inspektor... Ha ha! Rozumie się... Takie znajomości ułatwiają stworzenie lokalnego kolorytu. Dobrze. Więc w przyszły piątek. Do zobaczenia...
Wraca do maszyny. Ledwo usiadł, słychać dzwonek.
CLEMPNER: Kogo diabli nadali?...
Wychodzi. Wraca, za nim - dwóch posłańców. Wnoszą wielką skrzynię.
POSŁANIEC: Pan podpisze.
CLEMPNER: Co to jest?
POSŁANIEC: Potwierdzenie odbioru.
CLEMPNER: Ale co jest w tej skrzyni?
POSŁANIEC: Tu napisane. Robot.
CLEMPNER: Jaki robot? Nie zamawiałem żadnego robota.
POSŁANIEC: To nie moja rzecz. Jestem z firmy przewozowej. Proszę podpisać.
Clempner podpisuje, posłańcy wychodzą. Clempner ogląda skrzynię, patrzy na maszynę do pisania, podchodzi do niej, nagle wraca, rozcina sznury,

wieko uchyla się. Clempner cofa się. W skrzyni siedzi Robot. Wyłazi, rozchyla papiery opakowania, staje, lekko się kłania.

ROBOT: Dobry wieczór. Pan będzie moim nowym panem. Bardzo się cieszę. Będę się starał zadowolić pana według mych możliwości, a są niemałe. Jestem najnowszym modelem Ultra-Deluxe.

CLEMPNER: Co to ma znaczyć? Nie zamawiałem żadnego robota...

ROBOT: Och, to nie ma znaczenia! Dlaczego miałby się pan sam trudzić? Od czego ja jestem? Odtąd będę załatwiał za pana wszystko. Jestem nie-zawodny. Nie mówię tego, żeby się chełpić. My, roboty, jesteśmy skromne. Po prostu stwierdzam fakt. Jeśli wolno mi zauważyć, stolik jest źle ustawiony. Pisząc, zasłania pan sobie światło. O wiele lepiej będzie tak... *Przesuwa stolik.* W ten sposób będzie się pan mógł lepiej skoncentrować.

CLEMPNER: Ależ ja ciebie nie potrzebuję, do diabła!

ROBOT: To wszystko się tak wydaje na początku. Przekona się pan sam. Czy pan dobrze śpi?

CLEMPNER: Nie. Kto cię tu przysłał?

ROBOT: Cierpi pan na bezsenność? Doskonale.

CLEMPNER: Jak to: doskonale?

ROBOT: Bo teraz to się zmieni. *Wygląda przez okno.* Oho, tu są inne wille w pobliżu? A zatem wieczorem - psy, które szczekają, kiedy ktoś przechodzi, w środku nocy - koty, a rano - koguty. Bardzo dobrze. Znam specjalny sposób na psy i koty, a koguta odtąd pan nie usłyszy. Będzie pan spał jak zabity. Zobaczy pan.

CLEMPNER: Nie troszcz się o mnie. Kto cię przysłał?

ROBOT: Niepotrzebnie podnosi pan głos. Wystarczy szept. Doskonale słyszę. Nie wiem, kto mnie przysłał, ale zaraz to sprawdzimy. Nadawca musi figurować na opakowaniu. Naturalnie. „Davenport", biuro wynajmu i pośrednictwa służby domowej. *Podnosi słuchawkę, nakręca numer.* Halo! Biuro „Davenporta"? Tu mówi służący. Panie człowieku, mój pan będzie mówił z panem. Proszę... *Podaje słuchawkę Clempnerowi.*

CLEMPNER: Halo! Panie, dostałem właśnie przesyłkę - robota, którego wcale nie zamawiałem. To jakaś idiotyczna pomyłka, co? Tom Clempner, Różana 46. Zabierzcie go stąd natychmiast! Co? Co pan mówi? Nie wysyłaliście? Jest pan tego zupełnie pewien? Ale... *Odkłada słuchawkę.* Mówi, że nikogo nie przysyłali... I co teraz będzie?

ROBOT: Będzie jak najlepiej. Zapewne życzy pan sobie być sam? Żeby nikt nie przeszkadzał w pracy twórczej?

CLEMPNER: Tak, do diabła! Tak!

ROBOT: Bardzo dobrze. Będzie pan sam. Jest pan sam. W pewnym sensie nie ma mnie wcale. Oprócz pana nie ma tu żadnego człowieka, to znaczy -

nikogo nie ma. Jeszcze tylko ustalimy kilka drobiazgów. Czy ma pan robota?

CLEMPNER: Nie. I nie potrzebuję żadnego.

ROBOT: Świetnie. Bo muszę panu wyznać, że ja też nie cierpię robotów. Lubię tylko ludzi. Dlatego tak się cieszę, że pan będzie moim panem. Będzie panu dobrze. Czuję, że już zaczynam otaczać pana czcią i szacunkiem. (...)

Vokabeln – Słowniczek

bezsenność f	Schlaflosigkeit
błąd m	Fehler
cześć f	Ehre
drobiazg m	Kleinigkeit
fakt m	Tatsache
kogut m	Hahn
maszyna f	Maschine
maszyna do pisania	Schreibmaschine
możliwość f	Möglichkeit
nadawca m	Absender
odbiór m	Empfang
opakowanie n	Verpackung
początek m	Anfang
pomyłka f	Irrtum
pośrednictwo n	Vermittlung
posłaniec m	Bote
potwierdzenie n	Bestätigung
powieść f	Roman
powieść kryminalna	Kriminalroman
pracownia-gabinet m	Arbeitsraum
przesyłka f	Sendung
robot m	Roboter
sens m	Sinn
skrzynia f	Kiste
stolik m	Tischlein
stworzenie, n	Erschaffung
szacunek m	Achtung
szept m	Flüstern
słuchawka f	Hörer
służący m	Diener

służba *f*	Dienst
widowisko *n*	Schauspiel, Vorstellung
widowisko telewizyjne	Fernsehspiel
wieko *n*	Deckel
wynajem *m*	Vermietung
wysiłek *m*	Anstrengung
znajomość *f*	Bekanntschaft

Grammatik – Gramatyka

Das Sammelzahlwort *oboje*

1. *oboje państwa*: Das Sammelzahlwort *oboje* 'beide' gebraucht man in Verbindung mit Substantiven, die zwei Personen beiderlei Geschlechts bezeichnen (*on i ona*), mit einigen Substantiven, die keinen Singular haben, z.B. *oboje drzwi*. Neben der Form *oboje* gibt es auch die Form *obydwoje*. Die mit dem Sammelzahlwort gebrauchten Substantive erscheinen in der Genitivform (mit Ausnahme von *Dat.* und *Lok.*), z.B. *oboje ludzi, oboje podróżnych* 'beide Reisende'; wenn die Substantive ein Ehepaar bezeichnen, dann stehen sie auch im Nominativ in der Nominativform: *oboje państwo Donellowie*. Das Sammelzahlwort *oboje* (*obydwoje*) wird in Verbindung mit dem Substantiv *państwo* wie folgt dekliniert:

Nom.	oboje	obydwoje	państwo
Gen.	obojga	obydwojga	państwa
Dat.	obojgu	obydwojgu	państwu
Akk.	oboje	obydwoje	państwa
Instr.	obojgiem	obydwojgiem	państwa
Lok.	obojgu	obydwojgu	państwu

2. *bezsenność, możliwość, znajomość*: Das Suffix *-ość* gehört zu den Ableitungssuffixen, die Nomina essendi (qualitatis) bilden. Diese Substantive werden in der Regel von qualitativen Adjektiven gebildet: *młody - młodość, stary - starość, solidarny - solidarność, wierny - wierność, wolny - wolność*.

Partizipien

Im Polnischen gibt es folgende Partizipien:

> das adjektivische Partizip Aktiv,
> das adjektivische Partizip Passiv,
> das Adverbialpartizip der Gleichzeitigkeit,
> das Adverbialpartizip der Vorzeitigkeit.

1. Das adjektivische Partizip Aktiv wird nur von *unvollendeten* Verben gebildet, und zwar durch Anfügen des Suffixes -ą**cy** (-**a**, -**e**, -**y**, -**e**) an den Präsensstamm: wir gehen vom Stamm der 3. Person Plural aus.

Beispiele aus unseren Lektürestücken: (...) *z głębi mojej bezdennej głowy wypływające staropolskie Bóg zapłać. Lubię powtarzający się czas.* (...) *nie miał dotąd czasu zauważyć dziada, przychodzącego na obiad parę razy w tygodniu.* (...) *a w środku każdej jak w pachnącym dzbanie* (...).

2. Das Adverbialpartizip der Gleichzeitigkeit wird mit dem Suffix -**ąc** gebildet: durch Anfügen dieses Suffixes an den Stamm der 3. Person Plural. Es wird nur von unvollendeten Verben gebildet. Dieses Partizip ist - wie jedes Adverb - unflektierbar und drückt die Gleichzeitigkeit eines Handlungsablaufes des Hauptverbs aus.

Unser Beispiel: (...) *niosąc gałązkę jaśminu, wracał znad Wisły do domu.*

3. Das adjektivische Partizip Passiv haben sowohl *vollendete* als auch *unvollendete* (in der Regel transitive) Verben. Es wird mit den Suffixen -**ny**, -**ony** oder -**ty** gebildet.

a) Mit dem Suffix -**ny** werden Partizipien gebildet von Verben auf -**ać**, -**ować**, -**ywać/-iwać** und -**eć** (außer der Verben, die zur X. Gruppe gehören): durch Anfügen dieses Suffixes an den Infinitivstamm.

Achtung! Bei Verben auf -**eć** findet ein Vokalwechsel von **e** zu **a** statt!

b) Mit dem Suffix -**ony** werden Partizipien gebildet von Verben auf -**ić/-yć** (außer der VII. Gruppe): vom Stamm der 1. Person Singular; von Verben auf -**ść**, -**źć** und -**c**: vom Stamm der 2. Person Singular.

Anmerkung: Von den unregelmäßigen Verben soll man noch das Verb *znaleźć* erwähnen, weil es das Partizip Passiv nicht vom Präsensstamm bildet, sondern vom Infinitivstamm: *znaleziony*.

Achtung! Im Nominativ Plural des maskulinen personalen Genus wird das Suffix **-ony** zu **-eni**!

c) Mit dem Suffix **-ty** werden Partizipien gebildet von Verben auf **-nąć**, **-ąć** und von einsilbigen Verben auf **-ić'-yć**, die zu der VII. Gruppe gehören. Diese Partizipien bildet man vom Infinitivstamm.

Achtung! Bei Verben auf **-nąć** und **-ąć** findet vor dem Suffix **-ty** ein Wechsel von **ą** zu **ę** statt! Und das **-ną** wird zu **-nię**-!

Beispiele: (...) *za przekazane mi życzenia Gwiazdkowe prześlę moje spóźnione, ale serdeczne...,* (...) *dziewczyna i chłopiec, przekornie odwróceni plecami do Piazza della Signoria. Tyś w niej zrodzony. Żar z rozgrzanego jej brzucha bucha.* (...) *usłyszysz chrapanie utrudzonego śniegu.* (...) *kwiat jest dany ...*

Das adjektivische Partizip Aktiv und das Adverbialpartizip der Gleichzeitigkeit in den verschiedenen Verbgruppen:

I.	-ający,	-ająca,	-ające,	-ający,	-ające;	-ając
II.	-ący,	-ąca,	-ące,	-ący,	-ące;	-ąc
III.	-ejący,	-ejąca,	-ejące,	-ejący,	-ejące;	-ejąc
IV.	-ujący,	-ująca,	ujące,	-ujący,	-ujące;	-ujące
V.	-ujący,	-ująca,	ujące,	-ujący,	-ujące;	-ujące
VI.	-ący,	-ąca,	-ące,	-ący,	-ące;	-ąc
VII.	-jący,	-jąca,	-jące,	-jący,	-jące;	-jąc
VIII.	-ący,	-ąca,	-ące,	-ący,	-ące;	-ąc
IX.	-ejący,	-ejąca,	-ejące,	-ejący,	-ejące;	-ejąc
X.	-ejący,	-ejąca,	-ejące,	-ejący,	-ejące;	-ejąc
XI.	-nący,	-nąca,	-nące,	-nący,	-nące;	-nąc
XII.	-ący,	-ąca,	-ące,	-ący,	-ące;	-ąc

Das adjektivische Partizip Passiv in den verschiedenen Verbgruppen:

I.	-any,	-ana,	-ane,	-ani,	-ane	
II.	-any,	-ana,	-ane,	-ani,	-ane	
III.	-any,	-any,	-ane,	-ani,	-ane	
IV.	-owany,	-owana,	-owane,		-owani,	-owane
V.	-ywany,	-ywana,	-ywane,		-ywani,	-ywane
	-iwany,	-iwana,	-iwane,		-iwani,	-iwane
VI.	-ony,	-ona,	-one,	-eni,	-one	
VII.	-ty,	-ta,	-te,		-ci	-te
VIII.	-any,	-ana,	-ane,	-ani,	-ane	
IX.	-any,	-ana,	-ane,	-ani,	-ane	
X.	-	-	-		-	-
XI.	-nięty,	-nięta,	-nięte,		-nięci,	-nięte
	-ęty,	-ęta,	-ęte,		-ęci,	-ęte
XII.	-ony,	-ona,	-one,	-oni,	-one	

Kein polnisches Verb kann alle Partizipien haben. Welche Partizipien ein Verb hat, hängt davon ab, ob es ein vollendetes oder unvollendetes, ein transitives oder intransitives Verb ist. Das Adverbialpartizip der Vorzeitigkeit wird mit anderen grammatischen Problemen im Anhang des Lehrbuchs besprochen.

Von vollendeten intransitiven Verben, die den Zustand, das Werden bezeichnen (es sind hauptsächlich Verben der X. und XI. Gruppe und einige andere mit ähnlicher Bedeutung) werden die adjektivischen Partizipien mit dem Suffix -ły gebildet, siehe Anhang.

Lautveränderungen in der Deklination und Konjugation

Vokalwechsel
Der folgende Wechsel von Vokalen kommt sowohl in der Deklination als auch in der Konjugation vor:

a : e			las - w lesie, miał - mieli
o : e	*und*	ó : e	niosę - niesie, kościół - w kościele
o : ó		ó : o	woda - wód, niosła - niósł, Bóg - Boga

ę : ą   ą : ę   ręka - rąk, dąb - dębu, zacząć - zaczęty

- : e   e : -   bajka - bajek, chłopiec - chłopca

                                 (-e-Einschub / Wegfall)

Konsonantenwechsel

1. Konsonantenwechsel, der sowohl in der Deklination als auch in der Konjugation vorkommt:

p	: pi	lipa - na lipie, sypać - sypie
b	: bi	ryba - o rybie, słaby - słabi, rąbać - rąbie
m	: mi	mama - o mamie, kłamać - kłamie
n	: ń/ni	wino - w winie, piękny - piękni, moknę - moknie
t	: ć/ci	kot - o kocie, bogaty - bogaci, plotę - plecie
d	: dź/dzi	woda - w wodzie, młody - młodzi, siądę - siądzie
s	: ś/si	nos - w nosie, niosę - niesie
z	: ź/zi	wóz - na wozie, wiozę - wiezie
ł	: l	szkoła - w szkole, mały - mali, był - byli
r	: rz	góra - na górze, chory - chorzy
k	: cz	żuk - żuczek, płakać - płacze
g	: ż	Bóg - o Boże!, mogę - możesz

2. Konsonantenwechsel, der nur in der Deklination vorkommt:

f	: fi	szafa - w szafie
w	: wi	kawa - przy kawie, zdrowy - zdrowi
ch	: ś/si	Włoch - Włosi, głuchy - głusi
st	: śc/ści	list - w liście, tłusty - tłuści
zd	: źdź/ździ	gwiazda - gwieździe
k	: c	matka - o matce, wysoki - wysocy
g	: dz	noga - na nodze, ubogi - ubodzy
ch	: sz	mucha - o musze
sk	: sc	Polska - w Polsce, polski - polscy
zg	: zdz	rózga - rózdze

3. Konsonantenwechsel, der nur in der Deklination der Substantive vorkommt:

c	**: cz**	ojciec - ojcze!
dz	**: ż**	ksiądz - księża

4. Konsonantenwechsel, der nur in der Deklination der Adjektive vorkommt:

sz	**: ś/si**	młodszy - młodsi
ż	**: ź/zi**	duży - duzi

5. Konsonantenwechsel, der nur in der Konjugation vorkommt:

ć/ci	: **c**	lecieć	- lecę
dź/dzi	: **dz**	chodzić	- chodzę
ś/si	: **sz**	prosić	- proszę
ź/zi	: **ż**	łazić	- łażę
ść/ści	: **szcz**	gościć	- goszczę
źdź/ździ	: **żdż**	jeździć	- jeżdżę
s	: **sz**	pisać	- piszę
z	: **ż**	wiązać	- wiążę
t	: **cz**	trzepotać	- trzepocze
st	: **szcz**	świstać	- świszcze
sk	: **szcz**	pluskać	- pluszcze
zd	: **żdż**	gwizdać	- gwiżdżę
(w	: **j)**	dawać	- daję

Übungen – Ćwiczenia

1. *Beschreiben Sie die im Text gebrauchten Verbformen.*

2. *Beschreiben Sie die Wortbildung dieser Verbalsubstantive:* pisanie, siedzenie, stworzenie, potwierdzenie, zdziwienie, zobaczenie, palenie, powtarzanie, obgadanie, jedzenie. *Finden Sie (oder bilden Sie) Sätze, in denen einige davon vorkommen.*

3. *Setzen Sie die eingeklammerten Wörter in die entsprechende Form*: Pan Clempner pisze na (maszyna) bez (wysiłek) i bez (błędy). Clempner chce zaprosić (państwo Donnelowie) na (kolacja). Do (pokój) wchodzi (dwa posłańcy) ze (skrzynia). Ze (skrzynia) wychodzi robot i kłania się (pan Clempner). Clempner nie potrzebuje (robot) w (dom). W (pokój) poza (lampy, maszyna do pisania, magnetofon, radio i spory bar) nie ma (rzeczy wstrząsające). Ten pokój jest (pracownia) pana Clempnera. Robot chce być (służący) u (pan Clempner). Robot nie lubi (roboty). Robot wyznaje (pan Clempner), że lubi tylko (ludzie). Dzwoni telefon, ale pan Clempner nie podnosi (słuchawka). Clempner podchodzi do (maszyna) i czyta tekst (powieść kryminalna), której jest (autor).

4. *Suchen Sie aus dem Wörterbuch Redewendungen mit dem Wort* sposób *heraus, die Sie in Ihrem Sprachgebrauch verwenden könnten.*

Tłumaczenie na język niemiecki: Pisarz czeski Karel Čapek wymyślił słowo *robot* na określenie masowo fabrykowanej sztucznej istoty, będącej imitacją człowieka pod względem wyglądu i zachowania; tego terminu używa on w komedii utopijnej *R.U.R.*

LEKTION ZWANZIG

Lektüre – Lektura

Andrzej Bursa (1932 - 1957)

Mroźny wieczór

Żona   Nie idź nigdzie lepiej w domu siedź
Coraz niżej w termometrze rtęć
Lód chodniki poskuwał bose
Noc taka czarna jak smutek

Ja   Kupię tylko w budce papierosy
Zaraz do ciebie powrócę

Żona   Miły miasto w biały grób się kładzie
Starą fajkę znalazłam w szufladzie
Albo lepiej zrobię ci herbaty

Ja   Miła miła nie mam tytoniu
Przetrząsnąłem wszystkie schowki w domu
Bez tytoniu tylko siąść i płakać

Żona   Miły miły lepiej w domu siedzieć
Mróz czatuje jak biały niedźwiedź
Lodowaty polarny i dziki
Noc taka czarna jak smutek

Ja   Mam na niego broń nie lada jaką
Mam wełniane ciepłe nauszniki
Które dla mnie zrobiłaś na drutach

1956

Vokabeln – Słowniczek

broń *f*	Waffe
budka *f*	Bude, Hütte,Stand
chodnik *m*	Gehsteig
grób *m*	Grab
lód *m*	Eis
miasto *n*	Stadt
nauszniki *m pl*	Ohrenklappen
papieros *m*	Zigarette
robić *impf*	tun, machen
robić na drutach	stricken
rtęć *f*	Quecksilber
schowek *m*	Fach
smutek *m*	Traurigkeit
tytoń *m*	Tabak

Grammatik – Gramatyka

Das Ableitungssuffix -owaty

1. *lód - lodowaty*: Das Ableitungssuffix **-owaty** hat hier eine vergleichende Funktion: *jak lód* 'eiskalt'. Es gibt im Polnischen 1000 Beispiele für Adjektive auf **-owaty**. Diese Adjektive werden (mit wenigen Ausnahmen) von Substantiven gebildet. Manchmal hat das Suffix **-owaty** auch eine andere Funktion, vgl. *pagórkowaty* (*pagórek*) -'hügelig', *piegowaty* (*pieg*) -'sommersprossig'.

2. *nie lada jaką* (*Akk.*): 'nicht irgendeine' = 'eine, die schon was bedeutet'; *nie lada* ist ein expressiver Ausdruck, der dann gebraucht wird, wenn man den Wert einer Sache oder einer Person unterstreichen möchte: *to jest nie lada kto* 'das ist schon jemand'. Das Wort *lada* ohne *nie* würde in diesem Fall das Gegenteil bedeuten. Im Sprachgebrauch kommen Beispiele mit der ersten Bedeutung häufiger vor. Das Wort *lada* ohne *nie* wird dafür oft bei Zeitangaben gebraucht: *lada dzień* 'in den nächsten Tagen', *lada chwila, lada moment* 'jeden Augenblick', 'jeden Moment'.

Besonderheiten der Deklination

Einige Sonderformen der Deklination sind uns schon bekannt: *brat - bracia, ksiądz - księża, dziecko - dzieci, rok - lata, człowiek - ludzie, ręka - ręce, oko - oczy, ucho - uszy, imię, imienia - imion, muzeum - muzea, dzień - dni (dnie), tydzień - tygodnie, poeta - poeci.*

Folgende Substantive sind noch nennenswert:

1. Personale Maskulina auf **-anin**: *Rzymianin* 'Römer', *chrześcijanin* 'Christ', *republikanin* 'Republikaner'.

Bei allen personalen Substantiven auf **-anin** wird der Stamm im Plural um das **-in** verkürzt:

Nom.	Rzymianie	chrześcijanie	republikanie
Gen.	Rzymian	chrześcijan	republikanów
Dat.	Rzymianom	chrześcijanom	republikanom
Akk.	Rzymian	chrześcijan	republikanów
Instr.	Rzymianami	chrześcijanami	republikanami
Lok.	Rzymianach	chrześcijanach	republikanach

Im Genitiv Plural sind die Substantive auf **-anin** entweder endungslos oder enden sie auf **-ów**. Endungslos sind vor allem Namen von Bewohnern von Städten und Ländern. Wir finden aber auch Ausnahmen: *Amerykanin - Amerykanów, Afrykanin - Afrykanów, Meksykanin - Meksykanów*. Und noch etwas: Namen von Bewohnern von Ländern schreibt man immer groß! Namen von Bewohnern von Städten, von Bekennern eines Glaubens etc. werden immer klein geschrieben!

2. *przyjaciel* 'Freund', *nieprzyjaciel* 'Feind'

Die Pluralformen sind unregelmäßig:

Nom.	przyjaciele	nieprzyjaciele
Gen.	przyjaciół	nieprzyjaciół
Dat.	przyjaciołom	nieprzyjaciołom
Akk.	przyjaciół	nieprzyjaciół
Instr.	przyjaciółmi	nieprzyjaciółmi
Lok.	przyjaciołach	nieprzyjaciołach

3. *zwierzę* 'Tier'

Bei der Deklination ändert sich der Stamm:

	Singular	*Plural*
Nom.	zwierzę	zwierzęta
Gen.	zwierzęcia	zwierząt
Dat.	zwierzęciu	zwierzętom
Akk.	zwierzę	zwierzęta
Instr.	zwierzęciem	zwierzętami
Lok.	zwierzęciu	zwierzętach

Dazu gehören auch einige andere Beispiele, wie *dziewczę* 'Mädchen', *jagnię* 'Lamm' oder *źrebię* 'Fohlen'. Diese Substantive sind Neutra.

Anmerkung: Das Wort *dziewczę* wird heute nur im poetischen Stil gebraucht - *dziewczęta* kann unabhängig vom Stil gebraucht werden. Unabhängig vom Stil ist auch das Synonym *dziewczyna*, wobei die Pluralform *dziewczyny* mehr umgangssprachlich ist.

4. *książę* 'Fürst' und *księżna* 'Fürstin' (Das Substantiv *książę* ist natürlich maskulin).

Singular

Nom.	książę	księżna
Gen.	księcia	księżnej
Dat.	księciu	księżnej
Akk.	księcia	księżnę, księżną
Instr.	księciem	księżną
Lok.	księciu	księżnej

Plural

Nom.	książęta	księżne
Gen.	książąt	księżnych
Dat.	książętom	księżnym
Akk.	książąt	księżne
Instr.	książętami	księżnymi
Lok.	książętach	księżnych

5. *sędzia* 'Richter', *hrabia* 'Graf'

Diese Substantive haben im Genitiv, Dativ und Akkusativ Singular adjektivische Endungen; im Nominativ Plural haben sie die Endung **-owie**:

Nom.	sędzia	hrabia
Gen.	sędziego	hrabiego
Dat.	sędziemu	hrabiemu
Akk.	sędziego	hrabiego
Instr.	sędzią	hrabią
Lok.	sędzi	hrabi

6. *mężczyzna* 'Mann', *sługa* 'Diener'
Diese Substantive unterscheiden sich von den anderen maskulinen Substantiven auf -a, denn sie sind im Genitiv Plural endungslos:

Nom.	mężczyźni	słudzy
Gen.	mężczyzn	sług
Dat.	mężczyznom	sługom
Akk.	mężczyzn	sługów
Instr.	mężczyznami	sługami
Lok.	mężczyznach	sługach

Anmerkung: Das Substantiv *mężczyzna* hat auch im Akkusativ Plural keine Endung.

7. *Fredro, Jagiełło, Goethe, Hilary*

Nom.	Fredro	Jagiełło	Goethe	Hilary
Gen.	Fredry	Jagiełły	Goethego	Hilarego
Dat.	Fredrze	Jagielle	Goethemu	Hilaremu
Akk.	Fredrę	Jagiełłę	Goethego	Hilarego
Instr.	Fredrą	Jagiełłą	Goethem	Hilarym
Lok.	Fredrze	Jagielle	Goethem	Hilarym

Anmerkung: Familiennamen auf -o, die fremder Herkunft sind, werden sehr oft nicht dekliniert.

8. *Niemcy* 'Deutschland' und 'Deutsche', *Włochy* 'Italien', *Węgry* 'Ungarn'

Der Lokativ von *Niemcy* 'Deutschland', *Włochy* und *Węgry* hat die Endung **-ech** (und nicht **-ach**!).

Nom.	Niemcy	Włochy	Węgry
Gen.	Niemiec	Włoch	Węgier
Dat.	Niemcom	Włochom	Węgrom
Akk.	Niemcy	Włochy	Węgry
Instr.	Niemcami	Włochami	Węgrami
Lok.	Niemczech	Włoszech	Węgrzech

Achtung! Man sagt: *Jadę do Niemiec, do Włoch,* aber: *na Węgry!* - *Byłam w Niemczech, we Włoszech,* aber: *na Węgrzech!* Der Genitiv, Akkusativ und Lokativ von *Niemcy* 'Deutsche' lauten: *Niemców, Niemców* und o *Niemcach.*

9. *pieniądz* 'Geld', *tysiąc* 'Tausend', *zając* 'Hase', *miesiąc* 'Monat'

Diese Substantive haben im Genitiv Plural die Form: *pieniędzy, tysięcy, zajęcy, miesięcy:*

Nom.	pieniądze	tysiące	zajace	miesiące
Gen.	pieniędzy	tysięcy	zajęcy	miesięcy
Dat.	pieniądzom	tysiącom	zajacom	miesiącom
Akk.	pieniądze	tysiące	zajace	miesiące
Instr.	pieniędzmi	tysiącami	zajacami	miesiącami
Lok.	pieniądzach	tysiącach	zajacach	miesiącach

Achten Sie auf die Form: *pieniędzmi!*

Für das deutsche 'Geld', 'ich habe Geld' wird im Polnischen die Pluralform *pieniądze, mam pieniądze* im täglichen Gebrauch benutzt.

10. *państwo* 'Herr' und 'Frau', 'Herrschaften' und *państwo* 'Staat'

Das Neutrum *państwo* in der 2. Bedeutung 'Herrschaften' wird im Singular und Plural deklininiert.

Nom.	państwo	państwa
Gen.	państwa	państw
Dat.	państwu	państwom
Akk.	państwo	państwa
Instr.	państwem	państwami
Lok.	państwie	państwach

In der 1. Bedeutung 'Herr' und 'Frau' wird *państwo* nur im Singular gebraucht. Der Akkusativ bekommt dann die Endung -**a** (nicht -**o**) und der Lokativ die Endung -**u** (nicht -**e**)!

Nom.	państwo	Michalscy	państwo	Matysiakowie
Gen.	państwa	Michalskich	państwa	Matysiaków
Dat.	państwu	Michalskim	państwu	Matysiakom
Akk.	państwa	Michalskich	państwa	Matysiaków
Instr.	państwem	Michalskimi	państwem	Matysiakami
Lok.	państwu	Michalskich	państwu	Matysiakach

Alle mit dem Substantiv in Verbindung stehenden Wortarten werden im Plural gebraucht, z.B. *Szanowni Państwo! Drodzy Państwo! Państwo młodzi* 'Brautpaar' *wyjechali do Paryża.*

11. Einige Substantive werden nur im Plural gebraucht, z.B. *okulary - okularów, spodnie - spodni, drzwi - drzwi, usta* 'Mund' *- ust, ferie - ferii, wakacje - wakacji, urodziny - urodzin, imieniny - imienin, perfumy - perfum, odwiedziny* 'Besuch' *- odwiedzin;* geographische Bezeichnungen und Ortsnamen: *Alpy - Alp, Chiny - Chin, Indie - Indii, Czechy - Czech, Niemcy - Niemiec, Prusy - Prus, Włochy - Włoch, Węgry - Węgier, Katowice - Katowic, Gliwice - Gliwic, Wadowice - Wadowic, Helsinki - Helsinek, Ateny - Aten, Syrakuzy - Syrakuz.*

Übungen – Ćwiczenia

1. *Teilen Sie alle Verben* (Lektura I - IV) *in Verbgruppen ein.*

2. *Übertragen Sie den poetischen Dialog in die Umgangssprache.*

3. *Setzen Sie die eingeklammerten Wörter in die entsprechende Form:* Żona zrobiła dla (mąż) ciepłe nauszniki z (wełna). Lepiej siedzieć w (dom) i pić (gorąca herbata). W (miasto) na (chodniki) jest lód. (Taki mróz) jeszcze u nas nie było. Nie mogę znaleźć (twoja stara fajka) i (wełniane nauszniki). Czy widziałeś już (biały polarny niedźwiedź)? Kup mi, proszę, w (budka) papierosy. Palenie w (piec) jest zdrowsze niż palenie (papierosy).

4. *Suchen Sie aus dem Wörterbuch Beispiele für Substantive oder Adjektive heraus, die man von dem Wort lód ableiten kann.*

Tłumaczenie na język polski: Rauchst du? Ja, ich rauche, aber ich habe keine Zigarette. In der Schachtel sind noch zwei Zigaretten, du kannst eine haben. Aber hier können wir nicht rauchen, man darf hier nicht rauchen. Warum nicht? Kannst du nicht lesen? „Rauchen verboten". Gehen wir dahin! Siehst du den Mann, der auf der Bank sitzt und eine Pfeife raucht? Der Platz neben ihm ist frei.

LEKTION EINUNDZWANZIG

Lektüre – Lektura

Jarosław Iwaszkiewicz (1894 - 1980)

Opowiadanie szwajcarskie
(fragment)

(...) W październiku 1940 roku zrobiło się bardzo chłodno i spadły pierwsze śniegi, jeszcze zielono, a już naokoło naszego szaletu gromadziły się całe góry lodowe, bo to i rozmarzło, i zamarzło, jak to w jesieni. Pewnego dnia o zmroku zadzwonił ktoś do naszej furtki. Bardzo nas to zdziwiło. Nikt nigdy nie dzwonił do niej, nie pozwalaliśmy przychodzić nawet żadnemu dostawcy i okoliczni mieszkańcy od dawna wiedzieli, że dobijanie się do naszej bramy będzie bezskuteczne.
Tym razem jednak dzwonek przy furtce był do tego stopnia zastanawiający, rozległ się zresztą dosyć natarczywie trzy razy, że Lila powiedziała do mnie: idź, otwórz, to może być coś ważnego. Przeżywamy przecież wojnę. (...) Gdy podszedłem do oblodzonej furtki ścieżką przetartą przeze mnie tego rana, a już w części zasypaną nowymi opadami - ujrzałem za kratą stojącego nieużego i szczupłego młodego mężczyznę. Powiedział on mi skromnie „bonjour" i przez kratę bramy wyciągnął do mnie list w dużej, staroświeckiej białej kopercie. Na kopercie był nadruk doktora L. z Genewy, wziąłem więc szybko list do ręki i nie czekając na jego przeczytanie otworzyłem furtkę chłopcu. Stanął przede mną i niemym gestem wskazał list.
Otworzyłem natychmiast, jeszcze na śniegu, ten list i odczytałem z pewną trudnością starcze pismo doktora.
Pisał mi, że oddawca niniejszego listu, młody Polak, Zygmunt Więcierzak, należy do tych żołnierzy, którzy walczyli we Francji i przeszli granicę szwajcarską. Że znajdował się on pod opieką polskiej kolonii w Genewie, że zaczął pracować, niestety jednak lekarze skonstatowali u niego zagrożenie gruźlicą i zalecili pobyt w jakiejś wysoko położonej miejscowości.
(...) Poprosiłem młodego człowieka do mieszkania, zostawiłem go w hallu na dole, a sam poszedłem do żony, aby ją zawiadomić o niezwykłym fakcie, który mógł całkowicie zburzyć naszą wymarzoną samotność. Nie znaliśmy go, nie wiedzieliśmy, jaki on jest, jak się życie nasze z nim może

ułożyć, jak będzie sprawował swoje obowiązki i czy nie okaże się natrętem, i czy nie zniszczy naszego spokoju i naszego odosobnienia. (...)
Moja żona była w rozpaczy - jednak w końcu to ona powiedziała:
- Cóż robić - nie możemy odmówić doktorowi L. Nie możemy nie przyjąć
tego biedaka. Spróbujmy, może to nie będzie takie trudne, jak się to nam
w tej chwili wydaje. (...) Zygmunt siedział spokojnie, nie zanadto
skromnie, ale nie rozglądał się na boki, nie obserwował moich trofeów,
rozwieszonych po ścianach, ani obrazów, zdawał się być jakiś skupiony i
na jego chudej twarzy widniał niezwykły, poważny i bardzo jasny
uśmiech.
Dlatego mogę tak opisać ten uśmiech, że stał się on na parę lat jakby nicią
przewodnią naszego życia i że do dziś dnia widzimy go - i ja, i, jestem tego pewien, moja żona - na twarzy tego chłopca, chociaż nie bardzo umiał-
bym wyłożyć znaczenie tego uśmiechu. Ten człowiek miał odegrać bardzo
dużą rolę w naszym życiu. Najlepszym dowodem jest, że zapamiętaliśmy
od razu jego nazwisko i potrafimy je wymówić, choć brzmi ono bardzo
trudno dla naszego ucha. Zygmunt Więcierzak stał się dla nas kimś.
Siedział spokojnie i wstał bez pośpiechu, kiedy się do niego zbliżyłem.
Okazało się na szczęście, że mówi wcale możliwie - oczywiście okropnym
akcentem - po francusku, gdyż był jeszcze przed wojną przez dłuższy czas
w Paryżu. Przynajmniej więc porozumienie się z nim nie przedstawiało
dla nas większej trudności.
Na pierwszy ogień kazałem mu narąbać drew. Mówiłem już panu, że nie
miałem predylekcji do tej roboty i cieszyłem się, że ktoś potrafi mnie w
niej zastąpić. (...) Lila ugotowała właśnie herbatę i siedzieliśmy w jej
pokoju popijając gorący płyn - w mieszkaniu było dosyć chłodno - kiedy
doleciał nas z drewutni odgłos rąbania drzewa. Nie umiem panu opisać, co
to było i na czym dokładnie polegało. Może na wybitnym poczuciu rytmu,
jaki miał ten człowiek, który zapewne w swojej ojczyźnie tańczył nieraz te
wasze niesłychane tańce, nie mające sobie równych w Europie.
Otóż to, co dobiegało nas z tego miejsca, gdzie Zygmunt Więcierzak rąbał
drzewo, było podobne do muzyki, do koncertu, do jakiegoś dramatycznego tańca. To pukanie było rytmiczne i radosne, wesołe do niemoż-
liwości i jakby opowiadające jakąś zabawną historyjkę. Zygmunt uderzał
sobie spokojnie, raz, raz, raz, raz - a potem nagle, jak gdyby wybuchał
śmiechem, jego uderzenia rozsypywały się drobnymi i szybkimi ciosami
jak gdyby jakimś niepowstrzymanym chichotem.
Uderzenia to zwalniały, to przyśpieszały swój rytm, zachowując stale to
samo „tempo" - coś jak w mazurkach Chopina. No, mówię panu, to było

niebywałe. Nieraz potem słuchaliśmy przecie tego z żoną - ale ten pierwszy raz to był koncert niezapomniany.

Odstawiliśmy nasze filiżanki z herbatą i popatrzyliśmy na siebie zdziwieni. Nigdy nic podobnego nie słyszałem ani ja, ani moja żona.

- Słyszysz? - spytałem tylko.

A ona odpowiedziała:

- Widzisz, ja od razu mówiłam, że będziemy mieli z niego pożytek.

I rzeczywiście mieliśmy z niego pożytek. (...)

Vokabeln – Słowniczek

biedak *f*	armer Teufel
bok *m*	Seite
brama *f*	Tor
chichot *m*	Gekicher
cios *m*	Schlag
dostawca *m*	Lieferant
dowód *m*	Beweis
drewno	Holz
drwa *pl*	Holz, Brennholz
drewutnia *f*	Holzkammer
drzewo	Baum
furtka *f*	Pforte
gest *m*	Geste
granica *f*	Grenze
gruźlica *f*	Tuberkulose
koperta *f*	Umschlag
krata *f*	Gitter
mężczyzna *m*	Mann
miejscowość *f*	Ortschaft
mieszkaniec *m*	Einwohner, Bewohner
nadruk *m*	Aufdruck
natręt *m*	Zudringling
nazwisko *n*	Zuname
nić *f*	Faden
obowiązek *m*	Pflicht
obraz *m*	Bild
oddawca *m*	Überbringer
odosobnienie *n*	Abgeschiedenheit
ogień *m*	Feuer

na pierwszy ogień	zuerst, zu Beginn
ojczyzna *f*	Vaterland
opad *m*	Niederfall
opieka *f*	Schutz, Obhut
pismo *n*	Schrift
pobyt *m*	Aufenthalt
poczucie *n*	Gefühl
pośpiech *m*	Eile
pożytek *m*	Nutzen
predylekcja *f*	Vorliebe
płyn *m*	Flüssigkeit
rano *n*	Morgen
rozpacz *f*	Verzweiflung
samotność *f*	Einsamkeit
stopień *m*	Grad
ścieżka *f*	Fußweg
taniec *m*	Tanz
trudność *f*	Schwierigkeit
uśmiech *m*	Lächeln
zmrok *m*	Dämmerung

Grammatik – Gramatyka

Das Suffix -*ca*

Dostawca, oddawca: Mit dem Suffix -**ca** werden von Verben maskulinen Nomina agentis gebildet; es gibt über 300 Beispiele dafür. Diese Substantive können von verschiedenen Verben abgeleitet werden, z.B. von Verben auf -**ać**: *kłamca* 'Lügner', *nadawca* 'Absender', *wydawca* 'Herausgeber', *sprzedawca* 'Verkäufer'; von Verben auf -**ić**: *obrońca* 'Verteidiger', *uchodźca* 'Flüchtling'; von Verben auf -**ować**: *kierowca* 'Fahrer', *naśladowca* 'Nachahmer'; von Verben auf -**źć**: *znalazca* 'Finder', *wynalazca* 'Erfinder'. In der neueren Sprache sind vor allem Komposita entstanden, z.B. *pracodawca* 'Arbeitgeber', *rzeczoznawca* 'Sachkundige', *krwiodawca* 'Blutspender', vgl. Beispiele in der 1. Lektion, Gramatyka.

Die Funktion des Instrumentals

1. Der Instrumental wird gewöhnlich als Kasus *des Mittels* und *des Werkzeuges* angesehen (im Deutschen entspricht dieser Instrumentalfunktion die Konstruktion: *mit* + Dativ): *pisać piórem* 'mit der Feder schreiben'; *jechać tramwajem, pociągiem* 'mit dem Zug', *autobusem*; (...) *przekornie odwróceni plecami do Piazza della Signoria* (Brandstaetter); *ona znudzonym wzrokiem wpatruje się w pustą filiżankę* (Brandstaetter); (...) *może nie przedzieli nas pięcioma piętrami zepsuta winda* (Staff).

Im Polnischen wird der Instrumental noch gebraucht:

2. bei Bewegungsverben als Instrumental des Ortes: *idę polem, lasem*; *miejscami* 'stellenweise' *padał deszcz*;

3. als Instrumental der Zeit, um einen Vorgang zeitlich zu bestimmen: *pracuję* 'ich arbeite' *dniem i nocą, wieczorem idziemy do teatru; jesienią sady się rumienią* (Konopnicka);

4. seltener als Instrumental der Art und Weise: (...) *zamiast schodzić ostrożnie i cichaczem, pędzę po stromych schodach ...* (Parandowski). Es handelt sich hier um eine lexikalisierte Form des Instrumentals: (...) *po namyśle podaję jedno z imion, którym* (= *imieniem*) *mnie wołają* (Parandowski). Ebenso: (*takim, swoim, starym*) *obyczajem*: *... teraz nie mogę, bo swoim obyczajem choruję* (Tuwim);

5. als Objekt der Tätigkeit nach einigen Verben: *a wiatr kołysze zielonymi liśćmi* (Miłosz); vor allem sind das Verben, die eine Beschäftigung mit einer Sache ausdrücken (meist intransitive Reflexivverben): *on pali fajkę i bawi się pustym pudełkiem po zapałkach* (Brandstaetter); *dziadek... zajmuje się już tylko jedzeniem* (Parandowski); *interesować się literaturą; handlować maszynami: rządzić państwem*;

6. nach den kopulativen Hilfsverben *być, zostać* oder *stać się, robić się* und *zrobić się* als Bestandteil des nominalen Prädikats: *jestem rodowitą Polką, byłem pierwszym pisarzem polskim z kraju..., jedyną moją książką, którą przeczytała, była ...* (Dygat); (...) *dla których rokiem bywa jedna chwila* (Miłosz); *jeżeli Maciusia zrobicie królem..., jakże on może być królem?* (Korczak); *Ty jeden wiesz, jaką olbrzymią radością jest przyznanie*

Ci nagrody państwowej, ... większym szczęściem jest dla mnie Twoja nagroda niż moja własna (Tuwim).

Ebenso: *zrobić (kogo) kim, czym, nazywać (kogo) kim, czym:* (...) *jeżeli Maciusia zrobicie królem; ... nazywają go następcą tronu* (Korczak).
Achtung! Nach *nazywać się* und dem Demonstrativpronomen *to* folgt der Nominativ: *Nazywa się Kowalski. Jan to mój przyjaciel* (...) *a polski to mój język ojczysty* (Dygat).

Das sind die wichtigsten Funktionen des polnischen Istrumentals. Manchmal kommt er auch in unpersönlichen Satzkonstruktionen vor, z.B. *pachnie kawą* 'es duftet nach Kaffee'. Außer mit Verben kann der Instrumental nur mit deverbativen Substantiven gebraucht werden, und zwar in der gleichen Bedeutung wie nach Verben: *pisanie piórem, chodzenie lasem, praca nocą, interesowanie się literaturą.*

Zur Wiedergabe deutscher Komposita

In der deutschen Sprache werden sehr oft zwei oder sogar mehrere Substantive zusammengesetzt. Solche Verbindungen sind in der polnischen Sprache fremd. Dafür gibt es: Substantive mit Adjektiven oder zwei nebeneinander stehende Substantive, z.B.

Flußdampfer	parowiec rzeczny
Kraftstoff	materiał pędny
Fernzüge	pociągi dalekobieżne
Luftpost	poczta lotnicza
Flugzeit	czas lotu (przelotu)
Flugzeugentführung	porwanie samolotu

Darüber hinaus haben wir im Polnischen zahlreiche präpositionelle Konstruktionen:

dla + Genitiv

Arbeitslosenhilfe	zasiłek dla bezrobotnych
Raucherabteil	przedział dla palących
Kinderspielplatz	plac zabaw dla dzieci
Jugendschriftsteller	autor książek dla młodzieży

do + Genitiv

Schreibmaschine	maszyna do pisania
Lesebrille	okulary do czytania
Arbeitstisch	stół do pracy
Gesichtscreme	krem do twarzy
Zahnbürste	szczoteczka do zębów
Waschpulver	proszek do prania

dookoła + Genitiv

Weltreise	podróż dookoła świata

na + Akkusativ

Lebensversicherung	ubezpieczenie na życie
Arbeitserlaubnis	pozwolenie na pracę
Zukunftspläne	plany na przyszłość
Bücherschrank	szafa na książki
Briefkasten	skrzynka na listy
Christbaumschmuck	ozdoba na choinkę
Herztropfen	krople na serce
Bajonettkampf	walka na bagnety

na + Lokativ

Klavierspiel	gra na fortepianie
Glasmalerei	malowanie na szkle
Grabschrift	napis na grobie
Gipfelkonferenz	konferencja na szczycie
Skilauf	jazda na nartach

o + Akkusativ

Arbeitsvertrag	umowa o pracę
Freiheitskampf	walka o wolność
Schülerfahrtkostenantrag	podanie o pokrycie kosztów przejazdów ucznia

od + Genitiv

Kopfschmerztabletten	tabletki od bólu głowy
Arbeitslosenversicherung	ubezpieczenie od bezrobocia
Lohnsteuer	podatek od wynagrodzenia
Schlüsselloch	dziurka od klucza
Wohnungsschlüssel	klucz od mieszkania

po + Lokativ

Bierflasche	butelka po piwie
Bahnumlauf	obieg po orbicie
Europareise	podróż po Europie
Präsidentenwitwe	wdowa po prezydencie

przy + Lokativ

Arbeitsunfall	wypadek przy pracy
Kaffeeklatsch	ploteczki przy kawie

w + Akkusativ

Kartenspiel	gra w karty
Versteckspiel	zabawa w chowanego
Herzstoß	cios w serce

z (ze) + Genitiv

Schneemann	bałwan ze śniegu

z + Instrumental

Spielwarenladen	sklep z zabawkami

za + Akkusativ

„Dreigroschenoper"	„Opera za trzy grosze"

Übungen – Ćwiczenia

1. *Bilden Sie zu den im Text vorhandenen Verben die Infinitivformen und teilen Sie sie in Verbgruppen ein.*

2. *Beschreiben Sie die Bildung der im Text vorhandenen Verbalsubstantive und erklären Sie ihre Funktion im Satz.*

3. *Beschreiben Sie die Funktion des Instrumentals an Beispielen, die im Text auftreten.*

LEKTION ZWEIUNDZWANZIG
Lektüre – Lektura

Roman Brandstaetter (1906 - 1988)

DOBROCZYNNA DŁOŃ
Krajobrazy włoskie

Przed domem Bernarda da Quintavalle w Asyżu, przyjaciela i ucznia świętego Franciszka, beztrosko drepcze gromada gołębi. Są miłe i łagodne. Ale oto z piętra dobroczynna dłoń rzuca im okruchy chleba. Gołębie, chociaż są dobrze podpasione, drapieżnie rzucają się na pokarm, wyrywają go sobie z dziobów i zawzięcie walczą o każdy kęs. Nie rozumiem, dlaczego te żarłoczne ptaki urosły do rozmiarów symbolu pokoju. Ale oto dobroczynna dłoń znika w oknie, a wtedy gołębie natychmiast łagodnieją i beztrosko skacząc po bruku są znowu symbolami pokoju.
Wszystkiemu jest winna dobroczynna dłoń...

Vokabeln – Słowniczek

bruk *m*	Straßenpflaster
chleb *m*	Brot
dziób *m*	Schnabel
dłoń *f*	Hand(fläche)
kęs *m*	Stück
okruch *m*	Brocken
pokarm *m*	Nahrung
rozmiar *m*	Größe

Grammatik – Gramatyka

Gołąb - gołębia - gołębie: Es gibt Substantive, die auf einen labialen Konsonanten enden **p, b, m, w**, der nur im Nominativ Singular hart ist; in allen anderen Fällen wird der harte Konsonant vor Vokalen erweicht. Das betrifft folgende maskuline Substantive: *cietrzew* 'Birkhahn', *drop* 'Trappe', *drób* 'Geflügel', *jastrząb* 'Habicht', *jedwab* 'Seide', *karp* 'Karpfen', *nów* 'Neumond', *ołów* 'Blei', *paw* 'Pfau', *szczaw* 'Sauerampfer', *tułów* 'Rumpf', *żółw* 'Schildkröte', *żuraw* 'Kranich' und *gołąb* 'Taube'. Dazu gehören auch alle femininen Substantive, z.B. *krew* 'Blut', *cerkiew* 'Kirche' sowie einige Ortsnamen: *Wrocław, Bytom, Zagrzeb.*

Zahlen***

Die Kardinalia von 50 bis 100: (von 1 bis 40 vgl.Lektion 9)

50	pięćdziesiąt	pięćdziesięciu
60	sześćdziesiąt	sześćdziesięciu
70	siedemdziesiąt	siedemdziesięciu
80	osiemdziesiąt	osiemdziesięciu
90	dziewięćdziesiąt	dziewięćdziesięciu
100	sto	stu

Die Kardinalia von 200 bis 1000:

200	dwieście	dwustu
300	trzysta	trzystu
400	czterysta	czterystu
500	pięćset	pięciuset
600	sześćset	sześciuset
700	siedemset	siedmiuset
800	osiemset	ośmiuset
900	dziewięćset	dziewięciuset
1000	tysiąc *m*	

Achtung! Bei *siedemset, osiemset* und *dziewięćset* ist die Betonung auf der drittletzten Silbe!

Die Zehner von 50 bis 90 werden wie *pięć* dekliniert, wobei der Auslaut des Stammes -ąt zu -ęci- verändert wird.

Die Hunderter *dwieście, trzysta* und *czterysta* enden in den anderen Kasus auf -u, also: *dwustu* (!), *trzystu* und *czterystu;* die Hunderter von 500 bis 900 werden wie *pięć* dekliniert + Endung -set, z.B. *samolot z pięciuset pięćdziesięcioma pięcioma pasażerami; pięćset pięćdziesiąt pięć studentek i pięciuset pięćdziesięciu pięciu studentów demonstruje*(!). Bei allen Kasus von *tysiąc* und *milion* steht das Substantiv im Genitiv Plural. *Tysiąc* und *milion* werden wie *unbelebte maskuline* Substantive dekliniert.

Die Zahl 100 *sto* hat in Verbindung mit einem Substantiv in allen Kasus (außer *Nom.* und *Akk.* der Sachform) die Form *stu*, im Instrumental wird manchmal auch die Form *stoma* gebraucht: *poszedł do sklepu ze stoma markami - ze stu sześćdziesięcioma markami w kieszeni.*

Die Ordinalia von 1 bis 90:

1	pierwszy
2	drugi
3	trzeci
4	czwarty
5	piąty
6	szósty
7	siódmy
8	ósmy
9	dziewiąty
10	dziesiąty
11	jedenasty
12	dwunasty
13	trzynasty
14	czternasty
15	piętnasty
16	szesnasty
17	siedemnasty
18	osiemnasty
19	dziewiętnasty
20	dwudziesty
30	trzydziesty
40	czterdziesty
50	pięćdziesiąty
60	sześćdziesiąty
70	siedemdziesiąty
80	osiemdziesiąty
90	dziewięćdziesiąty

Die Ordinalia von 100 bis 100000:

100	setny
200	dwusetny
300	trzechsetny
400	czterechsetny
500	pięćsetny
600	sześćsetny
700	siedemsetny
800	osiemsetny
900	dziewięćsetny
1000	tysięczny
2000	dwutysięczny
3000	trzytysięczny
4000	czterotysięczny
5000	pięciotysięczny
6000	sześciotysięczny
7000	siedmiotysięczny
8000	ośmiotysięczny
9000	dziewięciotysięczny
10000	dziesięciotysięczny
11000	jedenastotysięczny
12000	dwunastotysięczny
20000	dwudziestotysięczny
50000	pięćdziesięciotysięczny
100000	stutysięczny

Bei zweigliedrigen Ordinalia werden beide Teile dekliniert, z.B. *trzydziesty dziewiąty, trzydziestego dziewiątego* usw.

Bei mehrgliedrigen Ordinalia werden nur die letzten beiden Zahlen dekliniert: *na stronie* 'Seite' *sto pięćdziesiątej szóstej*; *w roku tysiąc dziewięćset osiemdziesiątym siódmym.*

Zeitangaben

1. *Którego dzisiaj mamy? - Dziś jest piąty września.*

Bei Angabe des Datums steht der Monat (und auch das Jahr) immer im Genitiv. Der Monatstag steht dann im Genitiv, wenn er auf die Frage *kiedy?* 'wann'? antwortet: *Semester zimowy zaczyna się dwudziestego października.*

Bei schriftlicher Angabe des Datums gibt es folgende Möglichkeiten:

a)   20. 10. 1986   r.
b)   20. X. 1986   r.
c)   20 X 1986   r.
d)   20 października (nicht październik!) 1986 r.

2. *Która godzina?* Die feminine Form *która* ohne Substantiv wird oft in bezug auf die Uhrzeit gebraucht: *Która jest teraz? Która to (godzina)?* - *Już ósma. Jest ósma.*

Das deutsche 'um' wird bei ganzen Stunden durch die Präposition *o* mit dem Lokativ wiedergegeben: *O której przyjdziesz? - O dziesiątej.*

Bei halben Stunden: *O wpół* (oder: *pół*) *do dziesiątej.*

Bei Viertelstunden: *Za kwadrans dziesiąta* 'viertel vor zehn', *kwadrans po dziesiątej* 'viertel nach zehn'

Bei amtlicher Zeitangabe werden die Stunden mit der Ordnungszahl, die Minuten mit der Grundzahl wiedergegeben: *dziesiąta trzydzieści, dziesiąta piętnaście, dziesiąta czterdzieści pięć.*

3. Tage und Tageszeiten: Bei Wochentagen erfolgt die Zeitangabe durch die Präposition *w* mit dem Akkusativ:

poniedziałek	-	w poniedziałek	Montag
wtorek	-	we wtorek	Dienstag
środa	-	w środę	Mittwoch
czwartek	-	w czwartek, we czwartek	Donnerstag
piątek	-	w piątek	Freitag
sobota	-	w sobotę	Sonnabend
niedziela	-	w niedzielę	Sonntag

Die Zeit 'vor' und 'nach': *dziś,dzisiaj*; davor: *wczoraj, przedwczoraj*; danach: *jutro, pojutrze*; *dzień wczorajszy, dzień dzisiejszy, dzień jutrzejszy.*

Nach der 'Tageszeit' *pora dnia* fragen wir: *O jakiej porze (dnia)? W jakiej porze?* - *Rano, przed południem, w południe, po południu, wieczorem?*

4. *W jakiej porze roku?* Die Jahreszeiten werden mit dem Instrumental ohne Präposition oder mit dem Lokativ und der Präposition *w* wiedergegeben: *jesień - jesienią, w jesieni* (aber auch: *na jesieni*); *zima - zimą, w zimie*; *wiosna - wiosną*, aber: *na wiosnę* (!); *lato - latem, w lecie.*

Bei Monaten wird die Zeit durch *w* mit Lokativ angegeben: *w styczniu, w lutym, w marcu, w kwietniu, w maju, w czerwcu, w lipcu, w sierpniu, we wrześniu, w październiku, w listopadzie, w grudniu.*

5. Die Präposition *za* bei Zeitangaben: *za* wird hier mit dem Akkusativ und mit dem Lokativ verbunden. *Za* mit Akkusativ bedeutet nach Ablauf 'von', 'in': *za rok, za dwa lata, za miesiąc, za tydzień, za dwa tygodnie, za godzinę, za chwilę: Za chwilę wracam z mięsem* (Parandowski).

Za mit Genitiv bedeutet 'zur Zeit von': *za Wilhelma II, za Karola IV, za Mieszka I: Za Mieszka I Polska stała się państwem chrześcijańskim (w 966 roku).*

Übungen – Ćwiczenia

1. *Setzen Sie die eingeklammerten Wörter in die entsprechende Form:* Nie pozwalaliśmy (nikt) przychodzić do (nasz szalet). Przy (brama) stał młody mężczyzna, który miał w (ręka) list. Wziąłem do (ręka) (biała staroświecka koperta) i wyciągnąłem z (koperta) list napisany przez (nasz stary przyjaciel) mieszkającego w (Genewa). Nie znaliśmy (ten młody mężczyzna), który przyjechał do (nasza górska miejscowość) z (Genewa). Żona powiedziała, że życie z (ten młody człowiek) może ułożyć się dobrze i że on nie zniszczy (nasz spokój). Nie odmówiłem (przyjaciel) i przyjąłem (ten młody człowiek) z (Polska), który odegrał (duża rola) w (moje życie). Nie potrafię wymówić (to nazwisko). Siedzieliśmy w (ciepły pokój) i słuchaliśmy (mazurki Chopina). Nie mogę opisać (ta muzyka, ten koncert, ten taniec). Nie widziałem nigdy (taki uśmiech) i nie słyszałem nigdy (taki głos). Nie lubię rąbać (drzewo). Nie lubię (samotność).

2. *Suchen Sie aus dem Wörterbuch Redewendungen mit dem Wort* szczęście *heraus, die Sie in Ihrem Sprachgebrauch verwenden könnten.*

ANHANG

Lektüre – Lektura

Jan Kochanowski (1530 - 1584)

FRASZKI
(Księgi trzecie)
Na dom w Czarnolesie

Panie, to moja praca, a zdarzenie Twoje;
Raczyż błogosławieństwo dać do końca swoje!
Inszy niechaj pałace marmórowe mają
I szczerym złotogłowem ściany obijają,
Ja, Panie, niechaj mieszkam w tym gniaździe ojczystym,
A Ty mię zdrowiem opatrz i sumnieniem czystym,
Pożywieniem ućciwym, ludzką życzliwością,
Obyczajami znośnymi, nieprzykrą starością.

zdarzenie	=	dar, błogosławieństwo
raczyż	=	racz że

Na zdrowie

Ślachetne zdrowie,
Nikt się nie dowie,
Jako smakujesz,
Aż się zepsujesz.
Tam człowiek prawie
Widzi na jawie
I sam to powie,
Że nic nad zdrowie
Ani lepszego,
Ani droższego;
Bo dobre mienie,
Perły, kamienie,
Także wiek młody
I dar urody,
Mieśca wysokie,

Władze szerokie
Dobre są, ale -
Gdy zdrowie w cale.
Gdzie nie masz siły,
I świat niemiły.
Klejnocie drogi,
Mój dom ubogi
Oddany tobie
Ulubuj sobie!

prawie = prawdziwie
mieśca = miejsca
w cale = w całości

Adam Mickiewicz (1798 - 1855)

Pan Tadeusz
Epilog (w. 64 - 69)

Dziś dla nas, w świecie nieproszonych gości,
W całej przeszłości i w całej przyszłości
Jedna już tylko jest kraina taka,
W której jest trochę szczęścia dla Polaka,
Kraj lat dziecinnych! On zawsze zostanie
Święty i czysty, jak pierwsze kochanie

SONETY KRYMSKIE
Burza

Zdarto żagle, ster prysnął, ryk wód, szum zawiei,
Głosy trwożnej gromady, pomp złowieszcze jęki,
Ostatnie liny majtkom wyrwały się z ręki,
Słońce krwawo zachodzi, z nim reszta nadziei.

Wicher z tryumfem zawył, a na mokre góry,
Wznoszące się piętrami z morskiego odmętu
Wstąpił genijusz śmierci i szedł do okrętu,
Jak żołnierz szturmujący w połamane mury.

Ci leżą na pół martwi, ów załamał dłonie,
Ten w objęcia przyjaciół żegnając się pada,
Ci modlą się przed śmiercią, aby śmierć odegnać.

Jeden podróżny siedział w milczeniu na stronie
I pomyślił: szczęśliwy, kto siły postrada,
Albo modlić się umie, lub ma z kim się żegnać.

Pan Tadeusz
(Księga XII: Kochajmy się!, w 843 - 855)

Słońce już gasło, wieczór był ciepły i cichy,
Okrąg niebios gdzieniegdzie chmurkami zasłany,
U góry błękitnawy, na zachód różany;
Chmurki wróżą pogodę, lekkie i świecące,
Tam jako trzody owiec na murawie śpiące,
Ówdzie nieco drobniejsze, jak stada cyranek.
Na zachód obłok na kształt rąbkowych firanek,
Przejrzysty, sfałdowany, po wierzchu perłowy,
Po brzegach pozłacany, w głębi purpurowy,
Jeszcze blaskiem zachodu tlił się i rozżarzał,
Aż powoli pożółkniał, zbladnął i poszarzał:
Słońce spuściło głowę, obłok zasunęło
I raz ciepłym powiewem westchnąwszy - usnęło.

Juliusz Słowacki (1809 - 1849)

W pamiętniku Zofii Bobrówny

Niechaj mię Zośka o wiersze nie prosi,
Bo kiedy Zośka do ojczyzny wróci,
To każdy kwiatek powie wiersze Zosi,
Każda jej gwiazdka piosenkę zanuci.
Nim kwiat przekwitnie, nim gwiazdeczka zleci,
Słuchaj - bo to są najlepsi poeci.

Gwiazdy błękitne, kwiateczki czerwone
Będą ci całe poemata składać.
Ja bym to samo powiedział, co one,
Bo ja się od nich nauczyłem gadać;
Bo tam, gdzie Ikwy srebrne fale płyną,
Byłem ja niegdyś, jak Zośka, dzieciną.

Dzisiaj daleko pojechałem w gości
I dalej mię los nieszczęśliwy goni.
Przywieź mi, Zośko, od tych gwiazd światłości,
Przywież mi, Zośko, z tamtych kwiatów woni,
Bo mi zaprawdę odmłodnieć potrzeba.
Wróć mi więc z kraju taką - jakby z nieba.
                                   13 marca 1844 Paryż.

Listy do matki
(fragmenty)

Genewa, 24 marca 1834 r.

Otóż widzisz, Mamo, że ja zawsze taki sam - ciągle układam kamyki na
własny grobowiec - a życie puszczam mimo siebie. Wszystkie przyjem-
ności życia mijają mię - i obchodzą kołem mówiąc: „Nie przeszkadzajmy
temu człowiekowi, on o przyszłości pogrobowej marzy." O Mamo! ale ja
jestem szczęśliwy - tak jak jestem - i czasem nie mogę zrozumieć, jak ludzie inni bez takich wrażeń żyć mogą - zdaje mi się, że chleb, który
spożywają, musi pachnąć nicością. Piszę i chodzę po ogrodzie i tak całe
długie dnie mi upływają. Śliczny czas mamy - słońce - listki na drzewach
pokazują się - a murawa już okryta białymi kwiatkami wiosny. Sym-
patyzuję teraz więcej niż kiedykolwiek z naturą - i zdaje mi się, że czuję ją
do głębi jej duszy.

Genewa, 27 kwietnia 1834 r.

Górę Mont Blanc widzę co dnia z moich okien. Przez te kilka dni księżyc
w pełni wschodził za tą górą. Nie możecie sobie wystawić, jak to smutno i
pięknie, kiedy noc czarna, kiedy samotny w moim pokoju otwieram okno
i czuję zapach wiosenny liści, i słyszę słowika w alei ogrodowej, a potem
widzę z wolna wschodzący za górą księżyc. Uczucia, których wtenczas
doznaję, w tych dwóch wyrazach można zamknąć - smutno i cicho. Dziś
księżyc wschodzi około 2 w nocy, więc go czekać nie będę. Lubię bardzo
teraz kwiaty - i teraz bukiet żółtych pełnych fijołków i lewkonii mam
przed sobą na trójnożnym stoliku, na którym piszę do ciebie, Mamo! O!
jak my kiedyś będziemy z Tobą sadzili kwiaty i drzewa, Matko moja. (...)
Chcieliśmy tu bardzo o Wielkiejnocy zrobić babę potężną - ale na próżno
tłumaczyłem im sposób pieczenia bab naszych - na próżno rozkładałem
całą mocą imaginacji części, z których się składa (...) - i baba dotąd w
Szwajcarii nie zakwitła... Przyszlijcie mi opis tych piramid egiptsko-pol-
skich, abym mógł je postawić na złość górze Mont Blanc - oko w oko z tą
górą (...)

Jan Kasprowicz (1860 - 1926)

*

*   *

Rozmiłowała się ma dusza
W cichym szeleście drzew,
Gdy koronami ich porusza
Druh mój, przecichy wiew.

Rozmiłowała się ma dusza
W głośnych odmętach fal,
Gdy druh mój, burza, je porusza,
W nieznaną płynąc dal.

Rozmiłowała się ma dusza
W twórczych promieniach zórz,
Gdy druh mój, słońce, w świat wyrusza,
Życia płomienny stróż.

Rozmiłowała się ma dusza
W przepastnej nocy mgłach,
Gdy, druh mój, śmierć, na połów rusza,
A przed nią lęk i strach.

Gdy przyjdzie czas

Gdy przyjdzie czas, gdy przyjdzie czas
Odchodzić od pól tych i łąk,
Słońcu się nisko pokłonię,
Niebu pokłonię się w krąg.

O Boże mój, o Boże mój! -
Tak szepnę usty wdzięcznemi:
Dałeś mi wszystko, co mogłeś:
Zapach tej drogiej ziemi.

Żal będzie iść, żal będzie iść,
Ciężar zawiśnie u stóp,
Chyba, że w gór tych obliczu
Cichy sprawicie mi grób.

Tej roli piędź, tej roli piędź
Ostatnią mi będzie ostoją:
Tu się mej duszy tęsknice
Na wieki wieków ukoją.

Ignacy Jan Paderewski (1860 - 1941)

DZIEŃ MOICH IMIENIN
Pamiętniki
(fragment)

Po tournée (w Ameryce) w 1914 grałem raz jeden w Londynie, skąd bez-
pośrednio - spragniony koniecznego wypoczynku - udałem się do
Szwajcarii, do domu w Morges. Wojna wisiała w powietrzu, pokojowi na
świecie już wtedy zaczynało zagrażać niebezpieczeństwo. Wiadomość o
wstrząsającym zamordowaniu przed kilku dniami austriackiego arcyksięcia
Ferdynanda przeraziła cały świat. Nie można było wówczas przewidzieć

następstw tego zabójstwa, ale straszliwa trwoga opanowała całą Europę. W każdej chwili owo naprężenie mogło spowodować wybuch - a wtedy? Wszyscy z godziny na godzinę żyliśmy w pełnym napięcia oczekiwaniu. (...)
Wojna wisiała w powietrzu. Wiedziałem, że nadejdzie. Pomimo radości z powrotu do domu, spokoju i piękna owego uroczego zakątka, dni pełne były niepokoju i smutku nie do przezwyciężenia.
Chociaż płynęły jeszcze zwykłym, uświęconym trybem, godzina tragicznych rozstrzygnięć zbliżała się powoli, ale nieubłaganie. Przyjaciele przychodzili i odchodzili, śmieliśmy się, rozmawialiśmy i muzykowaliśmy podczas tego pięknego lata.
31 lipca, w dniu patrona, św. Ignacego, w dniu zawsze uroczyście obchodzonym w moim domu, zebrało się, jak zwykle, wiele osób z różnych krajów i różnych narodowości. Od wielu już lat ustalił się bowiem miły zwyczaj obchodzenia tego dnia jako pewnego rodzaju święta, w którym cała okolica, znajomi z Genewy, Lozanny i innych sąsiednich miejscowości przybywali do nas z życzeniami. Ów serdeczny odruch sąsiadów w stosunku do mnie był jednym z najbardziej wzruszających momentów w moim życiu. Przychodziło także dużo dzieci. Przychodziły w ładnych białych ubrankach, z bukietami i małymi podarunkami, śpiewały, tańczyły i deklamowały wiersze. (...)
Przyjęcie trwało zwykle cały dzień. Wszystkim przybyłym gościom podawano obfity lunch. Zabawa, wesołość, a przy tym i dobre jedzenie, wypełniały całe popołudnie. Był to więc dzień przyjemny dla wszystkich.
Lunch w owym pamiętnym dniu 31 lipca 1914 zgromadził wyjątkowo liczne towarzystwo, i pamiętam, że przyjaciele i znajomi, którzy się wówczas u nas znaleźli, przybyli ze wszystkich stron świata. (...)
W czasie śniadania, w którym brało udział ze czterdzieści osób, postanowiłem w kilku słowach podziękować tym wszystkim, którzy swoim przybyciem dali mi dowód przyjaźni. W krótkim przemówieniu zaznaczyłem, że mimo radości, jaką odczuwamy ze spotkania, musimy jednak zdawać sobie sprawę z powagi chwili i z tego, że być może w tym właśnie momencie, kiedy my tu siedzimy przy biesiadnym stole - ważą się losy Europy, a groźne pomruki wojny rozlegają się już w całym świecie; przeczuwam też, że o ile wojna rzeczywiście wybuchnie, moja ojczyzna, Polska, jedna z pierwszych od niej ucierpi, przez długi czas nękana będzie walkami, zaleje ją morze krwi i łez, ale w końcu powstanie wolna - co daj Boże. (...) (*Z języka angielskiego przełożyły Wanda Lisowska i Teresa Mogilnicka*)

Tadeusz Kotarbiński (1886 - 1981)

*

* *

Wiosna - przyszłej jesieni wczesną jest jaskółką,
Jesień zwiastuje przyszłą wiosnę. I tak w kółko.
Będąż się tak przeplatać w kołowrocie bytu
Jesienie rozczarowań z wiosnami zachwytu...

Maria Dąbrowska (1889 - 1965)

BOGUMIŁ I BARBARA
Noce i dnie
(fragment)

Panna Barbara Ostrzeńska miała już dwadzieścia pięć lat w ową zimę, w
którą poznała Bogumiła Niechcica - on zaś był człowiekiem trzydziesto-
sześcioletnim. Nie zrobił na niej wrażenia i gdy nazajutrz po wieczorku, na
którym został jej przedstawiony, wyjechała do Warszawy, to już w drodze
pamiętała go jedynie o tyle, że gdy sanki wjechały w mroczne krępskie
lasy, pomyślała:
- Aha, to tu gdzieś mieszka ów Niechcic, co się tak na mnie gapił. - Gdyż,
owszem, zauważyła, że się jej przypatruje.
Na Wielkanoc nie jeździła tego roku do Borku, była u Kociełłów, u których mieszkała już teraz i matka Ostrzeńska, i gdzie każde przybycie cioci
Basi było mocno oczekiwane przez dwie córeczki pani Teresy, Oktawię i
Sabinę.
Dopiero latem udała się znowu panna Barbara do Ładów, a gdy tylko do
nich przyjechała, Bogumił Niechcic zaczął bywać w ich domu coraz to
częstszym gościem. Panna Barbara patrzyła na niego teraz dużo łaskaw-
szym okiem, zwłaszcza gdy się dowiedziała, że był w powstaniu i że
potem doświadczał niezwykłych przygód tułając się długo po świecie. Co
prawda jej nadzieja, że coś o tych rzeczach usłyszy, okazała się płonna;
Bogumił Niechcic nie życzył sobie, czy też nie umiał nic powiedzieć o
swych ciekawych zapewne przeżyciach. (...) Niechcic był może na swój
sposób rozumny, ale nie miał znajomości literatury i mnóstwa będących w
obiegu wiadomości naukowych, nie miał też krzty dowcipu, bez którego
rozmowa towarzyska była wszak rzeczą bez powabu i czczą. Panna Barbara dziwiła się temu wszystkiemu, bo słyszała od pani Ładziny, że

rodzina Niechciców była kiedyś znana z różnych umysłowych zamiłowań i że po konfiskacie majątku Jarosty wywieziono podobno z tamtejszego dworu znaczną i wartościową bibliotekę do jakichś rosyjskich zbiorów. Poza tym przecież Niechcic przebywał tyle lat za granicą. Jakże się mógł tam nie kształcić? Raz, mimo że sobie wciąż obiecywała o nic go już nie pytać, zagabnęła go, czy zna jakie języki. Odparł, że umie po niemiecku, a na dowód zaśpiewał: *Der Mensch lebt nicht von Brot allein, er muß auch etwas glücklich sein.*

Pannie Barbarze piosenka ta wydała się głupia i prostacka, popsuła jej nawet wspomnienie tamtych innych pieśni, które jej się w panu Niechcicu więcej podobały niźli on sam.

Więcej niż on - mimo że przecież Bogumił Niechcic był przystojny, a nawet miał w sobie coś, co więcej znaczy niźli foremne ciało. Wszystko od stóp do głowy było w nim sympatyczne. Patrząc na jego twarz spoglądało się niby w czysty, przestronny dziedziniec wiodący do bezpiecznego domu. Wystarczało go ujrzeć, aby być dobrze usposobionym, nie tylko do jego osoby, lecz w ogóle do życia.

Wszelako panna Barbara mówiła sobie, że przystojnych jest wszędzie dużo na świecie i że to wszystko tak się na tle Borku wydaje. Gdy tylko sobie wyobraziła siebie z nim w Warszawie albo w Kalińcu, wnet doznawała uczucia, przed którym sama była rada skryć się choć w mysią dziurę. Doznawała przeświadczenia, że będzie się go wstydziła.

Na takich różnego rodzaju niepewnościach zeszły wakacje. W ostatnim dniu, a nawet w ostatniej godzinie pobytu panny Ostrzeńskiej w Borku, Niechcic wyznał jej swe uczucia.

Było to w ogrodzie, po którym wyszli pochodzić przed wyruszeniem na kolej. Panna Barbara dałaby wówczas nie wiem co za to, żeby mogła nie odpowiedzieć, żeby ją kto zwolnił z tej konieczności.

- Zaraz - rzekła wreszcie, zaczerpnąwszy ze wszystkich sił powietrza - zaraz. Niech pan się namyśli, może pan nie wie na pewno, czy pan mnie kocha. Mnie się to zdaje niemożliwe. Ja się tego nie czuję godna.

- Wiem na pewno, że panią kocham - odparł chmurnie. - Ale skoro pani tak mówi, to znaczy, że ja pani jestem niemiły - dodał takim głosem, jakby mówił o ciążącym nad sobą wyroku śmierci.

- Nie jest mi pan niemiły - zaprzeczyła zrozpaczona - tylko mnie się zdaje, że my nie... że my nie jesteśmy dla siebie.

- Dlaczego? - zapytał usiłując opanować wrażenie, jakie te słowa na nim sprawiły. I nagle odpowiedział sam sobie:

- Tak, rzeczywiście, my nie jesteśmy dla siebie. Słusznie mnie pani odrzuca. Pani z jej wykształceniem, z jej urodą, z jej stanowiskiem w świecie zasługuje na lepszy los niż związanie życia z takim jak ja człowiekiem.
- To jest, jak to? Co? - zawołała stropiona, ale od domu zaczęto wołać, że już najwyższy czas jechać. Rozmowa się przerwała i panna Barbara wpadła jeszcze do swojego pokoiku, żeby zobaczyć, czy czego nie zostawiła. Gdy wysuwała i zatrzaskiwała z powrotem puste szuflady, raptem pojęła odpowiedź pana Niechcica. Myślał, że go nie chciała, ponieważ był rządcą i ubogim człowiekiem. A tymczasem ona dopiero w tej chwili uprzytomniła sobie tę okoliczność. A przez cały czas dotąd w swych sądach o nim nigdy, przenigdy nie brała jej pod uwagę. Na miłość boską, nie mogła go zostawić z tego rodzaju myślą, równie przykrą dla niego, jak dla niej. Wypadła na werandę potrącając niezbyt przytomnie czekające, by ją pożegnać, towarzystwo, odszukała Niechcica i pociągnęła go za sobą w głąb mieszkania.
- Panie - tłumaczyła pośpiesznie - panie, ja bym była nie wiem jak szczęśliwa z takim jak pan człowiekiem. Nie mam żadnego stanowiska w świecie. Nie jestem niczym lepszym... to jest... nie jestem niczym w ogóle. Nie mam żadnego tam wykształcenia. To nie o to idzie...
Zatchnęła się. Co jeszcze chciała powiedzieć? Chciała - o, więcej, niż chciała, potrzebowała ze wszystkich sił objaśnić mu, jaki był stan jej serca. Że czuje się już spalona i zużyta, niezdolna do miłości, gdy on zasługiwał na dar wielkiego i pierwszego uczucia. Dar wielkiego, tak, wielkiego i pierwszego uczucia.
Bogumił patrzył na nią dokładnie oczy w oczy, a widząc jej pasujące się ze sobą milczenie rzekł po prostu:
- Rozumiem, pani kocha innego.
Panna Barbara rzuciła się na to jak uderzona.
- Nic pan nie rozumie! - krzyknęła z gniewem, który jednak wydał się Bogumiłowi jakby czymś dobrze wróżącym. - I skąd ten pomysł? Ja nikogo, jako żywo, nie kocham - przeczyła już łagodnie i tylko z lękiem, że ktoś w ogóle mógł o tej rzeczy mówić. (...)
- Ja nie odmawiam, pan mnie źle pojął. Tylko teraz tak mało czasu i jestem zaskoczona. Trudno się porozumieć. Słyszy pan? Już nas wołają!
Rzeczywiście z balkonu wołano: - No, młodzi państwo, dość już, dość już tajemnic!
- Więc umówmy się, umówmy się tak. Jeżeli ja przyjadę tu na Boże Narodzenie, to znaczy, że wszystko dobrze, że się zgadzam. Albo nie - ja napiszę i w liście wszystko wyjaśnię. Albo nie... Lepiej niech pan przyjedzie do Warszawy na Wszystkich Świętych. Albo niech pan napisze, a ja panu

odpowiem. I niech pan się nie martwi. Wszystko będzie dobrze. Tylko trzeba trochę poczekać.

Bogumił patrzył na nią uważnie i powtarzał:

- Dziękuję. Dobrze. Przyjadę. Napiszę. Będę czekał.

W chwilę potem panna Barbara wyrwała się z uścisków zebranego na ganku, żartującego grona, skoczyła do powozu, zapytała:

- A gdzie moja walizka?! - po czym spojrzawszy na zegarek krzyknęła i już do końca drogi drżała, czy się nie spóźni.

Tak więc zostali mniej więcej narzeczonymi. Mniej więcej, bo panna Barbara do ostatniej chwili nie była pewna swych uczuć ni zamiarów. W jednym z listów do siostry, pani Teresy Kociełłowej, z którą jedną jedyną poruszała te sprawy, śród opisu przedstawienia Hamleta i wystawy obrazów wspominała mimochodem: „podobno tam u was mówią, jakobym była narzeczoną. Zaprzeczaj, kochana siostrzyczko, tym pogłoskom, wszakże to nic pewnego." (...)

W innym liście donosi, że otrzymuje czasem listy od Bogumiła Niechcica. „Nazywa mnie w nich - pisze - gwiazdą, która zajaśniała nad jego ciemnym życiem. Chcę mu napisać, że mam dla niego siostrzaną przyjaźń i na tym niech poprzestanie. Jak myślisz, czy powinnam tak zrobić"?

Częściej powtarzały się w tych listach wzmianki o kimś innym, kogo z kolei panna Barbara zwała gwiazdą.

„Nie wiem, czemu imię pana J.T. wciąż się powtarza w mych listach - dziwiła się sama jednym razem. - Przecież go już nie kocham". (...)

Przy końcu innego listu znajdował się dopisek: „Na Królewskiej ulicy na wystawie w oknie zobaczyłam cudną fotografię Byrona. Muszę się dowiedzieć, ile kosztuje, bo muszę ją sobie kupić. Co za wyraz i co za oczy! A choć bez brody, wiesz, kogo mi przypomina?!.."

W początkach zimy Bogumił Niechcic zaczął nieco więcej miejsca zajmować w tych zwierzeniach.

„Z panem Bogumiłem - pisała w połowie grudnia - dotąd jeszcze nic nie postanowiłam, boję się, bym później nie żałowała, choć gdyby mnie kto zapytał, czy go nie kocham, musiałabym powiedzieć, że często czuję dla niego coś więcej niż życzliwość. Lecz przytłumić tę życzliwość, a nawet zapomnieć o niej przychodzi mi z wielką łatwością. Jestem widocznie wprawna. Przecież stłumiłam tysiąc razy mocniejsze uczucie". Przed samym Bożym Narodzeniem doniosła energicznie:

„Czy wiesz, co postanowiłam w kwestii l'amour? Otóż widzę że Bogumił naprawdę mnie kocha. Ostatni jego list tak dobrze maluje jego proste i szczere uczucia. A wobec miłości coż stąd, że już niemłody. Jam także już niemłoda (...) Jednak mimo smutnych doświadczeń, które już mam za so-

bą, nie czuję się znów tak bardzo rozczarowaną do życia. Nawet z pewną nadzieją patrzę w przyszłość. Tak więc, kości rzucone. Pojadę, tak jak obiecałam, do Borku i niech się dzieje wola nieba, co będzie, to będzie".
I wkrótce po Nowym Roku zaczęły wychodzić zapowiedzi Bogumiła Niechcica i Barbary Ostrzeńskiej - w Warszawie w kościele Karmelitów na Lesznie. W Warszawie, a nie w Borku, gdyż o to prosiły koleżanki i przyjaciółki panny Barbary, których życzenie było dla niej święte. (...)
Ze strachem czekała bliskiej godziny ślubu i coraz częściej pisywała do siostry.
„Gdyby szło tylko o miłość - skarżyła się - wiedziałabym, jakie mam słowo powiedzieć. „Nie" - byłoby to słowo. Ale ślub, wesele, małżeństwo - z tym się łączy tyle różnych dodatkowych rzeczy, które człowieka bałamucą i nie dają mu rozpoznać swych uczuć. Przy tym zdaje mi się, że jeśli się teraz cofnę, to już nikt więcej nie będzie się chciał ze mną ożenić. A żyć samotnie z własnej woli - niekiedy mi się ta myśl podoba... Lecz gdy tylko się na to zdecyduję, wnet mi żal tego, czego się wyrzekam i na odwrót, pragnę żyć tak jak wszyscy, wypełnić swe przeznaczenie, być żoną, matką, panią domu, wypróbować swe siły. Ambicja, ciekawość, wszystko wchodzi tu w grę, a wszystko takie silne!"

Maria Pawlikowska-Jasnorzewska (1891 - 1945)

Lwy w klatce

Lwica senna i naga nie czuje więzienia,
leżąc spogląda w oczy lwu, panu stworzenia.
On się przybliża, cały w grzywie i w męskości,
a jakaś pani patrzy - i płacze. Z zazdrości!

Miłość

Nie widziałam cię już od miesiąca.
I nic. Jestem może bledsza,
trochę śpiąca, trochę bardziej milcząca,
lecz widać można żyć bez powietrza!

Julian Tuwim (1894 - 1953)

Ptak

Na gałązce usiadł ptak:
Zaszczebiotał, zatrzepotał,
Ostry dzióbek w piórka otarł,
Rozkołysał cały krzak.

Potem z świrem frunął w lot!
A gałązka rozhuśtana
Jeszcze drży, uradowana,
Że ją tak rozpląsał trzpiot.

Antoni Słonimski (1895 - 1976)

Notes

Znalazłem w starym notesie
Numery telefonów
Umarłych przyjaciół,
Adresy spalonych domów.
Cyfry nakręcam. Czekam.
Telefon dzwoni.
Ktoś podnosi słuchawkę.
Cisza. Oddech słyszę,
A może szept ognia.

Konstanty Ildefons Gałczyński (1905 - 1953)

Gdybym miał jedenaście kapeluszy

Gdybym miał jedenaście kapeluszy,
pierwszy schowałbym w szafie, żeby się nie kurzył.

Drugi nadałbym przez pocztę w postaci paczki.
Trzeci byłby na drobnostki i drobiażdżki.

Czwartego używałbym wyłącznie do sztuk magicznych et cetera.
Piąty zamiast klosza, do przykrywania sera.

Szósty kapelusz - dla Jadwisi
Siódmy bym powiesił. Niech wisi.

Ósmy przerobiłbym na nastrojowy abażurek.
W dziewiątym hodowałbym jeża lub coś z zoologii w ogóle.

Co do dziesiątego, to jeszcze nie mam pomysłu.
A jedenasty kapelusz porwałby mi wiatr nad Wisłą. (...)

Pytał się kot...

Pytał się kot sowy: co słychać?
ach, co słychać? powiedzże mi, sowo,
pytał się kot sowy: co słychać?
a sowa na to, że nic.

Roman Brandstaetter (1906 - 1988)

Oda do muszli

Muszlo,
Kupiona nocą
Na neapolitańskim
Straganie,
Muszlo śródziemnomorska.

Patrzę na ciebie,
Muszlo,
Wyrzucona
Na brzeg
Mojego biurka.

Co robisz,
Muszlo,
Na moim biurku?

Jakie morza
Słyszysz?

Z jakimi rybami
Rozmawiasz?

W moim pokoju nie ma
Tańczących delfinów
Ani podwodnych bogów.

Smutno jest nad brzegiem
Mojego biurka.

I tobie

I mnie.

Czesław Miłosz (*1911)

Przypowieść o maku

Na ziarnku maku stoi mały dom,
Pieski szczekają na księżyc makowy
I nigdy jeszcze tym makowym psom,
Że jest świat większy, nie przyszło do głowy.

Ziemia to ziarnko - naprawdę nie więcej,
A inne ziarnka - planety i gwiazdy.
A choć ich będzie chyba sto tysięcy,
Domek z ogrodem może stać na każdej.

Wszystko w makówce. Mak rośnie w ogrodzie,
Dzieci biegają i mak się kołysze.
A wieczorami, o księżyca wschodzie
Psy gdzieś szczekają, to głośniej, to ciszej.

Okno

Wyjrzałem przez okno o brzasku i zobaczyłem młodą jabłonkę przezroczystą w jasności.
A kiedy wyjrzałem znowu o brzasku, stała tam wielka jabłoń obciążona owocem.
Więc dużo lat pewnie minęło, ale nic nie pamiętam, co zdarzyło się we śnie.

Tadeusz Różewicz (*1921)

Kto jest poetą

poetą jest ten który pisze wiersze
i ten który wierszy nie pisze

poetą jest ten który zrzuca więzy
i ten który więzy sobie nakłada

poetą jest ten który wierzy
i ten który uwierzyć nie może

poetą jest ten który kłamał
i ten którego okłamano

ten który upadał
i ten który się podnosi

poetą jest ten który odchodzi
i ten który odejść nie może

Mieczysława Buczkówna (*1924)

Po rozstaniu

Mówił jej:
Jesteś burzą, jesteś drzewem,
Jesteś ciszą, jesteś śpiewem.

Mówił jej:
Jesteś wiosną, płatkiem kwiatu,
Jesteś latem, lotem ptaków.

Mówił jej:
Jesteś górą w gwiazd ulewie,
Morzem wzlatującym w gniewie.

Wiosny kwitną, wiosny płyną
Słowa płoną, słowa giną.

Myślał:
Jesteś deszczem, jesteś cieniem,
Jesteś lodem i kamieniem,
Jesteś nocą, jesteś zimą,
Jesteś jak powietrze niema...

Zakrył twarz rękami obiema.

Zbigniew Herbert   (*1924)

Wiatr i róża

W ogrodzie rosła róża. Zakochał się w niej wiatr. Byli zupełnie różni, on -
lekki i jasny, ona - nieruchoma i ciężka jak krew.
Przyszedł człowiek w drewnianych sabotach i grubymi rękami zerwał
różę. Wiatr skoczył za nim, ale tamten zatrzasnął przed nim drzwi.
- Obym skamieniał - zapłakał nieszczęśliwy. - Mogłem obejść cały świat,
mogłem nie wracać wiele lat, ale wiedziałem, że ona zawsze czeka.
Wiatr rozumiał, że aby naprawdę cierpieć, trzeba być wiernym.

Las

Ścieżka biegnie boso do lasu. W lesie jest dużo drzew, kukułka, Jaś i
Małgosia i inne małe zwierzątka. Tylko krasnoludków nie ma, bo wyszły.
Jak się ściemni, sowa zamyka las dużym kluczem, bo jakby się tam zakradł
kot, toby dopiero narobił szkody.

Cesarz

Był sobie raz cesarz. Miał żółte oczy i drapieżną szczękę. Mieszkał w pałacu pełnym marmurów i policjantów. Sam. Budził się w nocy i krzyczał. Nikt go nie kochał. Najbardziej lubił polowania i terror. Ale fotografował się z dziećmi wśród kwiatów. Kiedy umarł, nikt nie śmiał zdjąć jego portretów. Zobaczcie, może jest jeszcze u was w domu jego maska.

Małgorzata Hillar (*1930)

Zakochana

Idzie ulicą
jakby tańczyła
na baletowym popisie

Uśmiecha się
do dziecka w wózku
do wróbla
który stracił ogon

Te kropki na sukience
myśli
mają kolor jego oczu

Od rana powtarza
najmilsze imię
i wychodzi z domu
w jednej pończosze

Jerzy Harasymowicz (*1933)

Strych

Jest tam co
na tym strychu
czy nie ma

Chyba jest
chyba nie ma

Ale chyba jest
bo z duchami zawarliśmy
umowę
już bardzo dawno

A umowa wygaśnie
dopiero z końcem
świata

Zatem
pełno jest na strychu
umownych duchów

Wielki jest przed duchami
nasz umowny strach

Adam Ryszard Fajfer   (*1943)

Pragnienie

Żeby jeszcze w domu ujrzeć bochen szczęścia
Wyrobiony rękami pragnień
Upieczony ogniem miłości
Pachnący smakiem potrzeby -

Żeby jeszcze w domu widzieć matkę i ojca
Starzejących się w pokoju szczęścia -

Żeby jeszcze w domu nie zastać śmierci
Wojny -

Żeby się rankiem zbudzić spokojnym - -

Julian Kornhauser (*1946)

Zapamiętać

Masz oczy, więc patrz,
nie uroń ani jednego listeczka
z tego okrągłego świata,
ani jednej żyłki z jego delikatnego naskórka,
patrz i zapamiętaj:
to jest dąb, który nigdy nie opuści ziemi,
to jest gwiazda, trzymająca twe sny na sznurku,
to jest dom, napuszony jak mądra sowa,
a to mama, wyjmująca gorące ziemniaki
z garnka.

Wacław Oszajca (*1946)

Z cyklu: Franciszek z Asyżu

napomina owieczkę

spotkali się w czarnym borze
rozmawiali długo
na pożegnanie
jeden drugiego
uściskał ucałował

spocona ze strachu owieczka
wykrztusiła
to był wilk
z wilkiem rozmawiałeś
bracie Franciszku

z bratem wilkiem
poprawił Franciszek

Pielęgnuje kwiatki

na półce z książkami
gdzie czasem zdrożony brat księżyc odpoczywa
od lat kwitną po polsku
kwiatki świętego Franciszka
zasadził je brat Leopold
aż do dzisiaj
dzisiejszego popołudnia zakwitły nowe
przywiózł je z Asyżu i posadził
brat Roman

Grammatik – Gramatyka

Verben mit dem Reflexivpronomen *się*

Die reflexiven Konstruktionen gehören zu dem Sprachmaterial, das den Lernenden große Schwierigkeiten bereitet. Zwischen dem Polnischen und dem Deutschen bestehen auf diesem Gebiet zahlreiche Unterschiede. Die Verben mit *się* als Kategorie *genus verbi* können im Polnischen folgendermaßen interpretiert werden:

1. Die Verben mit *się* drücken das Reflexiv aus - eine transitive Tätigkeit ist auf das Subjekt gerichtet: *myć się, myję się - myć (kogoś), myję (kogoś), bronić się, bronię się - bronić (kogoś), bronię (kogoś), uczyć się, uczę się - uczyć (kogoś), uczę (kogoś).*

2. Die Verben mit *się* drücken das Passiv aus (seltener): *u nas buduje się nowy kościół.*

3. Die Verben mit *się* drücken das Aktiv aus: *modlić się, modlę się; śmiać się, śmieję się; bać się, boję się.*

4. Die Verben mit *się* dienen zur Bildung unpersönlicher Sätze: *je się (jeść), śmieci się (śmiecić), śpi się (spać).*

5. Die Verben mit *się* und dem Präfix *na-*, die vollendet sind, bezeichnen einen Grad der Tätigkeit (etwas, viel, sehr viel): *napić się (herbaty), najeść się* 'sich satt essen'.

Es gibt Verben mit *się*, die mit denselben Verben ohne *się* in der Bedeutung nicht übereinstimmen, z.B. *stać się* 'werden' und *stać* 'stehen'. Manchmal können Verben mit *się* und Verben ohne *się* gleiche Bedeutung haben, z.B. *świecić się - świecić* 'leuchten', 'scheinen', *błyszczeć się - błyszczeć* 'glänzen'.

Bemerkenswert sind noch zwei reflexive Konstruktionen, und zwar *śnić się*
'im Traum erscheinen' und *śnić się= marzyć się*'sich in Gedanken vor-
stellen' (vor allem in verlockender Form):

a) *śnić się*: *śnił mi się ojciec*

b) *śnić się = marzyć się, śnią mi się dalekie podróże = marzą mi się dalekie
podróże*

Dem deutschen 'von etwas träumen' entsprechen eigentlich die Verben
ohne *się*: *śnić (o czymś)* und *marzyć (o czymś)*.

Und hier andere Beispiele, die Unterschiede zwischen den beiden Sprachen
aufweisen:

polnisch		*deutsch*
bawić	się	spielen (mit etwas)
budzić	się	aufwachen
dowiadywać	się	erfahren
kąpać	się	baden
kochać	się	verliebt sein
być w kimś zakochanym		verliebt sein in jn.
kończyć	się	enden
modlić	się	beten
nazywać	się	heißen
odbywać	się	stattfinden
podobać	się	gefallen
powodzić	się	Erfolg haben (gut gehen)
urodzić	się	geboren sein
uśmiechać	się	lächeln
wydawać	się	scheinen
zaczynać	się	beginnen

deutsch	*polnisch*
sich anstellen	stawać (w ogonku)
sich bedanken (für etwas)	(po)dziękować (za coś)
sich setzen	siadać
sich stellen (an, auf, hinter, neben)	stawać (przy, na, za, obok)
sich unterhalten	rozmawiać

Im Prinzip kann das Reflexivpronomen *się* entweder *vor* oder *nach* dem Verb stehen: *Jan się uczy dobrze. Jan uczył się dobrze.* Die präverbale Position wird eigentlich für die bessere gehalten. In dieser Position kann *się* durch andere Satzglieder von dem Verb getrennt werden: *Trzeba zobaczyć, co się tam dzieje* (Król Maciuś I).

Verben auf -*nąć* (1)

Es gibt Verben, die im Präteritum das Suffix -**ną** (**nę-**) verlieren, z.B. *kwitnąć: kwitł, kwitła, kwitły.* Selbst Polen haben manchmal mit den Konjugationsformen dieser Verben Schwierigkeiten. Man sollte deshalb jedes Verb auf -**nąć** in einem der polnischen Wörterbücher nachsehen.

Verben auf -**nąć** haben sowohl imperfektive als auch perfektive Formen. Nur die vollendeten bilden eine produktive Gruppe. In der Regel sind die nichtpräfigierten Verben (meist) vollendet.

Und hier Verben auf -**nąć**, die in unseren Lektürestücken (Teile I - III) vorgekommen sind:

Imperfektive Verben

kwitnąć	kwitnę, kwitną; kwitnij; kwitł, kwitła, kwitły
moknąć	moknę, mokniesz, mokną; moknij; moknął (mókł), mokła, mokli
rosnąć	rosnę, rośniesz, rosną; rośnij; rósł, rosła, rośli, rosły
pachnąć	pachnę, pachniesz, pachną; pachnij; pachnął, pachnęła, pachnęły

Daneben gibt es auch die Form *pachnieć,* die heute mehr verwendet wird: *pachnę, pachniesz, pachnie, pachnij, pachniał, pachniała, pachniały.*

Perfektive Verben

gwizdnąć	gwizdnę, gwizdniesz, gwizdną; gwizdnij; gwizdnął, gwizdnęła, gwizdnęli
krzyknąć	krzyknę, krzykniesz, krzykną; krzyknij; krzyknął, krzyknęła, krzyknęli
nacisnąć	nacisnę, naciśniesz, nacisną; naciśnij; nacisnął, nacisnęła, nacisnęli
pisnąć	pisnę, piśniesz, pisną; piśnij; pisnął, pisnęła, pisnęli
przetrząsnąć	przetrząsnę, przetrząśniesz, przetrząsną; przetrząśnij; przetrząsnął, przetrząsnęła, przetrząsnęli
tupnąć	tupnę, tupniesz, tupną; tupnij; tupnął, tupnęła, tupnęli
zerknąć	zerknę, zerkniesz, zerkną; zerknij; zerknął, zerknęła, zerknęli
zamarznąć	zamarznę, zamarzniesz, zamarzną; zamarznij; zamarzł, zamarznął, zamarzła, zamarzli

Die Aussprache: *-noł, -neła, -neli*!

Unterschiede zwischen den deutschen und polnischen transitivenVerben

Nicht für jedes deutsche Verb, das ein direktes Objekt (Akkusativ-Objekt) nach sich ziehen kann, auf das dieses gerichtet ist und ein persönliches Passiv bildet (er baut ein Haus - ein Haus wird gebaut), finden wir in der polnischen Sprache ein entsprechendes Verb mit derselben Eigenschaft. Manchen deutschen Verben entsprechen in diesem Fall polnische Verben, die sich auf ein im Genitiv, Dativ oder sogar Instrumental stehendes Objekt richten. *Beispiele*:

deutsch	*polnisch*	
1. Verb + *Akkusativ*	Verb + *Genitiv*	
etw. bedauern	żałować	czego
etw. befolgen	przestrzegać	czego
jn., etw. begehren	pragnąć	kogo, czego
jn., etw. brauchen	potrzebować	kogo, czego
etw. einhalten	dotrzymywać	czego
etw. erfahren	dowiadywać się	czego
jn., etw. erwarten	oczekiwać	kogo, czego
	(na + *Akk.*)	

etw. gebrauchen, verwenden	używać	czego	
etw. lernen	uczyć się	czego	
jn. meiden, etw. vermeiden	unikać	kogo,	czego
etw. verbieten	zabraniać	czego	
etw. verlangen	żądać	czego	
etw. verleugnen	wyrzekać się	kogo,	czego
jn., etw. verteidigen	bronić	kogo,	czego
	aber: obronić	kogo,	co
etw. verweigern	odmawiać	czego	
etw. wünschen	życzyć	czego	
etw. wollen	chcieć	czego	

Wir dürfen dabei die wichtige Eigenschaft der polnischen Verben nicht vergessen: Verben mit Akkusativ, wenn sie verneint werden, wechseln den Kasus in den Genitiv! *Nauczyciel uczy dziecko języka niemieckiego. Nauczyciel nie uczy dziecka języka niemieckiego.*

2. Verb + *Akkusativ*	Verb + *Dativ*	
jn. begleiten	towarzyszyć	komu
jn. beneiden (um jn., etw.)	zazdrościć	komu
jn., etw. betrachten czemu	przyglądać się	komu,
etw. leugnen	zaprzeczać	czemu
jn. stören	przeszkadzać	komu
jn., etw. unterbrechen	przerywać	komu
	aber: przerywać co	

3. Verb + *Akkusativ*	Verb + *Instrumental*	
etw. anbieten	częstować	czym
etw. beherrschen	władać	czym
etw. dirigieren	dyrygować	czym
etw. führen, befehligen	dowodzić	czym
etw. leiten	kierować	czym
etw. regieren	rządzić	czym
etw. schaukeln	kołysać	czym (selten co)
	(bei Personen nur *Akk.*)	
etw. steuern	sterować	czym
jn., etw. verachten	gardzić, pogardzać	kim, czym

etw. verwalten	zarządzać	czym
etw. verwenden, benutzen	posługiwać się	czym
hören (*Akk.*)	słyszeć (*Akk.*)	
	oder: słuchać (*Gen.*)	
1) jn, etw. hören	słyszeć	kogo, co
(Lärm, Stimmen)	(hałas, głosy)	

2) etw. hören, sich etw. anhören,	słuchać	czego
zuhören		
(Musik, Radio, Vorlesungen)	(muzyki,radia, wykładów)	

| 3) auf jn, auf etw. hören | słuchać | kogo, czego |
| (auf die Mutter, auf einen Rat) | (matki, rady) | |

Słuchać mit Akkusativ bei Personen: *słucham pana, słucham panią.* Diese Konstruktion, die etwa dem deutschen *jm. zuhören* entspricht, wird oft am Anfang eines Gesprächs gebraucht, um jemanden sagen zu lassen, was er zu sagen hat. Das *słucham* ist eine Form, die oft (z.B. im Telefongespräch) anstelle von *proszę* zu hören ist: *Słucham, kto mówi?*

Partizipien
(Fortsetzung)

Das Adverbialpartizip der Vorzeitigkeit

Dieses Partizip wird nur von vollendeten Verben gebildet: entweder mit dem Suffix -**wszy** oder mit dem Suffix -**łszy**, an den Präteritalstamm angefügt.

a) mit -**wszy**, wenn der Präteritalstamm auf einen Vokal endet, z.B. *kupić, kupił: kupiwszy; wrócić, wrócił: wróciwszy; usłyszeć, usłyszał: usłyszawszy.*

b) mit -**łszy**, wenn der Präteritalstamm auf einen Konsonanten endet, z.B. *pójść, poszedł: poszedłszy; zanieść, zaniósł: zaniósłszy.*

Das Partizip der Vorzeitigkeit zeigt an, daß die Nebentätigkeit vor der durch das Prädikat des Satzes ausgedruckten Haupttätigkeit stattgefunden hat. Im Deutschen kann dieses Partizip durch ein zweites Prädikat oder durch einen Adverbialsatz (z.B. Temporalsatz) wiedergegeben werden. *Pan Hilary, zgubiwszy swoje okulary, wszystko w szafach poprzewracał. Zerknąwszy do lusterka, zauważył, że je ma na własnym nosie. Nie znalazłszy swojej fajki, zapaliłem cygaro. Przeczytawszy opowiadanie Stanisława Lema o cesarzu, wybraliśmy się na przechadzkę do lasu. Wyszedłszy z domu, spotkał ładną dziewczynę i już do żony nie wrócił.*

Das adjektivische Partizip auf -ły

Von vollendeten intransitiven Verben, die das Werden bezeichnen, kann man auch Partizipien mit Hilfe des Suffixes -ły bilden. Es sind vor allem Verben der X. und XI. Gruppe: *siwieć - posiwieć, posiwiał: posiwiały* (= *który posiwiał*), *posiwiali* (= *którzy posiwieli!*), *posiwiałe* (= *które posiwiały*); *łysieć - wyłysieć, wyłysiał: wyłysiały* (= *który wyłysiał*), *wyłysiali* (= *którzy wyłysieli*); *marznąć - zmarznąć, zmarzł: zmarzły oder zmarznięty* (= *który zmarzł*), *zmarzli oder zmarznięci* (= *którzy zmarzli*). Dazu gehört auch das Verb *umrzeć*: **umarł, umarły, umarli.** Von der Bedeutung her entsprechen diese Formen dem deutschen Perfektpartizip intransitiver Verben.

Imperfektive und perfektive Verben

Von Anfang an werden die Lernenden damit konfrontiert: ein Verb ist entweder imperfektiv oder perfektiv (selten ist es beides). In diesem Kapitel können wir das ganze Problem nicht besprechen, aber wir wollen uns wenigstens um eine Einführung in die Aspektlehre bemühen. Zuerst muß gesagt werden, daß der Aspekt nicht isoliert betrachtet werden kann, sondern in Verbindung mit den Aktionsarten. Beim Aspekt haben wir nur mit zwei entgegengesetzten Polen zu tun - dem perfektiven und dem imperfektiven Aspekt. Das Aspektpaar *kupić* und *kupować* z.B. unterscheidet sich nur durch die beiden Aspekte: *kupić* ist perfektiv, *kupować* ist imperfektiv. Es gibt aber Verben, die nicht nur einem der beiden Aspekte angehören, sondern auch aktional gekennzeichnet sind, z.B. *siedzieć - posiedzieć.*

Betrachten wir jetzt ein paar Verben, die in unseren Lektürestücken vorgekommen sind:

pf	*impf*
zamówić	zamawiać
zdarzyć się	zdarzać się
pozwolić	pozwalać
umrzeć	umierać
uciec	uciekać
zacząć	zaczynać
posłać	posyłać
przysłać	przysyłać
podpisać	podpisywać
zwrócić	zwracać

Jedes links aufgezählte perfektive Verb hat eine imperfektive Gegenform.
Diese Verben bilden Verbpaare. Den Ausgangspunkt der Aspektbildung
(Aspektpaare) stellt das Perfektivum dar. Beim perfektiven Aspekt ist die
Resultativität das Allerwichtigste. Beim imperfektiven Aspekt ist die
Durativität oder die *Iterativität* (häufige Wiederholung) wichtig. Die
Präresultativität hat nur in der Umgangssprache einen kommunikativen
Wert.

Die Aktionsarten (lat. actiones verbi) sind allgemeine Verbbedeutungen,
welche die Art und Weise des inneren Ablaufs eines Geschehens betreffen
und von einem gegebenen Ausgangsverb gebildet werden (nach: A.V.
Isačenko, *Die russische Sprachlehre der Gegenwart T.I.: Formlehre, Halle*
1962, S. 387).

Die Aktionsarten werden von den neutralen Grundverben abgeleitet.

Die Aktionsarten
(ohne Verben auf -*nąć*)

1. Die perfektiven Aktionsarten

1.1. Die Handlung wird zu Ende geführt:

ipf	*pf*
reperować	zreperować
robić	zrobić
pisać	napisać, czytać, przeczytać
jeść	zjeść

Diese Aktionsart ist sehr produktiv.

1.2. Die Verben bezeichnen vor allem den Anfang der Handlung:

ipf	*pf*
iść	pójść
tańczyć	zatańczyć
jechać	pojechać
lecieć	polecieć
grać	zagrać
śpiewać	zaśpiewać

Es ist eine produktive Aktionsart.

1.3. Die Handlung ist in zeitlicher Begrenzung ausgeführt (eine Zeitlang, ein bißchen etwas tun):

ipf	*pf*
siedzieć	posiedzieć
czytać	poczytać
spacerować	pospacerować
chodzić	pochodzić
tańczyć	potańczyć

Diese Aktionsart ist auch sehr produktiv, aber das Präfix **po-** bildet nicht nur solche Verben. Es hat noch andere Funktionen.

1.4. Die Handlung bezieht sich auf eine Vielzahl von einzelnen Vorgängen. Sie kann an verschiedenen Stellen oder nacheinander an einer Stelle ausgeführt werden:

ipf	*pf*
przewracać	poprzewracać
zamykać	pozamykać
uciekać	pouciekać

Diese Verben haben eine emotionale Färbung.

1.5.1. Die Verben bezeichnen die Steigerung der Handlung bis zur vollen Intensität:

ipf	*pf*	
płakać	rozpłakać	się
miłować	rozmiłować	się
tańczyć	roztańczyć	się

Diese Aktionsart ist mit dem Prafix **roz-** und dem Reflexivpronomen *się* verbunden. Aber das **roz-** hat auch andere, lexikalische, Funktionen, vgl. *jego uderzenia rozsypywały się drobnymi i szybkimi ciosami jak gdyby jakimś niepowstrzymanym chichotem* (Iwaszkiewicz, *Opowiadanie szwajcarskie*).

1.5.2. Die Verben bezeichnen die Handlung als eine in unbeschränktem Maße (häufig, viel, genug) ausgeführt. Diese Aktionsart ist mit dem Präfix **na-** und dem Reflexivpronomen *się* verbunden (das Objekt steht im Genitiv):

ipf	*pf*	
jeździć	najeździć	się
czytać	naczytać	się
chodzić	nachodzić	się
tańczyć	natańczyć	się

Manchmal haben solche Verben eine etwas andere Bedeutung, vgl. *napić się*: *napić się herbaty* (Partitivum) oder *pić*.

2.   Die imperfektiven Aktionsarten

2.1. Die Iterativa. Die Handlung wird oft wiederholt. Diese Verben haben kein Präfix, sondern nur ein Suffix als aspektbildendes Mittel:

ipf	*ipf*
być	bywać
pisać	pisywać
widzieć	widywać
jeść	jadać
spać	sypiać
mieć	miewać
mówić	mawiać
grać	grywać
czytać	czytywać

Das sind die Iterativa, die noch heute mehr oder weniger gebraucht werden, andere sind selten im Gebrauch oder nur in älteren Texten zu finden.

2.2. Die Verben bezeichnen eine Handlung, die eine andere Handlung begleitet. Diese Aktionsart ist mit dem Präfix **przy-** und dem Suffix **-ywi** (**-iw**) verbunden:

ipf	*ipf*
grać	przygrywać
tupać	przytupywać

Es handelt sich hier nur um wenige Verben.

2.3. Erweiterte Iterativa. Es sind solche Iterativa, die nicht nur einen Suffixwechsel, sondern auch ein Präfix aufweisen.

2.3.1. Die Handlung ist oft aber nicht intensiv ausgeführt:

ipf	*ipf*
gwizdać	pogwizdywać
hukać	pohukiwać

2.3.2. Die wiederholte Handlung ist intensiv:

ipf	*ipf*
szukać	poszukiwać
siedzieć	przesiadywać
leżeć	wylegiwać się

Die Verben auf -*nąć* (2)

1. Die perfektiven Verben auf -**nąć**. Die nichtpräfigierten perfektiven Verben auf -**nąć** sind als Aktionsartbildungen von aktional neutralen Verben abgeleitet:

pf	*ipf*
zerknąć	zerkać
tupnąć	tupać
gwizdnąć	gwizdać
krzyknąć	krzyczeć

Sie bezeichnen eine momentane Handlung. Präfixale Ableitungen von diesen Verben und ihre imperfektiven Partner bilden echte Aspektpaare:

pf	*ipf*
przytupnąć	przytupywać
wykrzyknąć	wykrzykiwać

2. Die nichtpräfigierten imperfektiven Verben auf -**nąć** stehen außerhalb der Aspektbildung - sie haben keinen Aspektpartner: *kwitnąć, pachnąć, moknąć*.

Die meisten präfixalen Ableitungen von solchen Verben treten in Aspektpaaren auf:

pf	*ipf*
rozkwitnąć	rozkwitać
przemoknąć	przemakać

Diese kurze Darstellung der Aktionsarten ist keineswegs vollständig. Es ist aber nicht möglich und auch nicht notwendig, sich mit allen Modifizierungsarten vertraut zu machen.

Zur Morphonologie der Aspektbildung

1. Die meisten nichtpräfigierten Verben - abgesehen von den Verben auf -**nąć** sind imperfektiv und als solche sind sie nicht fähig, Aspektpartner durch Suffixwechsel zu bilden.

2. Die eigentliche Aspektbildung ist mit den präfigierten Verben verbunden. Nur in geringer Zahl mit den nichtpräfigierten Verben. Hier sind die nichtpräfigierten perfektiven Verben mit ihren imperfektiven Partnern:

pf	*ipf*
chwycić	chwytać
puścić	puszczać
rzucić	rzucać
strzelić	strzelać
zdradzić	zdradzać
nagrodzić	nagradzać
ruszyć	ruszać
dokuczyć	dokuczać
zwyciężyć	zwyciężać
sprzedać	sprzedawać
dostać	dostawać

pf	*ipf*
obiecać	obiecywać
spocząć	spoczywać
powiedzieć	powiadać
dać	dawać
stać się	stawać się
wrócić	wracać
skoczyć	skakać
kupić	kupować

unregelmäßige:

pf	*ipf*
paść	padać
pomóc	pomagać
siąść	siadać
wściec się	wściekać się

3. Besonders viele Aspektpaare weisen den Suffixwechsel -ić : -ać auf. Bei dieser Aspektbildung kommt es oft zum Konsonanten- oder Vokalwechsel, manchmal sogar zum Konsonanten- und Vokalwechsel, z.B. *zamówić* : *zamawiać, zaprosić* : *zapraszać*

4. Sehr viele Aspektpaare weisen den Suffixwechsel -yć: -ać oder -ać: -ywać (viel weniger -ać: -iwać) auf, z.B.

pf	*ipf*
pocieszyć	pocieszać
wypożyczyć	wypożyczać
wykonać	wykonywać
włamać się	włamywać się
podsłuchać	podsłuchiwać

5. Aspektpaare mit einem anderen Suffixwechsel sind seltener, wie z.B.

pf	*ipf*
kupić	kupować
przeżyć	przeżywać
zabić	zabijać
rozgrzać	rozgrzewać
wyczuć	wyczuwać
odpowiedzieć	odpowiadać
zacząć	zaczynać
porozumieć się	porozumiewać się

6. Erwähnenswert sind noch unregelmäßige Stämme, wie z.B.

pf	*ipf*
wyjechać	wyjeżdżać
posłać	posyłać
zanieść	zanosić
zabrać	zabierać
spotkać	spotykać
umrzeć	umierać
usiąść	siadać

7. Es gibt schließlich auch Verben mit fremdem Grundmorphem: *wziąć* : *brać, położyć* : *kłaść, znaleźć* : *znajdować* (**wy-, od-**), *-jść* : *-chodzić* (mit verschiedenen Präfixen), *-jrzeć* : *-glądać* (mit verschiedenen Präfixen), *-łożyć* : *kładać* (mit verschiedenen Präfixen), *-leźć* : *łazić* (mit verschiedenen Präfixen).

Das Tempus und der Aspekt

Im Polnischen hat jede Verbalform einen bestimmten Aspekt. Es gibt einige Verben, die gleichzeitig beide Aspekte haben, vor allem sind das Fremdwörter, wie *aresztować, proklamować, promować, doktoryzować się*. Sowohl ein imperfektives als auch ein perfektives Verb verfügen über sieben besondere morphologische Formen. Die Zahl dieser Formen hängt davon ab, ob es sich um ein transitives oder intransitives Verb handelt. Intransitiva verfügen über kein Passivpartizip. Aber sonst können wir von sieben verbalen Aspektformen sprechen.

Als Beispiel hier die Verben *kupić* und *kupować*

Formkategorie	*perf. Verb*	*imperf. Verb*
Infinitiv	kupić	kupować
Präsensform	kupię	kupuję
Präteritalform	kupiłem	kupowałem
Aktivpartizip	kupiwszy	kupując
Adjekt. Passivpartizip	kupiony	kupowany
Unpers. Form der Vergang.	kupione	kupowano
Imperativ	kup!	kupuj!

Die Präsensform *kupię* hat hier eine bestimmte Funktion: Zukunftsfunktion! In dieser Funktion steht neben der perfektiven Form *kupię* nicht die Form *kupuję*sondern *będę kupował (kupować)*. Man kann aber auch sagen: *Jutro idziemy na koncert. Za trzy godziny lądujemy na lotnisku w Warszawie. Za godzinę jestem u ciebie.* Aber nur: *W przyszłym semestrze będę studiować* (und nicht *studiuję*) *biologię.*

Das polnische Tempussystem enthält: ein Präsens *(kupuję)*, zwei Futura *(kupię, będę kupować* bzw. *kupował)* und zwei Präterita *(kupowałem, kupiłem)*. Das Plusquamperfekt wird heute nicht gebraucht.

Imperative Formen und der Aspekt

Wenn die imperative Form nicht verneint ist, dann kann sie sowohl von perfektiven als auch von imperfektiven Verben gebildet werden. Wenn sie aber verneint ist, wird sie von imperfektiven (selten von perfektiven) Verben gebildet.

1.   Nichtverneinte imperative Formen

1.1.   von perfektiven Verben

1.1.1. einfache Formen: *zanieś (zanieść), odnieś (odnieść), podziękuj (podziękować), powiedz (powiedzieć), zmiłuj się (zmiłować się), napijmy się (napić się), wyjdź (wyjść), spójrz (spojrzeć), zabierzcie (zabrać), zrozumcie (zrozumieć), poczekajcie (poczekać), posuńcie się (posunąć się), ustąpcie (ustąpić), spróbujmy (spróbować), otwórz (otworzyć).*

1.1.2. zusammengesetzte Formen: *niech pan usiądzie (usiąść), niech pani coś zje (zjeść), niech państwo przyjdą do nas w piątek (przyjść), niech cesarz zwróci twarz ku wiewiórce (zwrócić).*

Manchmal, vor allem in der städtischen Umgangssprache, verzichtet man auf die Form *niech*, um der Aussage einen höflicheren Ton zu geben, z.B. *Pozwoli Pan, że ...; Pan podpisze (...).*

1.2.   von imperfektiven Verben

1.2.1.   einfache Formen: *idź (iść), siadajcie (siadać), pijmy (pić), poluj (polować)*.

1.2.2.   zusammengesetzte Formen: niech się pan *rozbiera (rozbierać się)*, *niech pan mi wierzy (wierzyć), niech pani je, niech pan pije*.

2.   Verneinte imperative Formen

2.1.   von imperfektiven Verben

2.1.1.   einfache Formen: *nie troszcz się (troszczyć się), nie mówcie (mówić), nie zjadajmy się (zjadać się), nie wykupujcie (wykupywać), nie patrzcie (patrzeć, patrzyć), nie depczcie (deptać), nie zgrzytajcie (zgrzytać)*.

2.1.2.   zusammengesetzte Formen: *niech nie przeszkadza (przeszkadzać), niech nie śmieci (śmiecić), niech nie śpi (spać)*.

2.2.   von perfektiven Verben

2.2.1.   einfache Formen: *nie spóźnij się (spóźnić się) na lekcję; nie zgub (zgubić) okularów; tylko nie zepsujcie (zepsuć) windy; tylko nie stłucz (stłuc) filiżanki*.

2.2.2.   zusammengesetzte Formen: *niech się pani nie spóźni; tylko niech pan Hilary nie zgubi swoich okularów*.

Bei den verneinten perfektiven imperativen Formen geht es mehr um die Umstände, die die Handlung begleiten, als um die Handlung selbst. Außerdem sind das oft Verben, die man in der nichtverneinten Form kaum gebrauchen würde. Diese Konstruktionen werden oft mit dem Wort *tylko* gebraucht.

Zusammengesetzte Sätze mit *że, żeby, aby, ażeby, by*

Die Konjunktion *że* (*iż* im gehobenen Stil) wird dann gebraucht, wenn das Prädikat des übergeordneten Satzes ein Verb ist in der Bedeutung *mówić, myśleć, czuć, wiedzieć, cieszyć się, wierzyć* und dergleichen: *Okoliczni mieszkańcy wiedzieli, że dobijanie się do naszej bramy będzie bezskuteczne. Mówiłem już panu, że nie miałem predylekcji do tej roboty i cieszyłem się, że ktoś potrafi mnie w niej zastąpić* (Iwaszkiewicz, *Opowiadanie szwajcarskie*).

Die Konjunktionen *żeby, ażeby, aby, by* werden dann gebraucht, wenn das Prädikat ein Verb (Modalverb) ist, das einen Wunsch, eine Bitte, einen Befehl bezeichnen, und bei Finalsätzen: *Doktor zwracał się do nas z prośbą, abyśmy Więcierzaka wzięli na jakiś czas do siebie i dali mu jakieś zajęcie u nas, w naszym szalecie. Poszedłem do żony, aby ją zawiadomić o niezwykłym fakcie* (Iwaszkiewicz, *Opowiadanie szwajcarskie*).

Wenn das Subjekt des Finalsatzes mit dem Subjekt des übergeordneten Satzes identisch ist, dann ist das Prädikat des Finalsatzes ein Infinitiv. Bei zwei verschiedenen Subjekten steht das Prädikat nach *aby* (*żeby, ażeby, by*) im Präteritum.

zrobiła mu wełniane nauszniki,	żeby	nie marzł
zrobiłam ci wełniane nauszniki,	żebyś	nie marzła
zrobiłam wam wełniane nauszniki,	żebyście	nie marzli
zrobiła dzieciom wełniane nauszniki,	żeby	nie marzły
zrobiła sobie wełniane nauszniki,	żeby	nie marznąć

Anmerkung:
1) Die Personalendungen bilden mit der Konjunktion eine untrennbare Einheit!
2) Die Konjunktion *żeby* wird in der Umgangssprache mehr verwendet als die Konjunktionen *aby, ażeby, by*.

Der Konjunktiv

Dlaczego miałby się pan sam trudzić - fragt der Roboter seinen neuen Herrn in *Wierny robot* von Stanisław Lem.

Die Form *miałby*, die aus der 3. Person Präteritum und der Partikel -by besteht, ist hier das Präsens des Konjunktivs. Die Partikel -by bildet mit den nachfolgenden Personalendungen eine *untrennbare* Einheit:

miałbym	miałabym
miałbyś	miałabyś
mielibyśmy	miałybyśmy
mielibyście	miałybyście

Achtung! Bei *miałabym, miałabyś* sowie *miałaby, miałoby, mieliby* und *miałyby* betonen wir die drittletzte Silbe, bei *mielibyśmy, miałybyśmy, mielibyście, miałybyście* betonen wir die viertletzte Silbe!

Die Einheit der Partikel -by mit den Personalendungen kann auch isoliert vorkommen: *Jutro bym poszła do teatru.*

Das Morphem -by kann man im Polnischen nicht als Modus auffassen. Es stellt vielmehr ein selbständiges, im Satz unabhängiges Wort dar, oder es bildet einen Bestandteil anderer Wörtchen, wie z.B. *żeby*, die als formale Mittel die Modalität ausdrücken vermögen. Der Konjunktiv bezeichnet einen möglichen oder gewünschten Vorgang: (...) *nie bardzo umiałabym wyłożyć znaczenie tego uśmiechu* (Iwaszkiewicz, *Opowiadanie szwajcarskie*); *poszłabym tańczyć, chciałabym zaśpiewać piosenkę.*

Der Konjunktiv wird vor allem in Konditionalsätzen gebraucht: *Gdyby (jeśliby, jeżeliby) nie padał deszcz, poszlibyśmy na przechadzkę* - 'Wenn es nicht regnen würde, würden wir spazierengehen'. *Gdybym miała wtedy czas, poszłabym z tobą do teatru* - 'Wenn ich damals Zeit gehabt hätte, wäre ich mit dir ins Theater gegangen'.

Das Präteritum des Konjunktivs, eine zusammengesetzte Zeitform, die aus den Präsensformen des Konjunktivs von *być* und der 3. Person Präteritum des Verbs besteht *byłbym, byłabym to zrobiła* - 'ich hätte das gemacht' wird in der heutigen Sprache immer seltener, man gebraucht es praktisch kaum.

Wenn die Bedingung real ist (war oder sein wird), steht das Prädikat in beiden Sätzen im Indikativ: *Jeśli nastawisz ucha, usłyszysz chrapanie utrudzonego śniegu* (Kornhauser, *Gwiazdka*).

Der Gebrauch der Präpositionen

In allen Sprachen bereiten die Präpositionen den Lernenden Schwierigkeiten und stellen an ihr Sprachgefühl außergewöhnliche Anforderungen. Hier eine Zusammenfassung der nach dem Alphabet geordneten Präpositionen in ihren verschiedenen und wichtigsten Bezeichnungen. Ich verzichtete auf die Erklärungen, um den Lernenden die Möglichkeit zu geben, ihr Sprachgefühl zu prüfen.

bez - 'ohne', nur mit dem Genitiv: *Oddam panu wszystko bez jednego maszynowego błędu. Zygmunt wstał bez pośpiechu.*

dla - 'für', nur mit dem Genitiv: *Zrobiła dla męża nauszniki. To nazwisko brzmi trudno dla naszego ucha. Robimy to dla zdrowia.*

do - 'zu', 'in', 'nach', 'bis', nur mit dem Genitiv: *Poszedłem do żony, żeby jej powiedzieć, co się stało. Poprosiłem chłopca do mieszkania. Wziąłem szybko list do ręki. Podszedłem do furtki. Pojechaliśmy do Francji. Nie miałem predylekcji do tej roboty. Pracuję dziś do godziny drugiej. - To, co słyszeliśmy, było podobne do muzyki, do koncertu, do jakiegoś dramatycznego tańca.*

dookoła (dokoła), naokoło, wokoło (wokół) - 'ringsherum', nur mit dem Genitiv: *Dookoła naszego domu kwitną jabłonie. Naokoło naszego szaletu gromadziły się całe góry lodowe.*

dzięki - 'dank', nur mit dem Dativ: *Dzięki panu mogłam kupić tę książkę. Dzięki Bogu jesteśmy zdrowi.*

koło - 'neben', 'bei', nur mit dem Genitiv: *Dziecko usiadło koło matki. Dom stoi koło lasu.*

ku - 'zu', nur mit dem Dativ: *Cesarz zwrócił swoją twarz ku wiewiórce. Ku zdziwieniu cesarza wiewiórka spokojnie gryzła orzeszek.*

między (pomiędzy) - 'zwischen', 'unter', mit dem Instrumental und mit dem Akkusativ: *Cesarz przechadza się między drzewami. Między łąką i lasem spacerują łosie. Między nami nic nie było. Mówiąc między nami, (...). Zajączek wskoczył między kwiaty. Nie chcę iść między ludzi. Wrócę między dwunastą a pierwszą.*

mimo (pomimo) - 'trotz', nur mit dem Genitiv (ausnahmsweise mit dem *Akk.*): *Mimo złego samopoczucia zaśpiewał piosenkę.* Aber nur: *mimo to, mimo wszystko (Akk.)* - 'trotzdem', 'trotz allem'.

na - 'auf', 'an', 'in', 'für', 'zu', mit dem Lokativ und mit dem Akkusativ: *Coś go na strychu przestraszyło. Paweł mieszkał na górze, a Gaweł na dole. Na lekcji języka polskiego czytamy poezję i prozę. Studiuję biologię na uniwersytecie. Na niebie nie ma gwiazd. Jak ona pięknie gra na fortepianie! Byłam wczoraj na koncercie. Idziemy dziś na koncert. Nie mam pieniędzy na prezent. Siekane - powiada - dobre na moje stare zęby. Clempner zaprosił Donnelów na przyszły piątek. Przyjdźcie jutro na kawę. Gołębie rzucają się na pokarm. Jak wrócisz, przyjdę na Wiejską. Cesarz wybrał się na przechadzkę. Student nie przyszedł na egzamin. Tłumaczę ten tekst na język niemiecki. Czy wasz ojciec choruje na serce? Znam specjalny sposób na psy i koty. - Pędził na łeb na szyję.*

nad (ponad) - 'über', 'an', mit dem Instrumental und mit dem Akkusativ: *Matka stoi nad klombem. Dlaczego stoisz nade mną? Warszawa leży nad Wisłą. Przesiedział całą noc nad książką. Samolot leci ponad chmurami. Jedziemy nad Morze Bałtyckie. Ona pracuje ponad siły.*

naprzeciw (naprzeciwko) - 'gegenüber', 'entgegen', mit dem Genitiv und mit dem Dativ: *Naprzeciw(ko) naszego domu jest kościół. Dziecko biegło naprzeciw matce - matce naprzeciw.*

o - 'von', 'über', 'an', 'um', 'bei', 'für', 'nach', mit dem Lokativ und mit dem Akkusativ: *Opowiedziałem żonie o niezwykłym fakcie. Marzyliśmy o tym. Myślimy o tym chłopcu. O zmroku zadzwonił ktoś do naszej furtki. Przyjdziemy o piątej. Nie troszcz się o matkę. Pytam o zdrowie. Walczymy o pokój. Proszę o spokój. Deszcz dzwoni o szyby. Małgosia jest starsza o rok.- Nie znam tej dziewczyny o jasnych włosach (z jasnymi włosami).*

obok - 'neben', nur mit dem Genitiv: *Obok dziewczyny siedzi chłopiec i pali fajkę.*

od - 'von', 'seit', 'als', nur mit dem Genitiv: *Chłopiec dał mi list od naszego przyjaciela. Mieszkamy daleko od miasta. Od czasu do czasu mamy gości. Od czego ja jestem? - pyta robot. Od hałasu boli mnie głowa. Stoję tu od drugiej godziny i czekam. Staff był starszy od Tuwima.*

około - 'um', 'gegen', nur mit dem Genitiv: *Około połowy lutego odbywa się w Monachium karnawał. Ma około dwudziestu pięciu lat. Budzę się około siódmej rano.*

oprócz (prócz) - 'außer', nur mit dem Genitiv: *Oprócz lampy, maszyny do pisania, magnetofonu, radia i sporego baru nie ma tu rzeczy nadzwyczajnych.*

In dieser Funktion wird auch oft die Präposition *poza* mit dem Instrumental gebraucht, siehe weiter.

po - 'auf', 'nach', 'bis', mit dem Lokativ und mit dem Akkusativ: *Gołębie skaczą po bruku. Nie obserwował trofeów rozwieszonych po ścianach. Po kolacji poszliśmy spać. Po tygodniu gość wyjechał. Bawił się pudełkiem po zapałkach. Stoimy w kolejce po mięso. Wypijemy po filiżance herbaty (= każdy z nas wypije filiżankę herbaty). Jest zakochany po uszy.*

pod - 'unter', 'bei', mit dem Instrumental und mit dem Akkusativ: *Pod ławką siedział kot, a potem pod ławkę wszedł pies. Zygmunt znajdował się pod opieką lekarską. Gra orkiestra pod dyrekcją Herberta von Karajana. Urodziła się pod szczęśliwą gwiazdą. Mieszkamy pod numerem piątym. Czytaliśmy fragment opowiadania pod tytułem* Karnawał. *Żołnierze polscy walczyli pod Monte Cassino.*

podczas - 'während', nur mit dem Genitiv: *Siedzieliśmy podczas pełni księżyca na Piazza della Signoria.*

poza - 'außer', 'außerhalb', 'hinter', mit dem Instrumental und mit dem Akkusativ: *W lesie nie ma żadnych twarzy poza jego własną. Mieszka poza granicami kraju. Wyjechał poza granice kraju. Poza plecami mówił co innego. Poza tym uczę się języka greckiego i hebrajskiego.*

przeciw - 'gegen','wider', nur mit dem Dativ: *Występuję przeciw temu twierdzeniu.*

przed - 'vor', mit dem Instrumental und mit dem Akkusativ: *Dziadek siedzi przed domem i je barszcz. Był przed wojną w Paryżu. Wrócę przed godziną ósmą. Wychodzę przed dom.*

przez (poprzez) - 'durch', 'hindurch', nur mit dem Akkusativ: *Szliśmy przez las. Gaweł spogląda przez dziurę. Słuchamy muzyki przez radio. Zygmunt był przez dłuższy czas we Francji. Nie będzie mnie przez cały tydzień. Clempner rozmawiał przez telefon. Chłopiec mówi przez nos. Podszedłem do bramy ścieżką przetartą przeze mnie tego rana. - Co pan chce przez to powiedzieć?*

przy - 'bei', 'in', nur mit dem Lokativ: *Autorem wiersza* Przy piwoniach *jest Czesław Miłosz. Mieszkałam przy ulicy Szopena (Chopina). Lubię pracować przy muzyce. Dzwonek przy furtce rozległ się dosyć natarczywie trzy razy.*

u - 'bei', 'an', nur mit dem Genitiv: *Poznał go pan u mnie. Zdajemy egzamin u pani profesor. Klamka u drzwi była tak wysoko, że Maciuś nie mógł tych drzwi sam otworzyć.*

w - 'in', 'an', mit dem Lokativ und mit dem Akkusativ: *W mieszkaniu jest dość chłodno. Dlaczego ty nie śpisz w nocy? Druga wojna światowa rozpoczęła się w 1939 roku we wrześniu. Studiuje w Wyższej Szkole Pedagogicznej. Gaweł widzi, że cały pokój jest w wodzie. Dlaczego siedzi pani w kapeluszu i w płaszczu? Jest w niej zakochany. Jedziemy w Alpy. Oddam ci wszystko we czwartek. Wierzę w Boga. - Kupię sobie bluzkę w kwiaty.*

wbrew - 'gegen', 'wider', nur mit dem Dativ: *Ożenił się wbrew woli ojca.*

według - 'nach', nur mit dem Genitiv: *Pracujemy według planu. Według mnie on nie ma racji. Będę się starał zadowolić pana według mych możliwości.*

wskutek (na skutek) - 'infolge', nur mit dem Genitiv: *Przemarzła i wskutek tego zachorowała.*

wśród (pośród) - 'inmitten', 'unter', nur mit dem Genitiv: *Lubię prze-bywać wśród zieleni, wśród kwiatów, wśród gór i wśród lasów. Czy są wśród nas ludożercy?*

wzdłuż - 'längs', 'entlang', nur mit dem Genitiv: *Wzdłuż ściany stoją ławki. Droga biegnie wzdłuż rzeki.*

z - 'aus', 'von', 'mit', 'über', mit dem Genitiv und mit dem Instrumental: *Gaweł zerwał się z łóżka. Oczu z niej nie spuszczał. Żona mówiła, że będziemy mieli z niego pożytek. Najlepszy z nas jest Janek. Co z tego pa-łacu zostanie? Zrobiła mu sweter z wełny. Krzyknął cały czerwony ze złości. Ministrowie śmiali się z Maciusia. Nie wiedzieliśmy, jak się życie z nim ułoży. Jadł ze smakiem. Odstawiliśmy nasze filiżanki z herbatą.*

Mit *z* (vor stimmlosen *s*) zusammengesetzte Präpositionen werden mit dem Genitiv gebraucht: (*znad, spod, spomiędzy, sprzed, zza*) *Wracamy znad morza* (*vgl. jesteśmy nad morzem*). *Wychodzi spod ławki. Wyskoczył spomiędzy kwiatów. Ruszył sprzed domu. Wyjdź zza stołu i spójrz w okno.*

za - 'hinter', 'für', 'an', 'nach', 'zu', mit dem Instrumental, mit dem Ak-kusativ und mit dem Genitiv: *Za nim idzie dwóch posłańców. Czyta jedną książkę za drugą. Ujrzałem za kratą stojącego niedużego mężczyznę. Dziękuję ci za list. Spacerowali trzymając się za ręce. Spotkamy się za rok. Za naszych czasów było inaczej. - Dziękuję za pamięć. Wyszła za mąż.*

Aufgaben

Tłumaczenie na język polski

1. Das Buch gefällt mir. Kauf dir auch dieses Buch!
2. Putzt du dir die Zähne jeden Abend? Ich putze mir die Zähne nach dem Essen.
3. Das genügt mir. Ich brauche nichts mehr.
4. Merke dir gut meine neue Adresse und die Telefonnummer!
5. Ich freue mich auf die Reise nach Polen.
6. Wie heißt du? Wie ist dein Name?
7. Wasch dich und kämm dich schnell!
8. Die Kinder sind brav und lernen gut.
9. Ich trockne mich ab. Ich bin naß. Ich habe gebadet.
10. Die Suppe kocht schon. Die Teller sind noch nicht auf dem Tisch.
11. Janek ist ein fröhlicher Junge. Wir mögen ihn.
12. Ich langweile mich. Hier tut sich nichts.
13. Warte, ich ziehe mich schnell an. Ich habe dich nicht erwartet.
14. Wann ziehst du endlich in die neue Wohnung ein?
15. Wir unterhalten uns über Politik.
16. Das Kind spielt mit der Puppe, die ihm seine Patin geschenkt hat.
17. Setz dich auf diesen Stuhl! Er ist bequemer.
18. Ich sitze lieber hier. Warum sitzt du nicht gerne hier?
19. Ich sonne mich auf der Wiese.
20. Wo befindet sich das? Ist das weit von hier?
21. Ich muß mich schon verabschieden.
22. Warum hast du dich von mir nicht verabschiedet?
23. Melde dich beim Professor. Von ihm erfährst du alles.
24. Ich bin verliebt. Helga hat sich in diesen gutaussehenden Mann verliebt. Er ist leider verheiratet.
25. Interessierst du dich für Jazzmusik?
26. Wo hast du dich erkältet? Hast du Fieber? Geh zum Arzt!
27. Ich bin glücklich. Ich habe alle Prüfungen bestanden.
28. Du bist krank, du mußt dich ins Bett legen.
29. Wir treffen uns um halb sieben vor dem Theater.
30. Ruf mich, bitte, an! Ich bin heute zu Hause.

31. Ich muß mich beeilen. Sie warten auf mich.
32. Ich habe mich verspätet. Es war niemand mehr da.
33. Ich höre gerne Musik. Hörst du? Jemand spielt Klavier.
34. Ich will meine Freunde in Italien besuchen. Sie wohnen in Mailand. Sie haben ein Haus am Mittelmeer.
35. Wir bestellen uns jetzt Kaffee. Ich trinke gerne etwas Wein.
36. Warte, ich öffne dir die Tür. Diese Tür öffnet sich schwer.
37. Das regt mich wahnsinnig auf.
38. Das Seminar beginnt um 9 Uhr und endet um 12 Uhr.
39. Dein Polnisch wird immer besser.
40. Langsam beginne ich alles zu verstehen. Alles ist klar.
41. Wann geschah das?
42. Ich freue mich über das Geschenk, das ich von dir bekommen habe.
43. Ich habe erfahren, daß du nicht mehr in Hamburg wohnst.
44. Die Industrie entwickelt sich in unserem Staat fantastisch.
45. Dir gelingt alles. Du hast Glück.
46. Warum will er nicht heiraten?
47. Mach dich hübsch! Wir gehen tanzen.
48. Gefalle ich dir nicht? Heute siehst du viel schöner aus.
49. Ich bemühe mich, immer gut auszusehen und zu lächeln.
50. Ich eile zum Bahnhof. Der Zug wartet nicht.
51. Ich stelle mich nach den Kinokarten an.
52. Der Kongreß findet in Warschau statt.
53. Ich stehe am Fenster. Stell dich auch ans Fenster!
54. Beruhige dich! Es ist doch nichts passiert.
55. Warum lachst du immer? Lachen ist gesund.
56. Lach nicht über sie! Sie tut mir leid.
57. Am Himmel erscheinen Wolken. Es fängt an zu regnen.
58. Ich wundere mich, daß dich das so interessiert.
59. Seine Erfindung hat zur Entwicklung einer neuen Theorie beigetragen.
60. Entscheide dich! Warum zögerst du?
61. Sein Brief schließt mit herzlichen Grüßen.
62. Grüß sie alle von mir! Sag ihnen, daß ich oft an sie denke.
63. In Polen trinkt man viel Kaffee.
64. An unserer Universität wird viel diskutiert.
65. Bei uns zu Hause werden viele Zeitungen gelesen.

66. Lebt man in Deutschland besser als anderswo?
67. Ich will, daß Sie heute mein Gast sind.
68. Ich möchte, daß du mich besuchst. Hast du Lust, heute zu kommen?
69. Sag ihr, sie möchte nicht vergessen, Blumen zu kaufen. Ich habe keine Zeit, daran zu denken.
70. Ich wünsche dir alles Gute: daß du immer gesund bist und keine Sorgen hast. Und daß sich deine Wünsche bald erfüllen.
71. Er wollte sich nicht setzen, aber dann setzte er sich und begann zu erzählen. Diese Geschichte haben wir schon gehört.
72. Wir hörten zu und wunderten uns. Plötzlich fragte jemand: „Was soll das bedeuten?" Wir konnten das nicht begreifen.
73. Erlaube mir, diese Geschichte zu Ende zu erzählen. Aber bitte, erzähl weiter. Ich werde dich nicht unterbrechen.
74. Plötzlich hörte ich eine Stimme, die merkwürdig klang.
75. Öffne, bitte, das Fenster! Siehst du denn nicht, daß ich gerade dabei bin, es zu öffnen? Soll ich alle Fenster öffnen?
76. Ich wollte dir etwas zeigen. Gut, aber zeige nicht mit dem Finger!
77. Gehst du oft ins Theater? Jede Woche. Heute gehe ich.
78. Hast du vergessen, daß wir uns für 5 Uhr verabredet haben?
79. Ich habe die Wahrheit gesagt. Ich sage immer die Wahrheit. Ich habe noch nie gelogen. Warum sollte ich dich belügen?
80. Hast du das Buch gelesen? Hat es dir gefallen?
81. Ich träumte davon und mein Traum hat sich erfüllt.
82. Wer hat das geschrieben? So ein Unsinn! Ich kann das nicht lesen.
83. Diese Unterschrift ist unleserlich, ich kann sie nicht lesen.
84. Ich verstehe Sie nicht. Können Sie das wiederholen?
85. Ich wiederhole: es gibt keine Regel ohne Ausnahmen. Ausnahmen bestätigen die Regel. Denken Sie, bitte, daran!
86. Es kann sein, daß er das nicht weiß. Man muß ihm das sagen.
87. Ich bin überrascht. Ich kann das nicht glauben.
88. Endlich treffe ich dich! Ich dachte schon, ich würde dich nie treffen. Wann sehen wir uns wieder? Das weiß ich nicht.
89. Du wirst den Text übersetzen können. Du kannst gut übersetzen.
90. Wir haben uns schon lange nicht gesehen. Du hast dich gar nicht verändert. Ich habe dich gleich erkannt.

91. Ich will dich zum Kaffee einladen. Nein, heute lade ich dich ein.
92. Worüber hast du dich mit ihm unterhalten? Ich habe ihn gefragt, wann er Zeit hätte, zu mir zu kommen. Er läßt es mich wissen.
93. Er hat mir das Buch gebracht und mich gebeten, es zu lesen.
94. Wirf das weg! Das ißt man doch nicht, das wirft man weg.
95. Überlege dir gut, was du ihr sagen willst, und sei vorsichtig!
96. Störe ich dich? Es tut mir leid, aber ich muß dich für einen Augenblick stören, denn ich habe dir etwas Wichtiges zu sagen.
97. Leg das Buch auf den Tisch! Ich sehe es mir gleich an.
98. Bring mir, bitte, keinen Wein! Bring mir etwas Wasser!
99. Wir gehen heute abend ins Konzert. Willst du mitkommen?
100. Zwinge mich nicht dazu! Niemand wird mich dazu zwingen.

Lektion eins

1. -
2. s - stoi, stacji, spływa, sapie, sypie; z - z, rozgrzanego; ź - zipie; ż/rz - żar, rozgrzanego, brzucha; sz - ciężka, dyszy; c - stacji, gorąco; cz - palacz.
3. Ciężka, ogromna lokomotywa stoi na stacji. Spływa po niej, jak pot, tłusty smar. Lokomotywa stoi, ale słychać sapanie, dyszenie, dmuchanie. Z wnętrza lokomotywy bucha żar. Wydaje się, że jej samej jest gorąco, że jest zmęczona. Tymczasem palacz dosypuje węgla do paleniska.

Lektion zwei

1. a - sączy, senny; ś/si - jesienny, światła, się; sz - deszcz, szyby, pluszcze, szklany, szarego; cz - deszcz, pluszcze, płacz, sączy; dż - dżdżu.
2. deszcz, deszczu, deszczu, deszcz, deszczem, deszczu; szyba, szyby, szybie, szybę szybą, szybie; kropla, kropli, kropli, kroplę, kroplą, kropli; okno, okna, oknu, okno, oknem, oknie; jęk, jęku, jękowi, jęk, jękiem, jęku; płacz, płaczu, płaczowi, płacz, płaczem, płaczu; mgła, mgły, mgle, mgłę, mgłą, mgle; światło, światła, światłu, światło, światłem, świetle; blask, blasku, blaskowi, blask, blaskiem, blasku.
3. zima, zimowy; wiosna, wiosenny; lato, letni.
4. Pada deszcz i zmoknę. Już pada. Jeszcze pada.
5. -

Lektion drei

1. -
2. czarny, niebieski, pomarańczowy.
3. czerwona róża, czerwonej róży, czerwonej róży, czerwoną różę, czerwoną różą, czerwonej róży.
4. -

Lektion vier

1. na stacji, z niej, z brzucha, w nią; o szyby, w okno, w mgle; przy piwoniach, w środku, w dzbanie, na mieszkanie, nad klombem, z piwoniami, po jedną, w kraje, dla których, po twarzach.
2. Chcę spać. Dziecko nie chce jeszcze spać. Dziecko chce jeść. Śpię już. Nie, jeszcze nie śpię. Lubię długo spać. Dziecko już śpi. Matka jest w kościele. Ksiądz wychodzi z kościoła. Mówię, co myślę. Ona mówi, że

pada. Matka mówi, że kwiaty już kwitną. Przecież kwiaty jeszcze nie
kwitną. Róże pachną bardzo pięknie. W dzbanie są kwiaty. Bardzo lubię
piwonie.

Lektion fünf

1. -
2. Boże Narodzenie (Gwiazdka, Gody), prezent gwiazdkowy, kolęda,
    Wigilia, gwiazda betlejemska, święty Mikołaj.
3. Wenn es im Winter schneit, ist es sehr schön. Ich liebe es, durch den
    Schnee zu gehen und die weißen Tannen zu betrachten. Auf eine grüne
    Tanne fallen weiße Schneeflocken.
4. Lubię, kiedy zimą pada śnieg. Lubię też, kiedy jest zimno. Kiedy jest
    śnieg, można jeździć na nartach. W zimie wszystko powinno być białe.
    Podoba mi się las w śniegu.

Lektion sechs

1. Na targu nie ma kaszy. U nas jest kasza. Jemy obiad. Co pan/pani je
    (państwo jedzą)? Co pan/pani lubi jeść (państwo lubią)? Kupuję mięso
    na obiad. Obiad jest już na stole.
2. chleb, masło, margaryna, kiełbasa, wędlina, szynka, ryba, ser, sałata,
    sałatka.
3. święto, święta, świętu, święto, świętem, święcie.

Lektion sieben

1. herbata, herbaty, herbacie, herbatę, herbatą herbacie; gość, gościa,
    gościowi, gościa, gościem, gościu; kłopot, kłopotu, kłopotowi, kłopot,
    kłopotem, kłopocie; chwileczka, chwileczki, chwileczce, chwileczkę
    chwileczką, chwileczce; pani, pani, pani, panią panią, pani; życie, życia,
    życiu, życie, życiem, życiu.
2. Dziecko przeszkadza (mi, ci, jej, jemu, panu/pani/państwu). Idziemy do
    (kościoła, teatru, kina, szkoły, biblioteki, parku, ogrodu, kawiarni,
    apteki, szpitala, domu towarowego, domu).
3. Proszę zostać jeszcze chwileczkę. Proszę jeszcze trochę herbaty. Proszę
    pozwolić. Proszę jeść. Bardzo proszę jeszcze trochę wina. Proszę
    bardzo. Dziękuję bardzo. Dziękuję panu/pani/państwu.

Lektion acht

1. styczeń, luty, marzec, kwiecień, maj, czerwiec, lipiec, sierpień, wrzesień, październik, listopad, grudzień.

2. Akwizgran, Brunszwik, Brema, Drezno, Frankfurt nad Menem, Frankfurt nad Odrą, Getynga, Kilonia, Kolonia, Koblencja, Konstancja, Lipsk, Lubeka, Moguncja, Norymberga, Ratyzbona, Trewir, Tybinga, Wormacja.

3. Tak, byłam (byłem) już w Polsce. Nie, nie byłam (byłem) w Polsce. Byłam (byłem) w Warszawie i w Krakowie. Znam angielski, francuski, hiszpański, włoski i rosyjski.

4. Niemiecki pisarz pisze o miłości. Lubię polskie książki.

Lektion neun

1. osobom - osoby, firmom - firmy, instytucjom - instytucje, Aleksandrowi Ildefonsowi Watowi - Aleksander Ildefons Wat, trzem podlotkom - trzy podlotki, Alojzemu Gżegżółce - Alojzy Gżegżółka, Hermenegildzie Kociubińskiej - Hermenegilda Kociubińska, psu Fafikowi - pies Fafik, przyjaciółkom - przyjaciółki, Natalii Brzozowskiej - Natalia Brzozowska, Franciszkowi Józefowi Haydnowi - Franciszek Józef Haydn, autorowi - autor, Julianowi Krogulskiemu - Julian Krogulski, dyrekcji - dyrekcja, poecie Ernestowi Degrange - poeta Ernest Degrange, redakcji - redakcja, klubowi sportowemu - klub sportowy, Napoleonowi Piorunkiewiczowi - Napoleon Piorunkiewicz, Pallas Atenie - Pallas Atena, wszystkim postaciom biblijnym - wszystkie postacie biblijne, Mikołajowi Gogolowi - Mikołaj Gogol, Radzie Zakładowej - Rada Zakładowa, Jerzemu Zarubie - Jerzy Zaruba, dzwonnikowi - dzwonnik, pani Twardowskiej - pani Twardowska, czcigodnemu, wielce dostojnemu, zasłużonemu, bezkompromisowemu, jedynemu w swoim rodzaju, kochanemu profesorowi Bączyńskiemu - czcigodny, wielce dostojny, zasłużony, bezkompromisowy, jedyny w swoim rodzaju, kochany profesor Bączyński, panu Ali-Babie i czterdziestu rozbójnikom - pan Ali-Baba i czterdziestu rozbójników, siedmiu braciom śpiącym - siedmiu braci śpiących, spółdzielni - spółdzielnia, muzie - muza, Zygmuntowi Mycielskiemu - Zygmunt Mycielski, Krzysztofowi Gruszczyńskiemu - Krzysztof Gruszczyński.

2. Mam dwa życzenia, dwie przyjaciółki, trzy psy, cztery koty, jedno łóżko, jedną głowę.

Lektion zehn

1. -
2. Ein Nomen im Satz kann Subjekt, Prädikativum, Objekt, Adverbialbestimmung und Attribut ausdrücken.

Lektion elf

1. strychu, schodach, imienia, wrażenia, syna, pokoju, czasu, talerzu,
barszczu, chłopca, dziadkiem, domem, torbie, chleba, mięsa, zębów,
jedzenia.
2. odnieś, pędź, podaj, podziękuj, pokaż, powiedz, przestrasz, przyjdź,
zejdź, sprawiaj, uśmiechaj się, wołaj, wracaj, wyciągaj, zajmuj, zanieś,
zauważ, zawierusz się, zjedz, nieś.
3. święć się, przyjdź, bądź, daj, odpuść, nie wódź, zbaw.
   Imperativformen werden vom Präsensstamm gebildet.

Lektion zwölf

1. poszedł, rozmawiał, znalazł, usiadł, zaczął, chciało, jedliśmy (jadłyśmy),
piliśmy (piłyśmy), siedzieliśmy (siedziałyśmy), czekaliśmy
(czekałyśmy), prosił, powiedział, siedział, łowił, spał, kapała.
2. stała, spływał, sapała, dyszała, dmuchała, buchał, sapała, zipała, sypał;
dzwonił, pluskał, padały, tłukły, mokły, sączył się.
3. -

Lektion dreizehn

1. Nie umiem odpowiedzieć na pytanie. Co mogę powiedzieć? On nie może
być królem. Oni nazywają go królem, ale on nie umie rządzić. Umiesz
lekcję. Nie mogę teraz mówić. Kto może mi powiedzieć, kim on jest.
Ona nie umie żyć. Nie mogę bez niego żyć. Nie umiałem nic powiedzieć.
Maciuś nie umiał pisać i dlatego nie mógł jeszcze zostać królem. Król
nie mógł rządzić, bo był chory a doktor nie umiał go wyleczyć.
2. Minister wojny powiedział, że trzeba zawołać doktora. Minister
sprawiedliwości powiedział, że po śmierci króla rządzi najstarszy syn
królewski. Minister spraw wewnętrznych myśli, że trzeba zawołać
doktora. Król ma tylko jednego syna. Najstarszy syn królewski to
następca tronu. Maciuś jest małym chłopcem. Maciuś nie może być
królem, bo nawet pisać jeszcze nie umie.
3. radźcie, zawołajcie, zasiądź, nie bójcie się, nie zostawiajcie, zróbcie,
powiedzcie.

4. król, królowa, królewicz, królewna, królować, królewski, królew-
    szczyzna, królestwo, królewiątko, królewsko, królik, królica, królikarnia,
    króliczy, króliczek, królobójca, królobójczy, królobójstwo, królowanie,
    królówka.

Lektion vierzehn

1. Maciuś wstał z łóżka, ubrał się, wyszedł na korytarz i stanął przed
    drzwiami stołowego pokoju. Ministrowie krzyczeli, śmiali się i wołali.
    Maciuś miał żal do ministrów, bo oni śmiali się z niego. Maciuś
    pomyślał, że odpłaci im, jak będzie królem.
2. Nie śmiejcie się z Maciusia. Nie pij wina. Nie róbcie hałasu, bo
    obudzicie króla. Zobaczymy, co się dzieje w stołowym pokoju. Nie
    miejcie żalu do ministra obrony. Nie nazywajmy go królem. Nie krzycz,
    bo w domu już wszyscy śpią.
3. Chcę pojechać do Polski. Mogę to zrobić. Muszę się uczyć. Trzeba iść
    spać. Wolno im tak robić. Można tam pójść.

Lektion fünfzehn

1. dziwny, dziwniejszy, najdziwniejszy; mądry, mądrzejszy, naj-
    mądrzejszy; ukochany, ukochańszy, najukochańszy; śliczny,
    śliczniejszy, najśliczniejszy; duży, większy, największy; zgodny,
    zgodniejszy, najzgodniejszy; daleko, dalej, najdalej; stokrotnie,
    stokrotniej, najstokrotniej.
2. nagród, ogrodów, żon, rozmów, pań, wojen, łóżek, wód, głów.
3. Tuwim pisze, że Staff wie, jaką olbrzymią radością jest dla niego
    przyznanie Staffowi nagrody. (...) Pisze, że wytłumaczy mu to kiedyś w
    cztery oczy. Teraz nie może, bo jest chory. (...) Staff winszuje
    Tuwimowi nagrody. Staff jest chory - podobnie jak Tuwim. Choruje
    razem z żoną i nie rusza się z Warszawy. (...) Jest bardzo spragniony
    rozmowy z Tuwimem. (...)
4. -

Lektion sechzehn

1. Każda bajka Krasickiego zawiera inny morał. Tuwim pisze w liście do
    Staffa, że cieszy się z jego nagrody. Staff winszuje Tuwimowi nagrody i
    chce się z nim zobaczyć. Staff był starszy od Tuwima. Staff żył dłużej
    niż Tuwim. Ministrowie mówili, że Maciuś nie może być królem, bo nie
    umie jeszcze nawet pisać. W swoim domu każdy jest panem dla siebie.
    Dla każdego czytelnika inny tekst może być najładniejszy lub
    najciekawszy z bardzo różnych powodów.

2. nauczyciele, ojcowie, dzieci, goście, królowie, konie, osły, orły, pokoje, kraje, morza, tygodnie, place, tańce, kuchnie, książki, formy, zimy, wiosny, lekcje, szkoły, korony, marki.
3. ciszej, dłużej, piękniej, starzej, młodziej, bardziej, ciekawiej, wolniej.
4. Dwaj (trzej, czterej) studenci uczą się języka polskiego. Pięciu (sześciu, siedmiu, ośmiu, dziewięciu, dziesięciu, jedenastu, dwunastu, trzynastu, czternastu, piętnastu, szesnastu, siedemnastu, osiemnastu, dziewiętnastu, dwudziestu, dwudziestu jeden, dwudziestu dwóch, dwudziestu trzech, dwudziestu czterech, dwudziestu pięciu, dwudziestu sześciu, dwudziestu siedmiu, dwudziestu ośmiu, dwudziestu dziewięciu) studentów uczy się języka polskiego.
5. ciebie, szczęściem, ci, radości, uroczą i mądrą dziewczyną, tego małego ptaszka, drzewie, kochanym człowiekiem, tej kawiarni, dobrej kawy, czym, barszczu, ładnym domu, małym chłopcem, śmierci, królem, jedynym synem królewskim, tego chłopca, ruchu, tę ładną dziewczynę, dwadzieścia dwa lata, dwadzieścia pięć lat, twojemu ojcu i twojej matce, serdecznych życzeń, tym nowym klubie sportowym, tego studenckiego czasopisma, teatru, muzyki barokowej, tej muzyki, tego utworu fortepianowego, dobrym nastroju, tej książki, tym, Florencji, dziewczyny i chłopca, fajkę, tą pustą filiżanką, ją stłuc, tego pytania, żadnej książki, Czesława Miłosza, talerzu, was, kolację, tym tygodniu, jednym domu, wodzie, wędką, komodzie, lekarza, mi, gramatyki polskiej, Tuwimowi, serdeczności, słowikowi, klatce, polu, ciebie, tym, słońca, chleba, wolności, językiem trudnym, nas, najlepszą powtórką, lekcji, ćwiczeń gramatycznych, żadnego języka, gramatyki.

Lektion siebzehn
1. patrzeć, pytać, zrozumieć, mieć, poczekać, deptać, zgrzytać, być, posunąć się, ustąpić, wykupywać, mówić.
2. Kochani ludożercy, nie patrzcie wilkiem na człowieka, który pyta o wolne miejsce w przedziale kolejowym. Zrozumcie: inni ludzie też mają dwie nogi i siedzenie. Kochani ludożercy, poczekajcie chwilę. Nie depczcie słabszych, nie zgrzytajcie zębami. Zrozumcie: ludzi jest dużo, będzie jeszcze więcej, więc posuńcie się trochę, ustąpcie. Kochani ludożercy, nie wykupujcie wszystkich świec, sznurowadeł i makaronu. Nie mówcie odwróceni tyłem: ja, mnie, mój, moje, mój żołądek, mój włos, mój odcisk, moje spodnie, moja żona, moje dzieci, moje zdanie.
3. tego przedziału, wolnego miejsca, ludożercą, tym przedziale, wolnych miejsc, nóg, zębów, świece, sznurowadła, makaronu, siedzeniu, włosy, tych ludzi, zębami, słabym człowiekiem, tego człowieka.

4. tył głowy, tył sukni, tył autobusu, na tyłach domu, do tyłu, w tył, w tyle, od tyłu, na tyle, mieć tyły, iść tyłem.

Lektion achtzehn

1. wybierać się, iść, zdarzać się, zdarzyć się, czuć się, otaczać, być, zwracać, znaczyć, przyjść, posiadać, mieć, siedzieć, gryźć, zwrócić, przypatrywać się, patrzeć, spuszczać, wydawać się, pytać, zamyśleć się, myśleć, umieć, rosnąć, móc, tupnąć, gwizdnąć, wypuścić, uciec, pójść, gwizdać, przestawać, zaśpiewać, chodzić.

2. na przechadzkę ku niemu, w którą stronę, w lesie, poza jego własną twarzą, na drzewo, na krzak, ku cesarzowi, na drzewie, ku wiewiórce, na nią, ku niej, na mnie, na coś, przez las, do lasa.

3. Kto wybrał się na przechadzkę? Cesarz.
   Jak czuje się cesarz w lesie? Czuje się nieswojo.
   Co jest dla wszystkich bardzo ważne? W którą stronę cesarz twarz swoją zwrócił.
   Czy są w lesie inne twarze? Nie, nie ma innych poza cesarską.
   Czy wiewiórka zwraca twarz ku cesarzowie? Nie.
   Co robi wiewiórka? Siedzi na drzewie i gryzie orzeszek.
   O co pyta siebie cesarz? Pyta, czy jest cesarzem.
   Jaką piosenkę zaśpiewał cesarz? Zaśpiewał piosenkę: „Nie chodź Marysiu do lasa".

4. przechadzce, lesie, drzew i krzaków, drzewem, cesarza, kieszeni, orzeszki, wiewiórce, cesarza, drzewo, pałacu cesarskim, dworzan, cesarza, przechadzkę, lasu, cesarzem, królem, zwierzęciem, twarzy, małej wiewiórki, tym parku, wiewiórek, drzewie, oczu, cesarza, piosenkę, las, orzeszka.

5. na twarzy, do twarzy, w twarzy, twarz w twarz, przed twarzą, z twarzy, tracić twarz, uderzyć w twarz, nie mieć twarzy, czytać z twarzy, twarz wyraża coś.

Lektion neunzehn

1. einfache Flexionsformen: siedzi, stuka, pisze, przyjdą
   zusammengesetzte Flexionsformen: będę załatwiał
   vollendete Verben: zadowolić, skoncentrować
   unvollendete Verben: ułatwiać, wracać, zamawiać
   der Indikativ: Wygląda przez okno
   der Konjunktiv: Dlaczego miałby się pan sam trudzić?
   der Imperativ: Zabierzcie go stąd natychmiast!
   das Präsens: jestem, cierpi

das Präteritum: przysłał, zamawiałem
das Futur: będzie mógł, sprawdzimy
der Infinitiv: podpisać
die Partizipien: napisane, ustawiony
das Aktiv: Clempner podnosi słuchawkę
das Passiv: Tu napisane

2. Diese Verbalsubstantive werden mithilfe der Suffixe *-anie* und *-enie* gebildet.

Mam maszynę do pisania. Siedzenie tutaj sprawia mi przykrość. To ułatwia stworzenie lokalnego kolorytu. Proszę podpisać potwierdzenie odbioru. Na twarzy maluje się zdziwienie. Do zobaczenia. Palenie szkodzi zdrowiu. Powtarzanie pomaga uczyć się języka. Wpadnij na obgadanie tej sprawy. Jedzenie trzyma nas przy życiu.

3. maszynie, wysiłku, błędów, państwa Donnelów, kolację, pokoju, dwóch posłańców, skrzynią, skrzyni, panu Clempnerowi, robota, domu, pokoju, lampą, maszyną do pisania, magnetofonem, radiem i sporym barem, rzeczy wstrząsających, pracownią, służącym, pana Clempnera, robotów, panu Clempnerowi, ludzi, słuchawki, maszyny, powieści kryminalnej, autorem.

4. na sposób, w sposób, sposób na coś, w jaki sposób, na każdy sposób, sposobem, w żaden sposób, mieć na coś sposób, znaleźć sposób, nie sposób.

Tłumaczenie na język niemiecki:
Der tschechische Schriftsteller Karel Čapek hat das Wort „robot" erfunden, um das massenhaft produzierte künstliche Wesen zu bezeichnen, das eine Imitation des Menschen in bezug auf Aussehen und Verhalten ist; diesen Terminus benutzt er in seiner utopischen Komödie „R.U.R.".

Lektion zwanzig

1. buchać, spływać, padać, pluskać, biegać, bywać, powtarzać, puszczać, rozchylać, sięgać, pozwalać, siadać, sypiać, uciekać, wypędzać, wyrzucać, wiedzieć; sapać, sypać, zipać, moknąć, tłuc, kołysać, kwitnąć, pachnąć, stawać, chcieć, jeść; dyszeć, stać, dzwonić, sączyć, myśleć, patrzyć, prowadzić, boleć, chodzić, lubić, modlić się, mówić, robić, śmiecić, spać, wychodzić.

2. Lepiej nigdzie nie idź, siedź w domu. Termometr spada. Na chodnikach lód. Noc jest taka ciemna.
Kupię tylko w budce papierosy. Zaraz do ciebie wrócę.
Kochany, miasto zasypane śniegiem. Znalazłam starą fajkę w szufladzie, albo lepiej zrobię ci herbaty.
Kochana, nie mam tytoniu. Przeszukałem wszystko w domu. Bez tytoniu tylko siąść i płakać.
Kochany, lepiej siedzieć w domu. Jest taki mróz. Jest tak ciemno.
Z mrozem sobie poradzę. Mam wełniane, ciepłe nauszniki, które mi zrobiłaś.

3. męża, wełny, domu, gorącą herbatę, mieście, chodnikach, takiego mrozu, twojej starej fajki, wełnianych nauszników, białego polarnego niedźwiedzia, budce, piecu, papierosów.

4. lód, lody, lodowy, lodowisko, lodowaty, lodowato, zlodowaciały, zlodowacenie, lodowiec, lodowcowy, lodołamacz, lodowacieć, lodówka, lodziarz, lodziarnia.
   Tłumaczenie na język polski:
   Palisz? Palę, ale nie mam papierosów. W paczce są jeszcze dwa papierosy, możesz wziąć jednego. Ale tu nie możemy palić, tu nie wolno palić. Dlaczego nie? Nie umiesz czytać? „Palenie wzbronione". Chodźmy tam! Widzisz tego faceta, który siedzi na ławce i pali fajkę? Miejsce obok niego jest wolne.

Lektion einundzwanzig

1. pozwalać, wiedzieć, przeżywać, czekać, odczytać, znać, rozglądać się, umieć, mieć, odegrać, zapamiętać, przedstawiać, polegać, dobiegać, uderzać, wybuchać, zwalniać, przyśpieszać, słuchać; spaść, rozmarznąć, zamarznąć, rozlec się, powiedzieć, iść, podejść, wyciągnąć, wziąć, pisać, znajdować się, zacząć, skonstatować, pójść, móc, sprawować, okazać się, przyjąć, spróbować, wydawać się obserwować, zdawać się, widnieć, opisać, stać się, wstać, okazać się, kazać, narąbać, ugotować, rąbać, rozsypywać się, odpowiedzieć; zrobić, gromadzić się, zadzwonić, zdziwić, dzwonić, przychodzić, otworzyć, ujrzeć, należeć, walczyć, przechodzić, zalecić, poprosić, zostawić, zawiadomić, zburzyć, ułożyć, zniszczyć, robić, siedzieć, widzieć, wyłożyć, potrafić, wymówić, brzmieć, zbliżyć, mówić, cieszyć się, potrafić, zastąpić, dolecieć, tańczyć, odstawić, popatrzeć, słyszeć.

2. dobijanie się, zagrożenie, odosobnienie, znaczenie, porozumienie się, rąbanie, pukanie, uderzenia.
   Die Verbalsubstantive werden mit den Suffixen -enie, -anie gebildet. Sie haben die Funktion des Subjektes oder Objektes im Satz.
3. ścieżką przetartą, zasypaną (Ort der Handlung); za kratą (Ort der Handlung); przede mną (Ort der Handlung); niemym gestem (Art und Weise des Vorgangs); z pewną trudnością (Art und Weise des Vorgangs); z nim (Objekt); okaże się natrętem (Prädikatsnomen); stał się nicią przewodnią (Prädikatsnomen); stał się kimś (Prädikatsnomen); okropnym akcentem (Art und Weise des Vorgangs); (wybuchał) śmiechem (Objekt); (rozsypywały sie) drobnymi i szybkimi ciosami, niepowstrzymanym chichotem (Art und Weise des Vorgangs).

Lektion zweiundzwanzig
1. nikomu, naszego szaletu, bramie, ręce, ręki, białą staroświecką kopertę, koperty, naszego starego przyjaciela, Genewie, tego młodego mężczyzny, naszej górskiej miejscowości, Genewy, tym młodym człowiekiem, naszego spokoju, przyjacielowi, tego młodego człowieka, Polski, dużą rolę, moim życiu, tego nazwiska, ciepłym pokoju, mazurków Chopina, tej muzyki, tego koncertu, tego tańca, takiego uśmiechu, takiego głosu, drzewa, samotności.
2. na szczęście, szczęście do kogoś/do czegoś, trochę szczęścia, całe szczęście, jakie to szczęście, mieć szczęście, dużo szczęścia, być szczęściem, szukać szczęścia.

Anhang

1. Ta książka podoba mi się. Kup sobie tę książkę!
2. Czy myjesz zęby co wieczór? Ja myję zęby po jedzeniu.
3. To mi wystarczy. Nie potrzebuję niczego więcej.
4. Zapamiętaj mój nowy adres i numer telefonu!
5. Cieszę się z podróży do Polski.
6. Jak się nazywasz? Jak masz na imię/nazwisko?
7. Myj się i czesz szybko!
8. Dzieci są grzeczne i uczą się dobrze.
9. Wycieram się. Jestem mokry/mokra. Kąpałem/kąpałam się.
10. Zupa już się gotuje. Na stole nie ma jeszcze talerzy.
11. Janek jest wesołym chłopcem. Lubimy go.
12. Nudzę się. Tu się nic nie dzieje.
13. Poczekaj, szybko się ubiorę. Nie spodziewałem/spodziewałam się ciebie.
14. Kiedy się wreszcie wprowadzisz do nowego mieszkania?
15. Rozmawiamy o polityce.
16. Dziecko bawi się lalką, którą dała mu jego chrzestna.
17. Siądź na tym krześle. Jest wygodniejsze.
18. Wolę siedzieć tutaj. Dlaczego nie lubisz tu siadać?
19. Opalam się na łące.
20. Gdzie to jest? Czy to daleko stąd?
21. Muszę się już pożegnać.
22. Dlaczego się ze mną nie pożegnałeś/pożegnałaś?
23. Zgłoś się do profesora. Od niego dowiesz się wszystkiego.
24. Jestem zakochany/zakochana. Helga zakochała się w tym przystojnym mężczyźnie. On jest, niestety, żonaty.
25. Czy interesujesz się muzyką jazzową?
26. Gdzie się przeziębiłeś/przeziębiłaś? Czy masz gorączkę? Idź do lekarza!
27. Jestem szczęśliwy/szczęśliwa. Zdałem/zdałam wszystkie egzaminy.
28. Jesteś chory/chora. Musisz położyć się do łóżka.
29. Spotkamy się o wpół do siódmej przed teatrem.
30. Zadzwoń do mnie, proszę! Jestem dziś w domu.
31. Muszę się pośpieszyć. Czekają na mnie.
32. Spóźniłem/spóźniłam się. Nikogo już nie było.
33. Chętnie słucham muzyki. Słyszysz? Ktoś gra na pianinie.
34. Chcę odwiedzić moich przyjaciół we Włoszech. Oni mieszkają w Mediolanie. Oni mają dom nad Morzem Śródziemnym.

35. Zamówimy teraz sobie kawę. Napiję się chętnie wina.
36. Poczekaj, otworzę ci drzwi. Te drzwi otwierają się ciężko.
37. To mnie okropnie denerwuje.
38. Seminarium zaczyna się o godzinie dziewiątej a kończy o dwunastej.
39. Twój polski będzie coraz lepszy.
40. Powoli zaczynam wszystko rozumieć. Wszystko jest jasne.
41. Kiedy to się stało?
42. Cieszę się z prezentu, który od ciebie dostałem/dostałam.
43. Dowiedziałem/dowiedziałam się, że nie mieszkasz już w Hamburgu.
44. Przemysł rozwija się w naszym kraju fantastycznie.
45. Tobie udaje się wszystko. Ty masz szczęście.
46. Dlaczego on nie chce się ożenić?
47. Ubierz się ładnie. Idziemy potańczyć.
48. Czy nie podobam ci się? Dziś wyglądasz dużo ładniej.
49. Staram się wyglądać zawsze ładnie i uśmiechać się.
50. Spieszę się na dworzec. Pociąg nie czeka.
51. Stoję po bilety do kina.
52. Kongres odbędzie się w Warszawie.
53. Stoję w oknie. Stań też w oknie.
54. Uspokój się! Przecież nic się nie stało.
55. Dlaczego zawsze się śmiejesz. Śmiech to zdrowie.
56. Nie śmiej się z niej! Żal mi jej.
57. Na niebie pojawiają się chmury. Zaczyna padać deszcz.
58. Dziwię się, że tak cię to interesuje.
59. Jego odkrycie przyczyniło się do rozwoju nowej teorii.
60. Zdecyduj się. Dlaczego się wahasz?
61. Jego list kończy się serdecznymi pozdrowieniami.
62. Pozdrów ich wszystkich ode mnie. Powiedz im, że często o nich myślę.
63. W Polsce pije się dużo kawy.
64. Na naszym uniwersytecie dużo się dyskutuje.
65. U nas w domu czyta się wiele gazet.
66. Czy w Niemczech żyje się lepiej niż gdzieś indziej?
67. Chciałbym/chciałabym, żeby pan był/pani była dziś moim gościem (państwo byli dziś moimi gośćmi).
68. Chciałbym/chciałabym, żebyś mnie odwiedził/odwiedziła.

69. Powiedz jej, żeby nie zapomniała kupić kwiatów. Nie mam czasu, żeby o tym myśleć.
70. Życzę ci wszystkiego dobrego: żebyś był/była zawsze zdrowy/zdrowa i nie miał/miała żadnych kłopotów. I żeby twoje życzenia szybko się spełniły.
71. On nie chciał usiąść, ale potem usiadł i zaczął opowiadać. Tę historię już słyszeliśmy.
72. Słuchaliśmy i dziwiliśmy się. Nagle ktoś zapytał: „Co to ma znaczyć?". Nie mogliśmy tego znieść.
73. Pozwól mi opowiedzieć tę historię do końca. Ależ proszę, opowiadaj dalej. Nie będę ci przerywać.
74. Nagle usłyszałem/usłyszałam głos, który brzmiał dziwnie.
75. Otwórz, proszę, okno! Czy nie widzisz, że właśnie je otwieram? Czy mam otworzyć wszystkie okna?
76. Chcę ci coś pokazać. Dobrze, ale nie pokazuj palcem!
77. Czy chodzisz często do teatru? Co tydzień. Dziś idę.
78. Czy zapomniałeś/zapomniałaś, że umówiliśmy/umówiłyśmy się na piątą?
79. Powiedziałem/powiedziałam prawdę. Zawsze mówię prawdę. Jeszcze nigdy nie skłamałem/skłamałam. Dlaczego miałbym/miałabym cię okłamywać?
80. Czy czytałeś/czytałaś tę książkę? Czy podobała ci się?
81. Marzyłem/marzyłam o tym i moje marzenie się spełniło.
82. Kto to napisał? Co za nonsens! Nie mogę tego czytać.
83. Ten podpis jest nieczytelny, nie mogę go odczytać.
84. Nie rozumiem pana/pani. Czy może pan/pani powtórzyć?
85. Powtarzam: nie ma reguł bez wyjątków. Wyjątki potwierdzają reguły. Proszę o tym pamiętać!
86. To jest możliwe, że on tego nie wie. Trzeba mu to powiedzieć.
87. Jestem zaskoczony/zaskoczona. Nie mogę w to uwierzyć.
88. Nareszcie cię spotykam. Myślałem/myślałam już, że cię nigdy nie spotkam. Kiedy zobaczymy się znowu? Nie wiem.
89. Możesz przetłumaczyć ten tekst. Ty dobrze tłumaczysz.
90. Nie widzieliśmy się już dawno. Zupełnie się nie zmieniłeś/zmieniłaś. Zaraz cię poznałem/poznałam.
91. Chcę cię zaprosić na kawę. Nie, dziś ja cię zapraszam.
92. O czym z nim rozmawiałeś/rozmawiałaś? Zapytałem/zapytałam go, kiedy miałby/miałaby czas przyjść do mnie. Powiedział mi to.

93. On przyniósł mi tę książkę i poprosił mnie o przeczytanie.
94. Wyrzuć to! Tego się przecież nie je, to się wyrzuca.
95. Zastanów się dobrze, co chcesz jej powiedzieć i uważaj!
96. Przeszkadzam ci? Bardzo mi przykro, ale muszę ci na chwilę przeszkodzić, ponieważ mam ci coś ważnego do powiedzenia.
97. Połóż tę książkę na stole! Zaraz ją obejrzę.
98. Nie przynoś mi, proszę, wina! Przynieś mi trochę wody!
99. Dziś wieczorem idziemy na koncert. Czy chcesz iść z nami?
100. Nie zmuszaj mnie do tego! Nikt mnie do tego nie zmusi.

Waldemar Klemm

Wörterverzeichnis

Polnisch-Deutsch

a *conj*	und (entgegensetzend) 19
aby *conj*	um 85
akurat *adv*	gerade, eben 55
ale, ależ *conj*	aber (doch) 62
aż *conj*	bis 55
bać się *impf*	sich fürchten 104
bardzo *adv*	sehr 42
barszcz *m*	Rübensuppe 90
bawić się *impf*	spielen 85
bez *prp*	ohne 55
bezdenny, -a, -e *adj*	bodenlos 79
bezkompromisowy, -a, -e *adj*	kompromißlos 79
bezsenność *f*	Schlaflosigkeit 146
biały, -a, -e *adj*	weiß 32
Biblia *f*	Bibel 79
biblijny, -a, -e *adj*	biblisch 79
biedak *f*	armer Teufel 165
biegać *impf*	laufen (hin und her) 32
blask *m*	Schimmer 25
bo *conj*	weil 32
bok *m*	Seite 165
boleć *impf*	schmerzen 42
brać *impf*	nehmen 55
brama *f*	Tor 165
brat *m*	Bruder 79
broda *f*	Bart 90
broń *f*	Waffe 155
bruk *m*	Straßenpflaster 172
brzuch *m*	Bauch 19
brzuszek *m*	Bäuchlein 42
buchać *impf*	ausströmen 19
budka *f*	Bude, Hütte, Stand 155
bunt *m*	Aufruhr 104
być *impf*	sein 33
Bydgoszcz *f*	Bromberg 79
bywać *impf*	pflegen zu sein 32
błąd *m*	Fehler 146
całować *impf*	küssen 117
cały, -a, -e *adj*	ganz 55
cesarz *m*	Kaiser 139
cętka *f*	Tüpfel 32
chcieć *impf*	wollen 42

chichot *m*	Gekicher 165
chleb *m*	Brot 172
chodnik *m*	Gehsteig 155
chodzić *impf*	gehen 42
choinka *f*	Tannenbaum,Weihnachtsbaum 49
cholera *f*	Cholera 117
chorować *impf*	krank sein 117
chory, -a, -e *adj*	krank 104
chrapać *impf*	schnarchen 49
chrapanie *n*	Schnarchen 49
chwila *f*	Augenblick, Weile 32
chwilka *f* (chwileczka *dim*)	Weile, Augenblick 62
chłopiec *m*	Junge 85
ciągle *adv* (= wciąż)	andauernd 55
ciągły, -a, -e *adj*	ununterbrochen 104
cichaczem *adv*	stillschweigend, im Stillen 90
cicho *adv*	still 90
ciężki, -a, -ie *adj*	schwer 19
ciocia *f*	Tante (liebevoll) 55
cios *m*	Schlag 165
co *pron*	was 32
coś *pron*	etwas 68
córka *f*	Tochter 55
cóż *fragepron*	was denn? 42
cygaro *n*	Zigarre 110
czapka *f*	Mütze 97
czas *m*	Zeit 85
czasopismo *n*	Zeitschrift 79
czcigodny, -a, -e *adj*	ehrwürdig 79
czekać *impf*	warten 49
Czerwony Kapturek	Rotkäppchen 69
cześć *f*	Ehre 146
często *adv*	oft 90
czternaście *num*	vierzehn 85
czule *adv*	zärtlich 117
czy *conj*	ob 68
czy *conj*	oder 104
czysto *adv*	sauber 90
czyżyk *m*	Zeisig 123
człowiek *m*	Mensch 90
dać *pf*	geben 123
dalej adv *comp*	weiter 90
daleko *adv*	weit 117
dany, -a, -e *part*	gegeben 32
deszcz *m*	Regen 25
dla *prp*	für 32
dlaczego *adv*	warum 110

dlatego *adv*	darum 104
dmuchać *impf*	pusten 19
do *prp*	in, zu, nach 42
dodatek *m*	Beilage, Zugabe 79
dom *m*	Haus 55
donos *m*	Anzeige, Bericht 55
dostawca *m*	Lieferant 165
dostojny, -a, -e *adj*	ehrwürdig 79
dotąd *adv*	bis jetzt 90
dowód *m*	Beweis 165
dół *m*	Grube, Loch, *hier*: das Untere 97
drewno	Holz 165
drewutnia *f*	Holzkammer 165
drobiazg *m*	Kleinigkeit 146
droższy, -a, -e *adj (comp von* drogi)	teurer (teuer) 55
drwa *n pl*	Holz, Brennholz 165
drzewo n	Baum 117; 139, 165
drzwi *plur tant*	Tür 110
dwadzieścia *num*	zwanzig 55
dworzanin *m*	Hofmann 139
dyszeć *impf*	schwer Atem holen 19
dzban *m*	Krug 32
dziać się *impf*	geschehen 110
dziad *m*	Goßvater 90
dziadek *dim*	Großvate, *hier*: alter Mann 90
dziecko n	Kind 32
dzień *m*	Tag 42
dziewczyna *f*	Mädchen 68
dziękować *impf*	danken 55
dziób *m*	Schnabel 172
dziwny, -a, -e *adj*	eigenartig 117, sonderbar 90
dzwonić *impf*	läuten, klingeln 25
dzwonnik *m*	Glöckner 79
dżdżu = deszczu	des Regens 25
dłoń *f*	Hand(fläche) 172
długo *adv*	lang 32
dłużej *adv comp*	länger 90
fajka *f*	Pfeife 85
fakt *m*	Tatsache 146
filiżanka *f*	Tasse 85
fortepianowy, -a, -e *adj*	Klavier- 68
furtka *f*	Pforte 165
gdy *conj (im Temporalsatz)*	wenn, als 49
gdzieś *adv*	irgendwohin 62, irgendwo 90
gest *m*	Geste 165
gęś *f*	Gans 79

gniew *m*	Zorn 110
godzina *f*	Stunde 55
gonić *impf*	laufen (nach-, verfolgen) 97
gorąco *adv*	heiß 19
gość *m*	Gast 62
góra *f*	Berg, *hier*: das Obere 97
gołębiarz *m*	Taubenzüchter 79
granica *f*	Grenze 165
gromada *f*	Schar, Haufen 32
grób *m*	Grab 155
grubiutki, -a, -ie *adj dim*	(sehr) dick 49
gruźlica *f*	Tuberkulose 165
gwiazdka *f dim*	Sternchen 49
głębia *f*, z głębi	Tiefe 79, *hier*: aus der Tiefe 79
głos *m*	Stimme 79
głośno *adv*	laut 32
głowa *f*	Kopf 79
głód *m*	Hunger 123
hałas *m*	Lärm 110
herbata *f*	Tee 62
i *conj*	und 19
ileś, ile *adv*	viele, wieviel 55
imię *n*	Name, Vorname 90
interesować *impf*	interessieren 68
istnieć *impf*	existieren 69
iść *impf*	gehen 55
jak *conj* (*umgangssprachl.*)	wenn 55
jak *pron*	wie 19
jako *adv*	als 69
jeden, jedna, jedno *num*	ein, eine, eines 33
jednak *conj*	jedoch 123
jednaki, -a, -ie *adj*	gleich (*veraltet*) 25
jednakowy, -a, -e *adj*	gleich (*heute*) 25
jedyny, -a, -e *adj*	einzig 69, 79
jedzenie *n*	Essen 42
jej *poss pron*	ihr 19
jesienny, -a, -e *adj*	herbstlich 25
jeszcze *adv*	noch 19
jeść *impf*	essen 42
jeśli (= jeżeli) *conj*	wenn 49, 62, 104
jęk *m*	Stöhnen 25
język *m* (język ojczysty)	Sprache 69 (Muttersprache)
już *adv*	schon 19

kaktusik *m dim*	kleiner Kaktus 49
kapać *impf*	tropfen 97
kapelusz *m*	Hut 62
kapturek *m*	Käppchen 69
kasza *f*	Grütze 55
każdy, -a, -e *pron*	jeder 33
kęs *m*	Stück 172
kiedy *conj*	doch, aber 104
kiedy *pron*	wann 62
kiedyś *adv*	irgendwann 117
kieszeń *f*	Tasche 49
kiełbasa *f*	Wurst 55
klamka *f*	Klinke 110
klatka *f*	Käfig 123
klomb *m*	Blumenbeet 33
kochany, -a, -e *adj*	lieb 79
kogut *m*	Hahn 146
kolor *m*	Farbe 90
komoda *f*	Kommode 97
koniec *m*	Ende 55
koperta *f*	Umschlag 165
korytarz *m*	Gang, Korridor 110
kościół *m*	Kirche 42
kościółek *m*	Kirchlein 43
kołysać *impf*	schaukeln, wiegen 33
kraj *m*	Land 33
krajobraz *m*	Landschaft 85
krata *f*	Gitter 165
kremowy, -a, -e *adj*	kremfarbig 49
krępować się *impf*	sich genieren 63
kropla *f*	Tropfen 25
król *m*	König 104
królewna *f*	Königstochter 69
Królewna Śnieżka	Schneewittchen 69
królewski, -a, -ie *adj*	königlich 104
krzak *m*	Strauch 139
krzyknąć *pf*	aufschreien 104
krzyżyk *m dim*	Kreuz (*hier*: Altar) 117
ksiądz *m*	Pfarrer 43
książka *f*	Buch 69
księżyc *m*	Mond 85
ktoś *pron*	jemand 55
który, -a, -e *pron*	welcher 33
kupować *impf*	kaufen 55
kwiat *m*	Blume 33
kwitnąć *impf*	blühen 33
kłopot *m*	Mühe 63

las *m*	Wald 139
lata (= *plur von* rok, *m*)	Jahre 85
lecieć *impf*	fliegen 97
ledwo *adv*	kaum 19
lepiej adv *comp*	besser 69
lipcowy, -a, -e *adj*	Juli- 117
liść bobkowy *m*	Lorbeerblatt 55
liść *m*	Blatt 33
literacki, -a, -ie *adj*	literarisch 79
los *m*	Schicksal, Los 123
lód *m*	Eis 155
lubić *impf*	mögen, gern haben 43
ludożerca *m*	Menschenfresser 130
luty *m*	Februar 69
ładnie *adv*	hübsch, schön 43
ławka *f*	Bank 43
łowić *impf*	fangen, fischen 97
łóżko *n*	Bett 79
malowany, -a, -e *adj*	gemalt 90
mamcia f *dim*	Mütterchen 90
marzyć *impf*	träumen 85
maszyna *f* (do pisania)	Maschine (Schreibmaschine)146
matka *f*	Mutter 33
mało *adv*	wenig 123
mały, -a, -e *adj*	klein 49
mądry, -a, -e *adj*	klug 117
me = moje *poss pron*	mein 25
mężczyzna *m*	Mann 165
mgła *f*	Nebel 25
miarowy, -a, -e *adj*	taktmäßig 25
miasto *n*	Stadt 155
miejsce *n*	Platz 130
miejscowość *f*	Ortschaft 165
miejski, -a, -ie *adj*	städtisch 79
miernie *adv*	mäßig 124
miesiąc *m*	Monat 69
mieszkanie *n*	Wohnung 33
mieszkaniec *m*	Einwohner, Bewohner 165
między *prp*	zwischen 97
mięso *n*	Fleisch 55
miód *m*	Honig 49
Misiek *m*	Teddy(bär) 43
mit *m*	Mythus 69
miły, -a, -e *adj*	nett 63
moc *adv* = dużo	viel 117
modlić się *impf*	beten 43

moknąć *impf*	naß werden 25
monachijski, -a, -ie *adj*	Münchener 69
Monachium *n*	München 69
morał *m*	Moral(lehre) 97
mowa *f*	Rede, Sprache 63
może	vielleicht 69
możliwość *f*	Möglichkeit 146
móc *impf*	können 90
mówić *impf*	sagen, sprechen 43
mróz *m*	Frost 49
musieć *impf*	müssen 55
myśleć *impf*	denken 33
młody, -a, -e *adj*	jung 124
młokos *m*	Grünschnabel 117
napić się *pf*	trinken 63
na *prp*	auf 19; 33, 49
na to	dazu 43
nacisnąć *pf*	drücken (tief in die Stirn) 97
nad *prp*	über 33
nadawca *m*	Absender 146
nadruk *m*	Aufdruck 165
nagniotek *m*	Hühnerauge 130
nagroda *f*	Preis, Belohnung 117
najdzikszy, -a, -e *adj, superl.*	der Wildeste 97
najgorszy, -a, -e *adj superl.*	der, die, das Schlimmste 104
najstarszy, -a, -e *adj superl.*	der, die, das Älteste 104
najukochańszy, -a, -e *adj, superl.*	geliebt (heiß) 117
namysł *m*	Bedenkzeit, Überlegung 90
napić się *pf*	etwas trinken 63
naprawdę *adv*	wirklich 43
narada *f*	Beratung 110
nareszcie *adv*	endlich 97
nastawić *pf* (nastawić ucha, *im Gen*)	aufstellen 49 (*hier*: Redewendung: gut hinhören)
następca *f*	Nachfolger 104
nastrój *m*	Stimmung 69
natręt *m*	Zudringling 165
natura *f*	Natur 124
nauszniki *m pl*	Ohrenklappen 155
nazajutrz *adv*	am folgenden Tag 97
nazwisko *n*	Zuname 165
nazywać *impf*	nennen 104
nic *pron*	nichts 63
nić *f*	Faden 165
nie	nein, nicht 43
niebo *n*	Himmel 79
niech, niechże	Ausdruck des Befehls oder des Wunsches oder in Verbindung mit Verben 63

nieco *adv* = trochę   etwas 85
niedźwiadek *m dim*   (kleiner) Bär 79
niedźwiedź *m*   Bär 79
nieludzki, -a, -ie *adj*   unmenschlich 117
niemiecki, -a, -ie *adj*   deutsch 69
niemodny, -a, -e *adj*   unmodern 69
niepokój *m*   Unruhe 139
niepotrzebnie *adv*   unnötig 63
niespotykany, -a, -e *adj*   selten, selten zu treffen 69
niezdecydowany, -a, -e *adj*   unentschlossen 56
niezmienny, -a, -e *adj*   unveränderlich 25
nigdy *adv*   niemals 63
nigdzie *adv*   nirgends, nirgendshin 43
nikt *pron*   niemand 97
nowoczesny, -a, -e *adj*   neuzeitig 69

obgadanie *n*   Besprechen, Besprechung 117
obiad *m*   Mittagessen 56
obok *prp* (+*Gen*)   neben 85
obowiązek *m*   Pflicht 165
obraz *m*   Bild 165
obronić *pf*   verteidigen 110
obrońca *m*   Verteidiger 110
obszerny, -a, -e *adj*   sehr breit 90
obudzić się *pf*   aufwachen 110
obyczaj *m*   Sitte, Brauch 118
ochota *f*   Lust 139
od *prp*   von 56
odbiór *m*   Empfang 146
odbywać się *impf*   stattfinden 69
odcisk *m*   Hühnerauge, Schwiele 130
oddawać *impf*   wiedergeben 69
oddawca *m*   Überbringer 165
odnieść *pf*   zurücktragen, zurückbringen 90
odosobnienie *n*   Abgeschiedenheit 165
odpowiedzieć *pf*   antworten 104
odpłacić *pf*   vergelten 110
odwrócony, -a, -e *adj*   abgewandt 85
odzyskany, -a, -e *part passiv*   wiedergewonnen 79
ogień *m*   Feuer 165
ogonek *m*, kolejka *f*   lange Reihe wartender Menschen 56
ogromny, -a, -e *adj*   riesig 19
ojczulek *m*   Väterchen 110
ojczysty, -a, -e *adj*   heimatlich 69
ojczysty język *m*   Muttersprache 69
ojczyzna *f*   Vaterland 166
okno *n*   Fenster 25
oko *n*   Auge 118

okruch *m*	Brocken 172
olbrzymi, -a, -ie *adj*	riesig 118
oliwa *f*	Öl 20
opad *m*	Niederfall 166
opakowanie *n*	Verpackung 146
opieka *f*	Schutz, Obhut 166
orzech *m*	Nuß 139
orzeszek *m*	kleine Nuß 139
osoba *f*	Person 56
ostrożnie *adv*	vorsichtig 90
otworzyć *pf*	aufmachen 110
pachnący, -a, -e *part*	duftender 33
pachnąć *impf*	duften 33
padać *impf*	fallen 25
palacz *m*	Heizer 20
pan *m*	Herr 97
państwo *n*	Staat 104
państwowy, -a, -e *adj*	staatlich 118
papieros *m*	Zigarette 155
patrzyć *impf*	schauen 33
pałac *m*	Palast 85
pewnie *adv*	wahrscheinlich 56
pełnia *f* (pełnia księżyca)	Fülle 85 (Vollmond)
pędzić *impf*	dahinrasen 90
piaskowy, -a, -e *adj*	Sand- 90
pić *impf*	trinken 63
pidżamka *f dim* (= piżama)	Pyjama 49
pierś *f*	Brust 110
pies *m*	Hund 79
piękny, -a, -e *adj*	schön 69
piętnaście *num*	fünfzehn 56
piętro *n*	Stockwerk 118
piosenka *f*	Lied 139
pisać *impf*	schreiben 69
pisarz *m*	Schriftsteller 69
pismo *n*	Schrift 166
pisnąć *pf*	mucksen, Piep sagen 97
piwonia *f*	Pfingstrose 33
piwoniowy, -a, -e *adj*	Pfingstrosen- 33
plecy *plur*	Rücken 86
pluskać *impf*	plantschen 25
po *prp*	nach 33
pobyt *m*	Aufenthalt 166
początek *m*	Anfang 146
pocztowiec *m*	Postbeamter 79
poczucie *n*	Gefühl 166
pod *prp*	unter 43

podarek *m* (= podarunek *m*)	Geschenk 50
podawać *impf*	reichen, geben 90
podczas *prp* (*+Gen*) (= w ciągu)	während, im Verlauf 86, 91
podlotek *m*	Backfisch 79
podobny, -a, -e *adj*	ähnlich 124
podsłuchiwać *impf*	lauschen 110
podziękować *pf*	sich bedanken 90
poemat *m*	Poem, Gedicht 79
pogrążyć się *pf*	versinken, sich vertiefen in 86
pokarm *m*	Nahrung 172
pokazywać się *impf*	sich blicken, sehen lassen 90
pokój *m* (stołowy)	Zimmer (Speise-) 110
pokora *f*	Demut 97
Polak *m*	Pole 69
pole *n*	Feld 124
Polka *f*	Polin 69
polować *impf*	jagen 97
polski, -a, -ie *adj*	polnisch 69
pomnik *m*	Denkmal 86
pomorski -a, -ie *adj*	pommerisch 79
pomyśleć *pf*	nachdenken, denken 110
pomyłka *f*	Irrtum 146
ponieważ *conj*	weil 69
poradzić (sobie) *pf*	(sich) helfen 104
poradzić *pf*	anraten, helfen 56
posiedzieć *pf*	(sitzen)bleiben (eine Zeitlang) 63
postać *f*	Gestalt 79
posyłać *impf*	senden, schicken 118
pośpiech *m*	Eile 166
pośrednictwo *n*	Vermittlung 146
posłać *pf*	senden, schicken 118
posłaniec *m*	Bote 146
pot *m*	Schweiß 20
potem *adv*	danach 33
potrzeba *unpers.*	man braucht 104
potrzebny, -a, -e *adj*	nötig 110
potwierdzenie *n*	Bestätigung 146
powała *f*	Zimmerdecke 97
powiadać *impf*	sagen 90
powiastka *f*	(kurze) Erzählung 97
powiedzieć *pf*	sagen 90
powieść *f*	Roman 146
powód *m*	Grund 139
powtarzać *impf*	wiederholen 33
powtarzający, -a, -e się *part aktiv*	sich wiederholender 86
powtórka *f*	Wiederholung 86
pozdrawiać *impf*	grüßen 118
poznać *pf*	kennenlernen 69

pozwalać *impf*	erlauben 43
pozwolić *pf*	erlauben 63
pożytek *m*	Nutzen 166
pójść *p f*	gehen 69
późno *adv*	spät 110
połowa *f*	Hälfte 69
pracownia-gabinet *m*	Arbeitsraum 146
prawdziwy, -a, -e *adj*	wahr 69
prawo *n*	Recht 104
predylekcja *f*	Vorliebe 166
prędko *adv*	schnell 110
prosić *impf*	bitten 63
prowadzić *impf*	führen 33
przechadzka *f* (= spacer *m*)	Spaziergang 139
przecież	doch 43
przeciwnie *adv*	im Gegenteil 63
przeczytać *pf*	durchlesen 70
przed *prp*	vor (+*Instr*)110
przedział *m* (kolejowy przedział)	Abteil (Zugabteil) 130
przedzielić *pf*	trennen 118
przekazany, -a, -e *part passiv*	übermittelt 80
przekornie *adv*	trotzig, eigensinnig 86
przestraszyć *pf*	erschrecken 91
przesyłka *f*	Sendung 146
przeszkadzać *impf*	stören 63
przesłać *pf*	übersenden 80
przeto *conj*	deshalb 124
przez *prp* (+*Akk*)	durch 86
przy *prp*	bei 33
przychodzący, -a, -e *part aktiv*	kommender, der gerade kommt 91
przychodzić *impf*	kommen 56
przyjaciółka *f*	Freundin 80
przyjechać *pf*	kommen 118
przyjeżdżać *impf*	ankommen 56
przyjść *pf*	kommen (*Futur*) 63
przypowieść *f*	Parabel 124
przyznanie *n*	Zuerkennung 118
pszczoła *f*	Biene 118
ptak *m*	Vogel 124
ptaszek *m dim*	Vöglein 124
pudełko *n*	Schachtel 86
pusty, -a, -e *adj*	leer 86
puszczać *impf*	loslassen 33
płacz *m*	Weinen 25
płakać *impf*	weinen 124
płaszcz *m*	Mantel 90
płatek *m*	Blütenblatt 33

sens *m*	Sinn 146
serdeczność *f*	Herzlichkeit 118
serdeczny, -a, -e *adj*	herzlich 80
siadać *impf*	sich setzen 43
siedzieć *impf*	sitzen 86
siedzenie *n*	Sitzen, Sitz, *hier*: Gesäß 130
siekane *n (dekl.* = *adj* -ego)	Hackfleisch 91
sięgać *impf*	reichen 33
siwy, -a, -e *adj*	grau, weiß 91
skądże *adv*	woher denn 63
skrzynia *f*	Kiste 146
słynać *imp*	berühmt sein 124
smacznie *adv*	schmackhaft , *hier*: sehr gut 97
smutek *m*	Traurigkeit 110; 155
sobie *pron Dat*	sich selbst 33
sodowy, -a, -e *adj*	Soda- 80
spać *impf*	schlafen 43
spoglądać *impf*	blicken 97
spojrzeć *pf*	schauen 50
spokojny, -a, -e *adj*	ruhig 97
sportowy, -a, -e *adj*	sportlich 80
sposób *m*	Art und Weise 97
spotkanie *n*	Treffen 70
spóźniony, -a, -e *part passiv*	verspätet 80
spółdzielnia *f*	Genossenschaft 80
społeczno-gospodarczy, -a, -e *adj*	volkswirtschaftlich 56
spragniony, -a, -e *part passiv*	begierig 118
sprawa *f* (sprawy wewnętrzne)	Angelegenheit 104 (innere Angelegenheiten)
sprawiać *impf*	bewirken, bereiten 91
sprawiedliwość *f*	Gerechtigkeit 104
spływać *impf*	herabfließen 20
stacja *f*	Bahnstation 20
stać *impf*	stehen 20
stan *m*	Lage 118
stanąć *pf*	s. stellen, s. anstellen, anhalten 56, 110
staropolski, -a, -ie adj	altpolnisch 80
stary, -a, -e *adj*	alt 91
stawać *impf*	s. stellen 33
stokrotnie *adv*	hundertmal 118
stolik *m*	Tischlein 146
stopień *m*	Grad 166
stół *m*	Tisch 50
stołek *m*	Schemel, Hocker 97
stołowy, -a, -e *adj*	Tisch- 110
straszny, -a, -e *adj*	schrecklich 110
stromy, -a, -e *adj*	steil 91
strona *f*	Seite 139
strych *m*	Dachboden 91

strzelać *imp* — schießen 97
studencki, -a, -ie *adj* — studentisch 80
studnia *f* — Brunnen 86
stworzenie *n* — Erschaffung, Schöpfung 80, 146
sugerować się *impf* — sich beeinflussen lassen 70
swawola *f* — Ausgelassenheit 97
sypać *impf* — (hinein)schütten 20
sypiać *impf* — pflegen zu schlafen 43
szacunek *m* — Achtung 146
szanowny, -a, -e *adj* — geehrt 80
szary, -a, -e *adj* — grau 26
szczególnie *adv* — besonders 70
szczęście *n* — Glück 118
szczygieł *m* — Stieglitz 124
szept *m* — Flüstern 146
szklany, -a, -e *adj* — gläsern 26
szkoda *adv* — schade 124
szpilka *f* — Nadel 50
szukać *impf* — suchen 56
szyba *f* — Fensterscheibe 26
szynka *f* — Schinken 56
słodki, -a, -ie *adj* — süß 50
słoneczny, -a, -e *adj* — sonnig 91
słowik *m* — Nachtigall 124
słowo *n* — Wort 70
słuchawka *f* — Hörer 146
służący *m* — Diener 146
służba *f* — Dienst 147
słynąć *impf* — berühmt sein 124

ścieżka *f* — Fußweg 166
ściskać *impf* — ans Herz drücken 118
śliczny, -a, -e *adj* — bildschön 118
śmiać się *impf* — lachen 110
śmiecić *impf* — Unordnung machen, 43
śmiecie *n* — Mist 43
śmierć *f* — Tod 104
śmietnisko *n* — Müllhaufen 43
śnieg *m* — Schnee 50
śpiący, -a, -e *part aktiv* — schlafend 80
śpieszyć się *impf* — eilig haben 63
śpiewać *impf* — singen 124
środek *m* — Mitte 33
świat *m* — Welt 80
światło *n* — Licht 26
świeca *f* — Kerze 130
świetny, -a, -e *adj* — ausgezeichnet 70
święto *n* — Feiertag 56

tak *inv*	ja, jawohl, so 56
taki, -a, -ie *pron*	so ein 63
także *adv* = też	auch 91
tam	dort 56
taniec *m*	Tanz 166
tańczyć *impf*	tanzen 70
targ *m*	(Wochen)markt 56
tatuś *m*	Papi 110
ten, ta, to *pron*	der, die, das; dieser, diese, dieses 43
też *adv*	auch 56
torba *f*	Tasche, Sack, Reisetasche 91
Toruń *m*	Thorn 80
towarzyski, -a, -ie *adj*	gesellschaftlich 63
trąbić *impf*	blasen, trompeten 97
trochę *adv*	bißchen 56
trójka *f*	Drei 118
trudno *adv*	leider 104
trudność *f*	Schwierigkeit 166
trudny, -a, -e *adj*	schwierig 91
trzeba *unpers.*	man soll 104
tu *adv*	hier 56
twarz *f*	Gesicht 33
twierdzić *impf*	behaupten 70
tydzień *m* (*Gen* tygodnia)	Woche 91
tyle *adv*	so viel 56
tylko	nur 43
tysiąc *num*	tausend 118
tytoń *m*	Tabak 155
tłuc *impf*	schlagen 26
tłusty, -a, -e *adj*	fett 20
u *prp*	bei 56
ubrać się *pf*	sich anziehen 110
ucho *n*	Ohr 50
uciekać *impf*	weglaufen 43
uciskać *impf*	drücken, unterdrücken 124
umieć *impf*	können 104
umierać *impf*	sterben 104
umrzeć *pf*	sterben 104
uroczy, -a, -e *adj*	bezaubernd 118
usiąść *pf*	sich setzen 63
uśmiech *m*	Lächeln 166
uśmiechać się *impf*	lächeln 91
usłyszeć *pf*	hören 50
utrudzony, -a, -e *adj*	erschöpft, ermüdet 50
utwór *m*	Werk 70
uwierzyć *pf*	glauben 118

w *prp*	in 20
waćpan *m (ältere Form von* pan)	Herr 97 (*in direkter Rede*)
wadzić *impf*	im Wege sein 97
wcale *adv*	durchaus 110
wciąż *adv* (s. ciągle)	andauernd 56
według *prp* (+*Gen*)	nach, laut 104
wędka *f*	Angel 97
węgiel *m*	Kohle 20
wiatr *m*	Wind 33
widowisko *n* (telewizyjne)	Schauspiel, Vorstellung (Fernseh-)147
widzieć *impf*	sehen 97
wieczór *m*	Abend 86
wiedzieć *impf*	wissen 43
wieko *n*	Deckel 147
wielce *adv* = bardzo	sehr 80
wielki, -a, -ie *adj*	groß, riesig 110
wiernie *adv*	treu, getreu 124
wiersz *m*	Gedicht 50
wierzyć *impf*	glauben 63
wiewiórka *f*	Eichhörnchen 139
więc *conj*	also 118
więcej *adv*, *comp*	mehr 104
większy, -a, -e *adj comp*	größer 118
winda *f*	Aufzug 118
winny, -a, -e *adj*	schuld 56
winszować *impf*	gratulieren 118
woda sodowa	Sodawasser 80
wojna *f*	Krieg 104
wolno *adv*	langsam 97
wolno *unpers.*	man darf 97
wolny, -a, -e *adj*	frei 124
wołać *impf*	rufen 91
wpatrywać się *impf*	anstarren 86
wpół *adv*	halb 56
wracać *impf*	zurückkommen 91
wrażenie *n*	Eindruck 91
wrócić *pf*	zurückkommen 98
wstać *pf*	aufstehen 110
wstępować *impf*	besteigen, eintreten 104
wszyscy *pl*	alle, jeder 56
wszystek, -tka, -tko *adj*	gesamt, alle, alles 56
wśród *prp*	inmitten, bei, unter 70
wtór *m*	Begleitung, zweite Stimme 118
wybaczyć *pf*	verzeihen 124
wybornie *adv*	ausgezeichnet 124
wybrać się *pf*	sich begeben 118
wychodzić *impf*	hinausgehen 43
wyciągać *impf*	herausnehmen, -ziehen 91

wycieńczenie *n*	Entkräftung 118
wyczucie *n*	Herausfühlen 70
wygoda *f*	Komfort 124
wyjść *pf*	herauskommen 50
wyjść *pf*	hinausgehen 110
wyleczyć *pf*	heilen, auskurieren 104
wymyślać *impf*	ausdenken 98
wynajem *m*	Vermietung 147
wypadek *m*	Fall 104
wypełniać *impf*	erfüllen 124
wypędzać *impf*	wegjagen 43
wypływający, -a, -e *part aktiv*	herausfließend 80
wyraźnie *adv*	deutlich 105
wyrzucać *impf*	wegwerfen 43
wysiłek *m*	Anstrengung 147
wysoko *adv*	hoch 110
wystawić *pf*	hervorstrecken 50
wysypywać *impf*	herausschütten 50
wytłumaczyć *pf*	erklären 118
wzorek *m*	kleines Muster 50
wzrok *m*	Blick 86
właśnie *adv*	eben 86
włos *m*	Haar 130
włoski, -a, -ie *adj*	italienisch 86
z *prp*	von, aus 20, mit 34
za *adv*	zu 91
za *prp* (+*Akk, zeitl.*)	in, hinter, nach 56, 91
zacząć *pf*	beginnen 63
zaczekać *pf*	warten 57
zafascynować *impf*	faszinieren 70
zagadnienie *n*	Problem, Frage 57
zagrać *pf*	(vor)spielen 50
zając *m*	Hase 98
zajęcie *n*	Beschäftigung 91
zajmować się *impf*	sich beschäftigen 91
zamawiać *impf*, zamówić *pf*	bestellen 57
zamiast *prp* (+*Gen*)	anstatt 91
zamknąć *pf*	schließen 98
zamknięto	geschlossen 98
zanieść *pf*	hintragen, -bringen 91
zanucić *pf*	anstimmen 118
zapalenie *n* (miedniczek nerkowych)	Entzündung (Nierenbecken-) 119
zapałka *f*	Streichholz 86
zapytać *pf*	fragen 70
zapłacić *pf*	bezahlen 80
zasiąść *pf*	sich setzen 105
zasłużony, -a, -e *part passiv*	verdient 80

zatańczyć *pf*	tanzen 70
zauważyć *pf*	bemerken 91
zawieruszyć się *pf*	sich herumtreiben, abhanden kommen 91
zawołać *pf*	herbeirufen 105
zawsze *adv*	immer 57
załogowy, -a, -e *adj*	Belegschafts-, Besatzungs- 80
ząb *m*	Zahn 91
zbierać *impf*	sammeln 119
zbierać się *impf*	sich versammeln 110
zdanie *n*	*gramm.* Satz, Ausspruch (*hier:* Meinung) 130
zdarzać się *impf*	vorkommen 86
zdziwienie *n*	Verwunderung 139
zegar *m*	Uhr 91
zepsuty, -a, -e *adj*	kaputt 119
zerwać się *pf*	auffahren, hoch-, zerreißen 98
zgodny, -a, -e *adj*	einstimmig 119
zielony, -a, -e *adj*	grün 34
ziemia *f*	Land, Erde 80
zipać *impf*	Atem schöpfen, keuchen 20
zjeść *pf*	(auf)essen 57, 91
zmiłować się *pf*	sich erbarmen 98
zmrok *m*	Dämmerung 166
znaczenie *n*	Bedeutung 139
znać *impf*	kennen 70
znajomość *f*	Bekanntschaft 147
znajomy *m* / znajoma *f*	Bekannte(r) 57
znosić *impf*	ertragen 98
znowu, znów *adv*	wieder 86
znój *m* (do znoju)	Mühsahl 98 (*hier:* bis zum Schweiß)
znudzony, -a, -e *part passiv*	gelangweilt 86
zobaczyć *pf*	sehen 111
zostać *pf*	werden 111
zostawiać *impf*	hinterlassen 105
zresztą *adv*	übrigens 70
zrobić *pf*	tun, machen 105
zrodzony, -a, -e *part passiv*	geboren 124
zupełnie *adv*	völlig 63
zwalić się *pf*	herfallen über jdn. 111
związek *m*	Verein, Bund, Verband 80
zyskać *pf*	gewinnen, bekommen 124
zza *prp*	von hinten her, hervor 50
źle *adv*	schlecht 124
złość *f*	Ärger, Zorn 105
zły, -a, -e *adj*	schlecht, böse 124
żaden, żadna, żadne *pron*	kein, keine, kein 91
żal *m*	Bedauern 111
żar *m*	Hitze, Glut 20
że *conj*	daß 43

żeby *conj* = aby   um 111
żona *f*   Ehefrau 119
żołnierz *m*   Soldat 105
żuczek *m*   kleiner (Mist)käfer 34
życzenie *n*   Wunsch 80

Deutsch-Polnisch

Abend 86	wieczór *m*
aber (doch) 62	ale, aleź *conj*
abgeplagt 50	utrudzony, -a, -e *adj*
Abgeschiedenheit 165	odosobnienie *n*
Absender 146	nadawca *m*
Abteil 130	przedział *m*
Achtung 146	szacunek *m*
ähnlich 124	podobny, -a, -e *adj*
anhalten 110; s. stellen, s. anstellen 56	stanąć *pf*
alle, jeder 56	wszyscy *pl*
als 69	jako *adv*
also 118	więc *conj*
alt 91	stary, -a, -e *adj*
alter Mann, Großvater 90	dziadek *dim*
Älteste, der, die, das 104	najstarszy, -a, -e *adj superl.*
altpolnisch 80	staropolski, -a, -ie *adj*
am folgenden Tag 97	nazajutrz *adv*
andauernd 55, 56	ciągle *adv* (= wciąż)
Anfang 146	początek *m*
Angel 97	wędka *f*
Angelegenheit 104 (innere)	sprawa *f* (sprawy wewnętrzne)
anhalten 110; s. stellen, s. anstellen 56	stawać *impf*, stanąć *pf*
ankommen 56	przyjeżdżać *impf*
anraten, helfen 56	poradzić *pf*
ans Herz drücken 118	ściskać *impf*
anstarren 86	wpatrywać się *impf*
anstatt 91	zamiast *prp* (+*Gen*)
anstellen (sich) 56	stanąć *pf*
anstimmen 118	zanucić *pf*
Anstrengung 147	wysiłek *m*
antworten 104	odpowiedzieć *pf*
Anzeige, Bericht 55	donos *m*
Arbeitsraum 146	pracownia-gabinet *m*
Ärger, Zorn 105	złość *f*
armer Teufel 165	biedak *f*
Art 139	rodzaj *m*
Art und Weise 97	sposób *m*
Atem schöpfen, keuchen 20	zipać *impf*
auch 56, 91	także *adv* = teź

auf 19; 33; 49

na *prp*

Aufdruck 165

nadruk *m*

Aufenthalt 166

pobyt *m*

aufessen 91, 57

zjeść *pf*

auffahren, hoch-, zerreißen 98

zerwać się *pf*

aufmachen 110

otworzyć *pf*

Aufruhr 104

bunt *m*

aufschreien 104

krzyknąć *pf*

aufstehen 110

wstać *pf*

aufstellen (*hier*: als Redewendung) 49

nastawić *pf* (nastawić ucha, *im Gen*)

aufwachen 110

obudzić się *pf*

Aufzug 118

winda *f*

Auge 118

oko *n*

Augenblick, Weile 32

chwila *f*

ausdenken 98

wymyślać *impf*

Ausdruck des Befehls/ Wunsches
(in Verbindung mit Verben) 63

niech, niechże

Ausgelassenheit 97

swawola *f*

ausgezeichnet 70

świetny, -a, -e *adj*

ausgezeichnet 124

wybornie *adv*

ausströmen 19

buchać *impf*

Backfisch 79

podlotek *m*

Bahnstation 20

stacja *f*

Bank 43

ławka *f*

Bär (kleiner) 79

niedźwiadek *m dim*

Bär 79

niedźwiedź *m*

Bart 90

broda *f*

Bauch 19

brzuch *m*

Bäuchlein 42

brzuszek *m*

Baum 117; 139 ; 165

drzewo *n*

Bedauern 111

żal *m*

Bedenkzeit, Überlegung 90

namysł *m*

Bedeutung 139

znaczenie *n*

begierig 118

spragniony, -a, -e *part passiv*

beginnen 63

zacząć *pf*

behaupten 70

twierdzić *impf*

bei 33

przy *prp*

bei 56

u *prp*

Beilage, Zugabe 79

dodatek *m*

Begleitung, zweite Stimme 118

wtór *m*

Bekannte(r) 57

znajomy *m* , znajoma *f*

Bekanntschaft 147

znajomość *f*

Belegschafts-, Besatzungs- 80

załogowy, -a, -e *adj*

bemerken 91

zauważyć *pf*

Beratung 110

narada *f*

Berg 97

góra *f*

berühmt sein 124

słynąć *impf*

Beschäftigung 91	zajęcie *n*
besonders 70	szczególnie *adv*
Besprechen, Besprechung 117	obgadanie *n*
besser 69	lepiej adv *comp*
Bestätigung 146	potwierdzenie *n*
besteigen, eintreten 104	wstępować *impf*
bestellen 57	zamawiać *impf*, zamówić *pf*
beten 43	modlić się *impf*
Bett 79	łóżko *n*
Bewegung 86	ruch *m*
Beweis 165	dowód *m*
bewirken, bereiten 91	sprawiać *impf*
bezahlen 80	zapłacić *pf*
bezaubernd 118	uroczy, -a, -e *adj*
Bibel 79	Biblia *f*
biblisch 79	biblijny, -a, -e *adj*
Biene 118	pszczoła *f*
Bild 165	obraz *m*
bildschön 118	śliczny, -a, -e *adj*
bis 55	aż *conj*
bis jetzt 90	dotąd *adv*
bißchen 56	trochę *adv*
bitten 63	prosić *impf*
blasen, trompeten 97	trąbić *impf*
Blatt 33	liść *m*
Blick 86	wzrok *m*
blicken 97	spoglądać *impf*
blühen 33	kwitnąć *impf*
Blume 33	kwiat *m*
Blumenbeet 33	klomb *m*
Blütenblatt 33	płatek *m*
bodenlos 79	bezdenny, -a, -e *adj*
Bote 146	posłaniec *m*
Brocken 172	okruch *m*
Bromberg 79	Bydgoszcz *f*
Brot 172	chleb *m*
Bruder 79	brat *m*
Brunnen 86	studnia *f*
Brust 110	pierś *f*
Buch 69	książka *f*
Bude, Hütte, Stand 155	budka *f*
Cholera 117	cholera *f*
Dachboden 91	strych *m*
dahinrasen 90	pędzić *impf*
Dämmerung 166	zmrok *m*
danach 33	potem *adv*

danken 55	dziękować *impf*
darum 104	dlatego *adv*
daß 43	że *conj*
Deckel 147	wieko *n*
Demut 97	pokora *f*
denken 33	myśleć *impf*
Denkmal 86	pomnik *m*
deshalb 124	przeto *conj*
deutlich 105	wyraźnie *adv*
deutsch 69	niemiecki, -a, -ie *adj*
dick (sehr) 49	grubiutki, -a, -ie *adj dim*
Diener 146	służący *m*
Dienst 147	służba *f*
dieser, diese, dieses 43	ten, ta, to *pron*
doch 43	przecież
doch, aber 104	kiedy *conj*
dort 56	tam
Drei 118	trójka *f*
drücken (tief in die Stirn) 97	nacisnąć *pf*
drücken, unterdrücken 124	uciskać *impf*
duften 33	pachnąć *impf*
duftender 33	pachnący, -a, -e *part*
durch 86	przez *prp* (+*Akk*)
durchaus 110	wcale *adv*
durchlesen 70	przeczytać *pf*
eben 86	właśnie *adv*
Ehefrau 119	żona *f*
eher, vielmehr 70	raczej *adv*
Ehre 146	cześć *f*
ehrwürdig 79	czcigodny, -a, -e *adj*
ehrwürdig 79	dostojny, -a, -e *adj*
Eichhörnchen 139	wiewiórka *f*
eigenartig 117	dziwny, -a, -e *adj*
Eile 166	pośpiech *m*
eilig haben 63	śpieszyć się *impf*
ein, eine, eines 33	jeden, jedna, jedno *num*
Eindruck 91	wrażenie *n*
Einsamkeit 166	samotność *f*
einstehen 104	ręczyć *impf*
einstimmig 119	zgodny, -a, -e *adj*
Einwohner, Bewohner 165	mieszkaniec *m*
einzig 69; 79	jedyny, -a, -e *adj*
Eis 155	lód *m*
Empfang 146	odbiór *m*
Ende 55	koniec *m*
endlich 97	nareszcie *adv*
Entkräftung 118	wycieńczenie *n*

Entzündung 119 (Nierenbecken-)	zapalenie *n* (miedniczek nerkowych)
erfüllen 124	wypełniać *impf*
erhitzt 20	rozgrzany, -a, -e *adj*
erklären 118	wytłumaczyć *pf*
erlauben 43	pozwalać *impf*
erlauben 63	pozwolić *pf*
Erschaffung, Schöpfung 80, 146	stworzenie *n*
erschöpft, ermüdet 50	utrudzony, -a, -e *adj*
erschrecken 91	przestraszyć *pf*
ertragen 98	znosić *impf*
Erzählung (kurze) 97	powiastka *f*
Essen 42	jedzenie *n*
essen 42	jeść *impf*
etwas 68	coś *pron*
etwas 85	nieco *adv* = trochę
existieren 69	istnieć *impf*
Fach 155	schowek *m*
Faden 165	nić *f*
Fall 104	wypadek *m*
fallen 25	padać *impf*
Familie 56	rodzina *f*
fangen, fischen 97	łowić *impf*
Farbe 90	kolor *m*
faszinieren 70	zafascynować *pf*
Februar 69	luty *m*
Fehler 146	błąd *m*
Feiertag 56	święto *n*
Feld 124	pole *n*
Fenster 25	okno *n*
Fensterscheibe 26	szyba *f*
fett 20	tłusty, -a, -e *adj*
Feuer 165	ogień *m*
Flamme 69	płomień *m*
Fleisch 55	mięso *n*
fliegen 97	lecieć *impf*
Flüssigkeit 166	płyn *m*
Flüstern 146	szept *m*
fragen 70	zapytać *pf*
frei 124	wolny, -a, -e *adj*
Freude 118	radość *f*
Freundin 80	przyjaciółka *f*
Frost 49	mróz *m*
führen 33	prowadzić *impf*
Fülle, Vollmond 85	pełnia *f* (pełnia księżyca)
fünfzehn 56	piętnaście *num*
für 32	dla *prp*
Fußweg 166	ścieżka *f*

Gang, Korridor 110	korytarz *m*
Gans 79	gęś *f*
ganz 55	cały, -a, -e *adj*
Gast 62	gość *m*
geben 123	dać *pf*
geboren 124	zrodzony, -a, -e *part passiv*
gebürtig 70	rodowity, -a, -e *adj*
Gedicht 50	wiersz *m*
geehrt 80	szanowny, -a, -e *adj*
Gefühl 166	poczucie *n*
gegeben 32	dany, -a, -e *part*
gehen 42	chodzić *impf*
gehen 55	iść *impf*
gehen 69	pójść *pf*
Gehsteig 155	chodnik *m*
gekehrt 85	odwrócony, -a, -e *adj*
Gekicher 165	chichot *m*
gelangweilt 86	znudzony, -a, -e *part passiv*
geliebt (heiß) 117	najukochańszy, -a, -e *adj, superl.*
gemalt 90	malowany, -a, -e *adj*
Genossenschaft 80	spółdzielnia *f*
gerade, eben 55	akurat *adv*
Gerechtigkeit 104	sprawiedliwość *f*
gesamt, alle, alles 56	wszystek, -tka, -tko *adj*
geschehen 110	dziać się *impf*
Geschenk 50	podarek *m* (= podarunek *m*)
gesellschaftlich 63	towarzyski, -a, -ie *adj*
Gesicht 33	twarz *f*
Gespräch 33	rozmowa *f*
Gestalt 79	postać *f*
Geste 165	gest *m*
gewinnen, bekommen 124	zyskać *pf*
Gitter 165	krata *f*
gläsern 26	szklany, -a, -e *adj*
glauben 63	wierzyć *impf*
glauben 118	uwierzyć *pf*
gleich (veraltet) 25	jednaki, -a, -ie *adj*
Glöckner 79	dzwonnik *m*
Glück 118	szczęście *n*
Grab 155	grób *m*
Grad 166	stopień *m*
gratulieren 118	winszować *impf*
grau 26	szary, -a, -e *adj*
grau, weiß 91	siwy, -a, -e *adj*
Grenze 165	granica *f*
groß, riesig 110	wielki, -a, -ie *adj*
Größe 172	rozmiar *m*
größer 118	większy, -a, -e *adj comp*

Großvater 90	dziad *m*
Grube, Loch 97	dół *m*
grün 34	zielony, -a, -e *adj*
Grund 139	powód *m*
Grünschnabel 117	młokos *m*
grüßen 118	pozdrawiać *impf*
Grütze 55	kasza *f*
Haar 130	włos *m*
Hackfleisch 91	siekane *n* (dekl. = *adj* -ego)
Hahn 146	kogut *m*
halb 56	wpół *adv*
halb öffnen 33	rozchylać *impf*
Hälfte 69	połowa *f*
Hand 118	ręka *f*
Hand(fläche) 172	dłoń *f*
Hase 98	zając *m*
Haus 55	dom *m*
helfen (sich) 104	poradzić (sobie) *pf*
heilen, auskurieren 104	wyleczyć *pf*
heimatlich 69	ojczysty, -a, -e *adj*
heiß 19	gorąco *adv*
Heizer 20	palacz *m*
herabfließen 20	spływać *impf*
herausfließend 80	wypływający, -a, -e *part aktiv*
Herausfühlen 70	wyczucie *n*
herauskommen 50	wyjść *pf*
herausnehmen, -ziehen 91	wyciągać *impf*
herausschütten 50	wysypywać *impf*
herbeirufen 105	zawołać *pf*
herbstlich 25	jesienny, -a, -e *adj*
herfallen 111	zwalić się *pf*
Herr 97	pan, *hier*: waćpan *m*
heruntergehen 91	schodzić *impf*
hervorstrecken 50	wystawić *pf*
herzlich 80	serdeczny, -a, -e *adj*
Herzlichkeit 118	serdeczność *f*
hier 56	tu *adv*
Himmel 79	niebo *n*
hinausgehen 43	wychodzić *impf*
hinausgehen 110	wyjść *pf*
hinter, nach 56	za *prp*
hinterlassen 105	zostawiać *impf*
hintragen, -bringen 91	zanieść *pf*
Hitze, Glut 20	żar *m*
hoch 110	wysoko *adv*
Hofmann 139	dworzanin *m*
Holz 165	drewno *n*

Holzkammer 165	drewutnia *f*
Honig 49	miód *m*
hören 50	usłyszeć *pf*
Hörer 146	słuchawka *f*
Hörnchen 50	rożek *m*
hübsch, schön 43	ładnie *adv*
Hühnerauge 130	nagniotek *m*
Hühnerauge, Schwiele 130	odcisk *m*
Hund 79	pies *m*
hundertmal 118	stokrotnie *adv*
Hunger 123	głód *m*
Hut 62	kapelusz *m*

ihr 19	jej *poss. pron*
im Gegenteil 63	przeciwnie *adv*
im Wege sein 97	wadzić *impf*
immer 57	zawsze *adv*
in 20	w *prp*
in, hinter, nach 56, 91	za *prp* (*+Akk, zeitl.*)
in, zu, nach 42	do *prp*
inmitten, bei, unter 70	wśród *prp*
interessieren 68	interesować *impf*
irgendwann 117	kiedyś *adv*
irgendwo 90, irgendwohin 62	gdzieś *adv*
Irrtum 146	pomyłka *f*
italienisch 86	włoski, -a, -ie *adj*

ja, jawohl 56	tak *inv*
jagen 97	polować *impf*
Jahr 33	rok *m*
Jahre 85	lata (= *plur von* rok, *m*)
jeder 33	każdy, -a, -e *pron*
jedoch 123	jednak *conj*
jemand 55	ktoś *pron*
Juli- 117	lipcowy, -a, -e *adj*
jung 124	młody, -a, -e *adj*
Junge 85	chłopiec *m*

Käfig 123	klatka *f*
Kaiser 139	cesarz *m*
Käppchen 69	kapturek *m*
kaputt 119	zepsuty, -a, -e *adj*
kaufen 55	kupować *impf*
kaum 19	ledwo *adv*
kein, keine, kein 91	żaden, żadna, żadne *pron*
kennen 70	znać *impf*
kennenlernen 69	poznać *pf*
Kerze 130	świeca *f*

Kind 32	dziecko *n*
Kirche 42	kościół *m*
Kirchlein 43	kościółek *m*
Kiste 146	skrzynia *f*
Klavier- 68	fortepianowy, -a, -e *adj*
klein 49	mały, -a, -e *adj*
kleine Nuß 139	orzeszek *m*
kleiner (Mist)käfer 34	żuczek *m*
kleiner Kaktus 49	kaktusik *m dim*
kleines Muster 50	wzorek *m*
Kleinigkeit 146	drobiazg *m*
Klinke 110	klamka *f*
klug 117	mądry, -a, -e *adj*
Kohle 20	węgiel *m*
Komfort 124	wygoda *f*
kommen (*Futur*) 63	przyjść *pf*
kommen 56	przychodzić *impf*
kommen 118	przyjechać *pf*
kommender, der gerade kommt 91	przychodzący, -a, -e *part aktiv*
Kommode 97	komoda *f*
kompromißlos 79	bezkompromisowy, -a, -e *adj*
König 104	król *m*
königlich 104	królewski, -a, -ie *adj*
Königstochter 69	królewna *f*
können 90	móc *impf*
können 104	umieć *impf*
Kopf 79	głowa *f*
krank 104	chory, -a, -e *adj*
krank sein 117	chorować *impf*
kremfarbig 49	kremowy, -a, -e *adj*
Kreuz (*hier*: Altar) 117	krzyżyk *m*
Krieg 104	wojna *f*
Krug 32	dzban *m*
küssen 117	całować *impf*
Lächeln 166	uśmiech *m*
lächeln 91	uśmiechać się *impf*
lachen 110	śmiać się *impf*
Lage 118	stan *m*
Land 33	kraj m
Land, Erde 80	ziemia *f*
Landschaft 85	krajobraz *m*
lang 32	długo *adv*
lange Reihe wartender Menschen 56	ogonek *m*, kolejka *f*
länger 90	dłużej *adv comp*
langsam 97	wolno *adv*
langsam hinfließen, sickern 26	sączyć się *impf*
Lärm 110	hałas *m*

laufen (hin und her) 32   biegać *impf*
laufen (nach-, verfolgen) 97   gonić *impf*
lauschen 110   podsłuchiwać *impf*
laut 32   głośno *adv*
läuten, klingeln 25   dzwonić *impf*
leer 86   pusty, -a, -e *adj*
leider 104   trudno *adv*
Licht 26   światło *n*
lieb 79   kochany, -a, -e *adj*
Lied 139   piosenka *f*
Lieferant 165   dostawca *m*
literarisch 79   literacki, -a, -ie *adj*
Lorbeerblatt 55   liść bobkowy *m*
loslassen 33   puszczać *impf*
Lust 139   ochota *f*

machen, tun 43   robić *impf*
Mädchen 68   dziewczyna *f*
Mal 90   raz *m*
man braucht 104   potrzeba *unpers.*
man darf 97   wolno *unpers.*
man soll 104   trzeba *unpers.*
Mann 165   mężczyzna *m*
Mantel 90   płaszcz *m*
Markt (Wochen-) 56   targ *m*
Maschine (Schreib-) 146   maszyna *f* (maszyna do pisania)
mäßig 124   miernie *adv*
mehr 104   więcej *adv, comp*
mein 25   me = moje *poss. pron*
Mensch 90   człowiek *m*
Menschenfresser 130   ludożerca *m*
Mist 43   śmiecie *n*
mit 34   z *prp*
Mittagessen 56   obiad *m*
Mitte 33   środek *m*
mögen, gern haben 43   lubić *impf*
Möglichkeit 146   możliwość *f*
Monat 69   miesiąc *m*
Mond 85 (Voll-)   księżyc *m* (pełnia księżyca)
Moral(lehre) 97   morał *m*
Morgen 166   rano *n*
mucksen, „Piep" sagen 97 pisnąć *pf*
Mühe 63   kłopot *m*
Mühsahl 98   znój *m*
Müllhaufen 43   śmietnisko *n*
München 69   Monachium *n*
Münchener 69   monachijski, -a, -ie *adj*
müssen 55   musieć *impf*

Mutter 33	matka *f*
Mütterchen 90	mamcia *f dim*
Mütze 97	czapka *f*
Mythus 69	mit
nach 33	po *prp*
nach, laut 104	według *prp* (+*Gen*)
nachdenken, denken 110	pomyśleć *pf*
Nachfolger 104	następca *f*
Nachtigall 124	słowik *m*
Nadel 50	szpilka *f*
Nahrung 172	pokarm *m*
Name, Vorname 90	imię *n*
naß werden 25	moknąć *impf*
Natur 124	natura *f*
Nebel 25	mgła *f*
neben 85	obok *prp* (+*Gen*)
nehmen 55	brać *impf*
nein, nicht 43	nie
nennen 104	nazywać *impf*
nett 63	miły, -a, -e *adj*
neuzeitig 69	nowoczesny, -a, -e *adj*
nichts 63	nic *pron*
Niederfall 166	opad *m*
niemals 63	nigdy *adv*
niemand 97	nikt *pron*
nirgends, nirgendshin 43	nigdzie *adv*
noch 19	jeszcze *adv*
nötig 110	potrzebny, -a, -e *adj*
nur 43	tylko
Nuß 139	orzech *m*
Nutzen 166	pożytek *m*
ob 68	czy *conj*
oder 104	czy *conj*
oft 90	często *adv*
ohne 55	bez *prp*
Ohr 50	ucho *n*
Ohrenklappen 155	nauszniki *m pl*
Öl 20	oliwa *f*
Ortschaft 165	miejscowość *f*
Palast 85	pałac *m*
Papi 110	tatuś *m*
Parabel 124	przypowieść *f*
Person 56	osoba *f*
Pfarrer 43	ksiądz *m*
Pfeife 85	fajka *f*

Pfingstrose 33	piwonia *f*
Pfingstrosen- 33	piwoniowy, -a, -e *adj*
pflegen zu schlafen 43	sypiać *impf*
pflegen zu sein 32	bywać *impf*
Pflicht 165	obowiązek *m*
Pforte 165	furtka *f*
plantschen 25	pluskać *impf*
Platz 130	miejsce *n*
Poem, Gedicht 79	poemat *m*
Pole 69	Polak *m*
Polin 69	Polka *f*
polnisch 69	po polsku *adv*
polnisch 69	polski, -a, -ie *adj*
pommerisch 79	pomorski -a, -ie *adj*
Postbeamter 79	pocztowiec *m*
Preis, Belohnung 117	nagroda *f*
Problem, Frage 57	zagadnienie *n*
pusten 19	dmuchać *impf*
Pyjama 49	pidżamka *f dim* (= piżama)
Quecksilber 155	rtęć *f*
Rat 80	rada *f*
Räuber 80	rozbójnik *m*
Recht 104	prawo *n*
Rede, Sprache 63	mowa *f*
Regen 25 (des Regens)	deszcz *m* (dżdżu = deszczu)
regieren 104	rządzić *impf*
reichen 33	sięgać *impf*
reichen nach etwas 33	sięgać po co
reichen, geben 90	podawać *impf*
riesig 19	ogromny, -a, -e *adj*
riesig 118	olbrzymi, -a, -ie *adj*
Roboter 146	robot *m*
Roman 146	powieść *f*
romantisch 70	romantyczny, -a, -e *adj*
rosafarbig 33	różowy, -a, -e *adj*
Rotkäppchen 69	Czerwony Kapturek
Rübensuppe 90	barszcz *m*
Rücken 86	plecy *plur*
rufen 91	wołać *impf*
ruhig 97	spokojny, -a, -e *adj*
sagen 90	powiadać *impf,* powiedzieć *pf*
sagen, sprechen, 43, 124	mówić *impf,* rzec *pf*
sammeln 119	zbierać *impf*
Sand- 90	piaskowy, -a, -e *adj*
Satz, Ausspruch (*gramm.*) 130	zdanie *n*

sauber 90	czysto *adv*
Schachtel 86	pudełko *n*
schade 124	szkoda *adv*
Schar, Haufen 32	gromada *f*
schauen 33	patrzyć *impf*
schauen 50	spojrzeć *pf*
schaukeln, wiegen 33	kołysać *impf*
Schauspiel, Vorstellung (Fernsehspiel) 147	widowisko *n* (widowisko telewizyjne)
Schemel, Hocker 97	stołek *m*
Schicksal, Los 123	los *m*
schießen 97	strzelać *imp*
Schimmer 25	blask *m*
Schinken 56	szynka *f*
schlafen 43	spać *impf*
schlafend 80	śpiący, -a, -e *part aktiv*
Schlaflosigkeit 146	bezsenność *f*
Schlag 165	cios *m*
schlagen 26	tłuc *impf*
schlecht 124	źle *adv*
schlecht, böse 124	zły, -a, -e *adj*
schließen 98	zamknąć *pf*
schließlich 55	w końcu
Schlimmste, der, die, das 104	najgorszy, -a, -e *adj superl.*
schmackhaft 97	smacznie *adv*
schmerzen 42	boleć *impf*
Schnabel 172	dziób *m*
Schnarchen 49	chrapanie *n*
schnarchen 49	chrapać *impf*
schnaufen 20	sapać *impf*
Schnee 50	śnieg *m*
Schneewittchen 69	Królewna Śnieżka
schnell 110	prędko *adv*
schon 19	już *adv*
schön 69	piękny, -a, -e *adj*
schrecklich 110	straszny, -a, -e *adj*
schreiben 69	pisać *impf*
Schrift 166	pismo *n*
Schriftsteller 69	pisarz *m*
schütten (hinein)	sypać *impf*
schuld 56	winny, -a, -e *adj*
Schutz, Obhut 166	opieka *f*
Schweiß 20	pot *m*
schwer 19	ciężki, -a, -ie *adj*
schwer Atem holen 19	dyszeć *impf*
schwierig 91	trudny, -a, -e *adj*
Schwierigkeit 166	trudność *f*
sehen 97	widzieć *impf*
sehen 111	zobaczyć *pf*

sehen lassen (sich) 90	pokazywać się *impf*
sehr 42, 80	bardzo *adv* = wielce *adv*
sehr breit 90	obszerny, -a, -e *adj*
sehr gut (*hier*; schmackhaft) 97	smacznie *adv*
sein 33	być *impf*
Seite 139	strona *f*
Seite 165	bok *m*
selbst 33; nur, bloß 50	sam, -a, -o (*Plur* same) *pron*
Selbstbefinden 139	samopoczucie *n*
selten 86	rzadko *adv*
selten, selten zu treffen 69	niespotykany, -a, -e *adj*
senden, schicken 118	posyłać *impf*
senden, schicken 118	posłać *pf*
Sendung 146	przesyłka *f*
sich anziehen 110	ubrać się *pf*
sich ausziehen 63	rozbierać się *impf*
sich bedanken 90	podziękować *pf*
sich beeinflussen lassen 70	sugerować się *impf*
sich begeben 118	wybrać się *pf*
sich beraten 104	radzić *impf*
sich beschäftigen 91	zajmować się *impf*
sich bewegen 118	ruszać się *impf*
sich blicken, sehen lassen 90	pokazywać się *impf*
sich erbarmen 98	zmiłować się *pf*
sich freuen 118	radować się *impf*
sich fürchten 104	bać się *impf*
sich genieren 63	krępować się *impf*
sich herumtreiben, abhanden kommen 91	zawieruszyć się *pf*
sich selbst 33	sobie *pron*, *Dat*
sich setzen 43	siadać *impf*, siąść *pf*
sich setzen 63	usiąść *pf*
sich setzen 105	zasiąść *pf*
sich stellen, s. anstellen, anhalten 33	stawać *impf*, stanąć *pf*
sich versammeln 110	zbierać się *impf*
sich wiederholender 86	powtarzający, -a, -e się *part aktiv*
singen 124	śpiewać *impf*
Sinn 146	sens *m*
Sitte, Brauch 118	obyczaj *m*
sitzen 86	siedzieć *impf*
Sitzen, Sitz, *hier*: Gesäß 130	siedzenie *n*
so 56	tak *inv*
so ein 63	taki, -a, -ie *pron*
so viel 56	tyle *adv*
Soda- 80	sodowy, -a, -e *adj*
Soldat 105	żołnierz *m*
sonderbar 90	dziwny, -a, -e *adj*
sonnig 91	słoneczny, -a, -e *adj*
spät 110	późno *adv*

Spaziergang 139	przechadzka *f* (= spacer *m*)
spielen (vor-) 50	zagrać *pf*
spielen 85	bawić się *impf*
sportlich 80	sportowy, -a, -e *adj*
Sprache (Mutter-) 69	język *m* (ojczysty język)
Staat 104	państwo *n*
staatlich 118	państwowy, -a, -e *adj*
Stadt 155	miasto *n*
städtisch 79	miejski, -a, -ie *adj*
stattfinden 69	odbywać się *impf*
stehen 20	stać *impf*
steil 91	stromy, -a, -e *adj*
sterben 104	umierać *impf*, umrzeć *pf*
Sternchen 49	gwiazdka *f dim*
Stieglitz 124	szczygieł *m*
still 90	cicho *adv*
stillschweigend, im Stillen 56	cichaczem *adv*
Stimme 79	głos *m*
Stimmung 69	nastrój *m*
Stockwerk 118	piętro *n*
Stöhnen 25	jęk *m*
stören 63	przeszkadzać *impf*
Straßenpflaster 172	bruk *m*
Strauch 139	krzak *m*
Streichholz 86	zapałka *f*
stricken 155	robić na drutach
Stück 172	kęs *m*
studentisch 80	studencki, -a, -ie *adj*
Stunde 55	godzina *f*
suchen 56	szukać *impf*
süß 50	słodki, -a, -ie *adj*
Tabak 155	tytoń *m*
Tag 42	dzień *m*
taktmäßig 25	miarowy, -a, -e *adj*
Tannenbaum, Weihnachtsbaum 49	choinka *f*
Tante (liebevoll) 55	ciocia *f*
Tanz 166	taniec *m*
tanzen 70	tańczyć *impf*
tanzen 70	zatańczyć *pf*
Tasche 49	kieszeń *f*
Tasche, Sack, Reisetasche 91	torba *f*
Tasse 85	filiżanka *f*
Tatsache 146	fakt *m*
Taubenzüchter 79	gołębiarz *m*
tausend 118	tysiąc *num*
Teddy(bär) 43	Misiek *m*
Tee 62	herbata *f*

teurer (teuer) 55	droższy, -a, -e adj (comp von drogi)
Thorn 80	Toruń m
Tiefe 79	głębia f
Tiefe, aus der 79	z głębi
Tisch 50	stół m
Tisch- 110	stołowy, -a, -e adj
Tischlein 146	stolik m
Tochter 55	córka f
Tod 104	śmierć f
Tor 165	brama f
träumen 85	marzyć impf
Traurigkeit 110; 155	smutek m
Treffen 70	spotkanie n
trennen 118	przedzielić pf
Treppe 91	schody plur
treu, getreu 124	wiernie adv
trinken 63	pić impf
trinken (etwas) 63	napić się pf
Tropfen 25	kropla f
tropfen 97	kapać impf
trotzig, eigensinnig 86	przekomie adv
Tuberkulose 165	gruźlica f
tun, machen 105, 155	robić impf, zrobić pf
Tüpfel 32	cętka f
Tür 110	drzwi plur tant
über 33	nad prp
Überbringer 165	oddawca m
übermittelt 80	przekazany, -a, -e partpassiv
übersenden 80	przesłać pf
übrigens 70	zresztą adv
Uhr 91	zegar m
um 85	aby conj
um 111	żeby conj = aby
Umschlag 165	koperta f
und (entgegensetzend) 19	a conj
und 19	i conj
unentschlossen 56	niezdecydowany, -a, -e adj
unmenschlich 117	nieludzki, -a, -ie adj
unmodern 69	niemodny, -a, -e adj
unnötig 63	niepotrzebnie adv
Unordnung machen, verunreinigen 43	śmiecić impf
Unruhe 139	niepokój m
unter 43	pod prp
ununterbrochen 104	ciągły, -a, -e adj
unveränderlich 25	niezmienny, -a, -e adj

Väterchen 110	ojczulek *m*
Vaterland 166	ojczyzna *f*
verdient 80	zasłużony, -a, -e *partpassiv*
Verein, Bund, Verband 80	związek *m*
vergelten 110	odpłacić *pf*
Vermietung 147	wynajem *m*
Vermittlung 146	pośrednictwo *n*
Verpackung 146	opakowanie *n*
verschieden 124	różny, -a, -e *adj*
versinken, sich vertiefen 86	pogrążyć się *pf*
verspätet 80	spóźniony, -a, -e *partpassiv*
verstehen 110	rozumieć *impf*
verteidigen 110	obronić *pf*
Verteidiger 110	obrońca *m*
Verwunderung 139	zdziwienie *n*
verzeihen 124	wybaczyć *pf*
Verzweiflung 166	rozpacz *f*
viel 117	moc *adv* = dużo
viele, wieviel 55	ileś, ile *adv*
vielleicht 69	może
vierzehn 85	czternaście *num*
Vogel 124	ptak *m*
Vöglein 124	ptaszek *m dim*
volkswirtschaftlich 56	społeczno-gospodarczy, -a, -e *adj*
völlig 63	zupełnie *adv*
von 56	od *prp*
von, aus 20	z *prp*
von hinten her, hervor 50	zza *prp*
vor 110	przed *prp* (+*Instr*)
vorkommen 86	zdarzać się *impf*
Vorliebe 166	predylekcja *f*
vorsichtig 90	ostrożnie *adv*
Waffe 155	broń *f*
wahr 69	prawdziwy, -a, -e *adj*
während, im Verlauf 86, 91	w ciągu = podczas *prp* (+*Gen*)
wahrscheinlich 56	pewnie *adv*
Wald 139	las *m*
wann 62	kiedy *pron*
warten 49	czekać *impf*
warten 57	zaczekać *pf*
warum 110	dlaczego *adv*
was 32	co *pron*
was denn? 42	cóż *fragepron*
Wasser (Soda-) 80	woda *f* (sodowa)
wegjagen 43	wypędzać *impf*
weglaufen 43	uciekać *impf*
wegwerfen 43	wyrzucać *impf*

weil 32 — bo *conj*
weil 69 — ponieważ *conj*
Weile, Augenblick 62 — chwilka *f*(chwileczka *dim*)
Weinen 25 — płacz *m*
weinen 124 — płakać *impf*
weiß 32 — biały, -a, -e *adj*
weit 117 — daleko *adv*
weiter 90 — dalej adv *comp*
welcher 33 — który, -a, -e *pron*
Welt 80 — świat *m*
wenig 123 — mało *adv*
wenn 49 — jeśli *conj*
wenn 55 — jak *conj* (*umgangssprachl.*)
wenn 62, 104 — jeśli (= jeżeli) *conj*
wenn, als 49 — gdy *conj* (*im Temporalsatz*)
werden 111 — zostać *pf*
Werk 70 — utwór *m*
wie 19 — jak *pron*
wie im Schlaf, schläfrig 26 — senny, -a, -e *adj*
wieder 86 — znowu, znów *adv*
wiedergeben 69 — oddawać *impf*
wiedergewonnen 79 — odzyskany, -a, -e *partpassiv*
wiederholen 33 — powtarzać *impf*
Wiederholung 86 — powtórka *f*
Wildeste, der 97 — najdzikszy, -a, -e *adj, superl.*
Wind 33 — wiatr *m*
wirklich 43 — naprawdę *adv*
Wirklichkeit 56 — rzeczywistość *f*
wissen 43 — wiedzieć *impf*
Woche 91 — tydzień *m* (*Gen:* tygodnia)
woher denn 63 — skądże *adv*
Wohnung 33 — mieszkanie *n*
wollen 42 — chcieć *impf*
Wort 70 — słowo *n*
Wunsch 80 — życzenie *n*
Wurst 55 — kiełbasa *f*

Zahn 91 — ząb *m*
zärtlich 117 — czule *adv*
Zeisig 123 — czyżyk *m*
Zeit 85 — czas *m*
Zeitschrift 79 — czasopismo *n*
Zigarette 155 — papieros *m*
Zigarre 110 — cygaro *n*
Zimmer (Speise-) 110 — pokój *m* (stołowy)
Zimmerdecke 97 — powała *f*
Zorn 110 — gniew *m*
zu 91 — za *adv*

Karin I. Pafort

Liste der Quellen

Text

Tuwim, Julian. Lokomotywa. In: J. Tuwim, Dzieła, T. 1, cz. 2, Czytelnik. Warszawa 1955, S. 319-320.

Staff, Leopold. Deszcz jesienny (fragment). In: L. Staff, Deszcz jesienny, Wiersze zebrane, T. 1, Państwowy Instytut Wydawniczy. Warszawa 1955. S. 153.

Miłosz, Czesław. Przy piwoniach. In: Cz. Miłosz, Dzieła zbiorowe, T. 1, Instytut Literacki. Paryż 1981, S. 97.

Dąbrowska, Maria. Dziecko (fragment). In: M. Dąbrowska, Gwiazda zaranna, Czytelnik. Warszawa 1955, S. 36-37.

Kornhauser, Julian. Wiersze dla Agatki. Gwiazdka. In: J. Kornhauser, Tyle rzeczy niezwykłych. Wiersze dla Agatki, Wydawnictwo Literackie. Kraków 1981, S. 41.

Białoszewski, Miron. Donosy rzeczywistości. Zagadnienia społeczno-gospodarcze. In: M. Białoszewski, Stara proza, Nowe wiersze, Czytelnik. Warszawa 1984, S. 46-47.

Grodzieńska, Stefania. Z życia towarzyskiego. In: S. Grodzieńska, Felietony i humoreski 1944-1954, Państwowy Instytut Wydawniczy. Warszawa 1957, S. 229-230.

Dygat, Stanisław. Karnawał (fragment). In: S. Dygat, Karnawał, Dworzec w Monachium, Państwowy Instytut Wydawniczy. Warszawa 1981, S. 7, 15, 16, 17.

Gałczyński, Ildefons, Konstanty. Pozwoli Pan, że ... In: K.I. Gałczyński, Dzieła, T. 4, Czytelnik. Warszawa 1958, S. 668-669.

Brandstaetter, Roman. Krajobrazy włoskie. Na Piazza della Signoria we Florencji. In: R. Brandstaetter, Bardzo krótkie i nieco dłuższe opowieści, Wydawnictwo Poznańskie. Poznań 1984, S. 24.

Parandowski, Jan. Zegar słoneczny. Dziadek malowany (fragment). In: J. Parandowski, Dzieła wybrane, T. 2, Czytelnik. Warszawa 1957, S. 652-653.

Fredro, Aleksander. Paweł i Gaweł. In: A. Fredro, Pisma wszystkie, T. 12, Państwowy Instytut Wydawniczy. Warszawa 1962, S. 64-65.

Korczak, Janusz. Król Maciuś Pierwszy (fragment), cz. 1. In: J. Korczak, Król Maciuś Pierwszy, Nasza Księgarnia. Warszawa 1966, S. 9-10.

Korczak, Janusz. Król Maciuś Pierwszy (fragment), cz. 2. In: J. Korczak, Król Maciuś Pierwszy, Nasza Księgarnia. Warszawa 1966, S. 11-12.

Staff, Leopold/Tuwim, Julian. Z tysiącem serdeczności. Korespondencja z lat 1911-1953 (fragment). In: L. Staff/J. Tuwim, Z tysiącem serdeczności. Korespondencja z lat 1911-1953, Państwowy Instytut Wydawniczy, Warszawa 1974, S. 40-41, 111.

Krasicki, Ignacy. Bajki i przypowieści, Słowik i szczygieł, Malarze, Ptaszki w klatce. In: I. Krasicki, Pisma poetyckie, T. 2, Państwowy Instytut Wydawniczy. Warszawa 1976, S. 127, 191, 109.

Różewicz, Tadeusz. List do ludożerców. In: T. Różewicz, Poezje zebrane, Ossolineum. Wrocław 1971, S. 389-390.

Mrożek, Sławomir. Leśna przechadzka. In: S. Mrożek, Opowiadania, Wydawnictwo Literackie. Kraków 1981, S. 98-99.

Lem, Stanisław. Wierny robot. Widowisko telewizyjne (fragment). In: S. Lem, Maska, Wydawnictwo Literackie. Kraków 1976, S. 173-175.

Bursa, Andrzej. Mroźny wieczór. In: A. Bursa, Utwory wierszem i prozą, wyd. 3 poprawione, Wydawnictwo Literackie. Kraków 1969, S. 167.

Iwaszkiewicz, Jarosław. Opowiadanie szwajcarskie (fragment). In: J. Iwaszkiewicz, Dzieła, Opowiadania, T. 4, Czytelnik. Warszawa 1980, S. 314-317.

Brandstaetter, Roman. Krajobrazy włoskie. Dobroczynna dłoń. In: R. Brandstaetter, Bardzo krótkie i nieco dłuższe opowieści, Wydawnictwo Poznańskie. Poznań 1984, S. 30.

Anhang

Kochanowski, Jan. Fraszki (Księgi trzecie). Na dom w Czarnolesie. Na zdrowie. In: J. Kochanowski, Dzieła polskie, T. 1, Państwowy Instytut Wydawniczy. Warszawa 1976, S. 198, 202.

Mickiewicz, Adam. Pan Tadeusz. Epilog (w. 64-69). Księga XII, Kochajmy się! (w. 843-855); Sonety krymskie. Burza. In: A. Mickiewicz, Dzieła wszystkie, T. 4, Ossolineum. Wrocław 1969, S. 278-279, S. 261; T. 1, cz. 2, Ossolineum. Wrocław 1972, S. 18.

Słowacki, Juliusz. Dzieła, wyd. 3, T. 1, Ossolineum. Wrocław 1959, S. 139; T. 13, Ossolineum. Wrocław 1959, S. 178, 185-186.

Kasprowicz, Jan. Rozmiłowała się ma dusza ... Gdy przyjdzie czas. In: J. Kasprowicz, Dzieła wybrane, T. 2, Wydawnictwo Literackie. Kraków 1958, S. 383, 329.

Paderewski, Ignacy Jan. Dzień moich imienin. Pamiętniki (fragment). In: I.J. Paderewski, Pamiętniki, spisała Mary Lanton, Państwowe Wydawnictwo Muzyczne. Warszawa 1967, S. 509-510.

Katarbiński, Tadeusz. Wiosna - przyszłej jesieni wczesną jest jaskółką. In: T. Katarbiński, Wesołe smutki, wyd. 3 rozszerzone, Państwowe Wydawnictwo Naukowe. Warszawa 1966, S. 125.

Dąbrowska, Maria. Bogumił i Barbara, Noce i dnie (fragment). In: M. Dąbrowska, Noce i dnie, T. 1, wyd. 5, Czytelnik. Warszawa 1947, S. 23-24, 27-33, 38.

Pawlikowska-Jasnorzewska, Maria. Lwy w klatce, Miłość. In: M. Pawlikowska-Jasnorzewska, Poezje, Czytelnik. Warszawa 1958, S. 111, 107.

Tuwim, Julian. Ptak. In: J. Tuwim, Dzieła, T. 1, cz. 1, Czytelnik. Warszawa 1955, S. 168.

Słonimski, Antoni. Notes. In: A. Słonimski, Poezje zebrane, Państwowy Instytut Wydawniczy. Warszawa 1964, S. 541.

Gałczyński, Konstanty Ildefons. Gdybym miał jedenaście kapeluszy, Pytał się kot. In: K.I. Gałczyński, Dzieła, T. 2, Czytelnik. Warszawa 1957, S. 354; T. 5, Czytelnik. Warszawa 1960, S. 701.

Brandstaetter, Roman. Oda do muszli, In: R. Brandstaetter, Dzieła wybrane. Wiersze liryczne, poematy i hymny, Instytut Wydawniczy Pax. Warszawa 1980, S. 175.

Miłosz, Czesław. Przypowieść o maku, Okno. In: Cz. Miłosz, Dzieła zbiorowe, T. 1, Instytut Literacki. Paryż 1981, S. 97; T. 2, Instytut Literacki. Paryż 1981, S. 127.

Różewicz, Tadeusz. Poezje zebrane, Ossolineum. Wrocław 1971, S. 569.

Buczkówna, Mieczysława. Po rozstaniu. In: M. Buczkówna, Chleb i obłok, Czytelnik. Warszawa 1955, S. 44.

Herbert, Zbigniew. Wiatr i róża, Las, Cesarz. In: Z. Herbert, Wiersze zebrane, Czytelnik. Warszawa 1971, S. 181, 189, 190.

Hillar, Małgorzata. Zakochana. In: M. Hillar, Prośba do macierzanki. Erotyki, Czytelnik. Warszawa 1959, S. 13.

Harasymowicz, Jerzy. Strych. In: J. Harasymowicz, Wybór wierszy 1955-1973, Wydawnictwo Literackie. Kraków 1975, S. 140.

Fajfer, Adam Ryszard. Pragnienie. In: A.R. Fajfer, Ballady gorzeńskie, Wydawnictwo Literackie. Kraków 1973, S. 70.

Kornhauser, Julian. Zapamiętać. In: J. Kornhauser, Tyle rzeczy niezwykłych. Wiersze dla Agatki, Wydawnictwo Literackie. Kraków 1981, S. 36.

Oszajca, Wacław. Franciszek z Asyżu: poucza owieczkę, pielęgnuje kwiatki. In: W. Oszajca, ... Ty za blisko, my za daleko, Wybór wierszy, Nakładem Duszpasterstwa Akademickiego. Lublin 1986, S. 140, 143.

Waldemar Klemm